JN015316

日本教育行政学会年報・46

地方行政における教育と「正義」

日本教育行政学会編

教育開発研究所刊

I　年報フォーラム

●地方行政における教育と「正義」

II　研究報告

Ⅲ　大会報告

I 年報フォーラム

テーマの趣旨

年報編集委員会

　行政として解決すべき課題を何に見出し，いかなる政策をどのように実施するのか。地方自治体が独自に展開する政策の背後には，それぞれの「正義」が見え隠れする。たとえば，少子高齢化への対応や地方創生の必要性から子育て支援策を積極的に打ち出し，教育環境の充実に努める自治体があったとしよう。この場合，若年世代の移住を促進させることが当該自治体にとっての「正義」であり，教育にヒト・モノ・カネをつけることは「正義」を実現するための手段の一つに位置づくことになる。他方，格差・貧困問題の解決こそ「正義」だと考える自治体であれば，教育と福祉を架橋する新たな組織を設置したり，SSWを追加で雇用したりすることに，独自の予算措置を講じるかもしれない。いずれにしても各自治体において，その実情に応じて多様な政策が展開されており，そこには社会として何を重視すべきか，「正義」に関わる問題を見出すことができる。

　とはいえ，行政が依って立つべき「正義」の在り様を一義的に定めることは難しい。とりわけ，教育に関わる問題については，多様な実態への対応が求められることから，一義的に捉えることは，いっそう困難である。たとえば，近年特に議論となっているのが，一斉指導の中で配慮を要すると考えられる子どもに対してどのような教育を提供することが「正義」に適うのかという問題である。文部科学省が掲げる「インクルーシブ教育の実現」という方針を例にとっても，地方行政としては大きく二つの方向性を選択しうる。一つは個別の教育的ニーズを充足するべく特別支援学級や通級指導教室の設

置拡大を進めるというもの，もう一つは障害のある子と障害のない子が共に学べる環境を整えるべく通常の学級の人的・物的環境を改善するというものである。もちろん多くの自治体は両者を並行して施策化しているが，限られた財源の中でどちらかを優先せねばならない局面はおそらく出てくるであろう。そこでは，何が「手厚い」教育となるのか，あるいは何が「追加の」もしくは「特別な」教育なのかということが論点となるのであり，それは，外国につながる子どもや厳しい家庭環境に置かれた子どもの問題にも同じく登場するものである。その論点を突き詰めて具体的な方策を策定することは，各地方自治体が考える教育をめぐる「正義」に支えられていると捉えることができる。このように考えると，今日，各地方自治体で多様に展開されている政策に対して，それが依って立つ地方行政における「正義」について探求していくことが重要な課題になっていると捉えることができるであろう。

　以上のような問題意識から，今号の年報フォーラムでは，「地方行政における教育と『正義』」をテーマとし，それを教育行政の領域の問題と関わらせて検討していくこととした。政策選択の根底に存在するであろう「正義」を検討の対象に据えることで，今後，地方行政の在り方を考える新たな視角を提示すること，あるいはその基礎的な作業を行うことがテーマ設定の趣旨となる。

　現在，新型コロナウイルスのため，不透明で，先行きを見通すことができない不安感が広がっている。地方での感染の実態が大きく異なるため，各自治体の独自の対応が重要となり，さらには専門家によっても見解が異なる中で，地方行政の見識がいっそう問われる事態となっている。本フォーラムでは，新型コロナウイルスを取り上げるには時期尚早であることから，直接の言及はないものの，各論文は，今後の地方行政を考えるうえで重要な示唆を与えるものと言えるであろう。

（文責　竺沙知章）

地方教育行政における「正義」について考える

前原　健二

"...it ought to make us feel ashamed when we talk like we know what we're talking about when we talk about love."
(Raymond Carver, *"What We Talk About When We Talk About Love"*, 1981）

はじめに

　正義について語ることは，愛について語ることと同様に，簡単なようで難しく，気恥ずかしい。その日常性や重要性にふさわしく語る自信がなく，しかし語らないわけにはいかない。

　本稿は，地方教育行政の実際的場面の議論における通用可能性を意識しながら「教育の正義」を論じる試みである。まず前半では教育の正義に関する基本的な考え方の析出を行い，後半ではドイツにおける「教育の正義」論の現状を瞥見した上で，特にドイツ・ハンブルク都市州の施策を具体的事例とした検討を行う。最後に教育行政学にとっての「教育の正義」の「論じ方」についての私見を提示する。

1. 政治における正しさの根拠

　正義という概念は個々人にとってのより善き生き方に関する多様な構想と

は峻別される，個々人のより善き生の構想の実現に関わる社会のシステムに関するものである。教育行政における正義は，したがって，行政が関わるより善き教育の構想の実現のためのシステムに関する言明であると言って差し支えあるまい。そうした意味での教育行政における正義は，どのようにしてその「正しさ」を主張することができるであろうか。政治学者の田村哲樹によれば[1]，正義のような規範的価値の「正しさ」を論じる論じ方には二つの潮流がある。ひとつ目は「規範的政治哲学」によるものである。そこでは正義，自由，平等などの規範的概念をできるだけ明確化してその正当化を図ることが目指される。もうひとつは「政治の政治理論」によるものである。それは規範的価値そのものの正当化ではなく，その形成のメカニズムに関心を持つ。後者の立場からは，規範の正しさは哲学的な正当化によってではなく，要するに「政治」によって確定される。そう考えるならば，政治の仕組みそのものの「正しさ」がどのように正当化されるのかが問われねばならないとしても，事態の理解は容易になる。つまり教育行政における正義もまた政治によって確定されることになる。

「政治の政治理論」のような方法的態度の選択は一種の「物足りなさ」を感じさせる[2]。政治の仕組みそのものの「正しさ」の担保について，それがそれ以前の（あるいはより上級の）政治によって生み出されたものであり，その政治もまたそれ以前の（さらに上級の）政治によって，といった方法でしか正当化が図られないとしたら，そこには正当化根拠の「無限後退」[3]が生じることになり，「正しさ」の直観的な納得感はほとんど得られまい。

それでは規範の内容をなるべく具体的に明確化して正当化を図る戦略はどのようなものになるであろうか。規範の正しさを絶対確実な根拠によって正当化しようとする「基礎付け主義」と，いかなる規範の正しさも論理的に正当化することはできないとする「反基礎付け主義」の対立を弁証して，「ポスト基礎付け主義」と呼ばれる立場は「あらゆる根拠が絶対的な基礎となり得ない中でなお望ましい政治を打ち立てようと試みる態度」[4]を保持して改めて規範の正しさを議論し続けることを提案する。このポスト基礎付け主義の理論的態度は，政治的リベラリズムの中にも引き受けられていると指摘さ

れている[5]。哲学的な緻密さとは程遠い表現になるが，一時の政治的決定に
正しさを委ねたり，一見客観的な価値相対主義に引きこもるのではなく，当
面の暫定的な合意を志向して自らの正しさを論理的に提示し合う営みの積み
重ねの中に政治的な正しさの基盤を見出そうとする主張には一定の納得感が
ある。

2．教育の正義論

政治の仕組みそのものの「正しさ」を問題にするのではなく，規範の内容
をなるべく具体的に明確化して議論し続けるというアプローチを前提にすれ
ば，教育の正義に関する議論はもっぱら教育の平等な分配のあり方に関する
議論として展開されることになる[6]。本節ではそうした教育の分配論に関す
る主な理論的立場を整理，確認する。教育の平等な分配のあり方について，
ここでは平等主義，優先性論，十分性論（適切性論）を主要な立場として取
り上げ，いくつかのオプションを適宜付加することとする[7]。

日本の教育学研究の中で，教育の正義論の文脈の上で最も強く「平等主
義」の正当性を論じてきたのは宮寺晃夫であろう[8]。宮寺によれば，端的に
言えば「平等主義が狙うのは，むしろ水準が上位の人びとの権益をならして，
水準以下の人びとに利益を及ぼしていくこと」[9]である。本人が持って生ま
れた様々な生得的要因，環境的要因に加えて本人の努力や人生の過程におけ
るあらゆる運不運も調整の対象とみなす「運・平等主義」についても宮寺は
好意的である。こうした平等主義に対する批判としては，現行の社会システ
ムの中での実現可能性の問題（ただしこれは他の主張にもそのまま当てはま
る），水準以上の人々の水準の「引き下げ」による平等の度合いの改善の正
当化の困難などが挙げられる。

「優先性論」は，財の分配に際して不利な状態にある者を有利な状態にあ
る者よりも優先的に扱うことを求めるものである[10]。この主張においては，
分配された後の状態において有利な者の現状が引き下げられるということは
ない[11]。要するに，他者との比較においてではなく，改善を要する状況にあ

るということが財の分配を優先的に受けるべき理由となり，絶対的な意味で不利な人ほどより優先的な取り扱いを受けることになる[12]。

「十分性論」は，何らかの観点から設定された「十分」の閾値までの水準をすべての人に保障することが望ましいとする主張である。たとえば平井悠介はA・ガットマンらの議論を参照しながら，民主主義の過程に適切に参加できるだけの熟議能力の保障を「十分」の閾値として提示している[13]。ここでの「十分」の水準には，熟議に実際に参加するための生存，生活を支えるための諸能力も当然に含まれると理解される。

いわゆるケイパビリティ・アプローチ（潜在能力アプローチ）はこの十分性論のバリエーションと位置づけられる。ケイパビリティとは，実際に選択されないかもしれない人生の選択肢も含めて選択の現実的可能性を確保する能力であり，一連の普遍的な能力のリストとして示されることもある[14]。このケイパビリティ・アプローチは「多様な人々の多次元にわたるウェルビーイングを理解し，評価するのに適した枠組みであ」[15]り，公教育の機会の分配を構想するに際して有効であるとする評価がある。ただしケイパビリティ・アプローチを含む十分性論に対しては，最低限の必要とされる閾値が内容，程度の両面で特定不能ではないかという批判がある。

それ自体としては積極的な教育の分配論としては位置づけにくい「メリトクラティック・コンセプション」が十分性論と組み合わされて主張されることがある。純粋なメリトクラティック・コンセプションは社会階層的な背景の影響を排除するという条件の下で本人の才能，能力，努力などに応じて教育の資源を不平等に配分することを容認するものである。これを十分性論と組み合わせた場合，一定の閾値までは全員に保障し，それ以上の領域においては社会階層的な背景の影響を除外した上でのメリトクラティックな分配が容認されることになる[16]。

3．地方教育行政における「正義」の単位

本節では日本の地方教育行政における正義の「単位」について検討したい。

平井悠介は，アメリカにおける教育機会の平等に関する議論が教育費の学区間格差をめぐる学校財政制度訴訟の動向に触発されたものであることを指摘したが[17]，実際には平井の議論の単位は「学区」ではなく，「個人」に収斂している。平井に限らず，一般に教育の分配論は「個人」を単位として論じられることが多い。

　しかし教育行政学にとっては，教育の分配論は「学区」ないし「学校」を単位としても論じられなければならない。言うまでもなく，地方自治体間の財政力の差異が教育条件に与える影響を抑制するために日本の教育財政は重層的な仕組みを構築してきた。そうした仕組みに基づく十分に平等な教育条件の全国的な保障という戦後日本の教育政策の達成を，苅谷剛彦は「共通化」と「差異化」のアンビバレンスを内在させた「面の平等」を基本原理とする「教育の標準化」の帰結として把握している[18]。「地域といった一定の空間的範域を単位に生じる差異については，日本の教育行政は，それを積極的に取り上げ，その是正に努めてきた」のであって，「共通の尺度をあてはめることによって明らかとなる『劣悪な教育条件』を取り出す場合，あくまでも是正の対象となるのは，個人を取り巻く『面』としての教育条件であり，個人そのものへの介入ではなかった」[19]。これが「アンビバレンス」と言われているのは，教育の差異を生み出す教育条件の差異を均すためには，何らかの共通の尺度によって差異を際立たせることが求められるからである。

　差異を際立たせることが「差別」につながると考えて差異を見ないことにするならば，それは結果的に不平等な教育をもたらすことになる。今日，たとえば全国学力・学習状況調査以後の露骨な学校間比較の趨勢に照らしてみるならば，学校の所在する地域の環境的条件の差異に対しては更に大きな注意が払われてよいように思われる。

　そうした意味での地域の環境的条件の差異に注目した例として，貞広斎子の一連の研究を挙げておきたい[20]。そこでは町丁目ごとの「消費支出推計データ」や居住者の特性に関する地域データ，総務省の「家計調査」データなどを用いた教育費支出の地域特性を明らかにする試みが提示されており，きわめて興味深い。

　要するに，教育の差異を生み出す教育条件の差異を均すためには差異を際立たせる必要があり，その際の比較の単位を「学区」ないし「学校」に置いて「正義」を論じることには，現在の日本社会の実情に照らしても，大いに意義があると言ってよいように思われる[21]。

　以上において確認してきたことを若干敷衍しつつまとめておきたい。地方教育行政における「正義」の論じ方には，「決め方」と「内容」という二方向からのアプローチがある。もっぱら分配論として展開されてきた「教育の正義」の内容に関する議論はいくつかのアイディアを柱として整理されているが，いずれの議論も個人を単位として例示されることが多い。「差異を際立たせる」ことを前提として「学区」「学校」を単位とした平等を実現するという政策は一定の積極的機能を果たしてきたが，「平等」のために「差異を際立たせる」ことが「差別」につながるというアンビバレンスは普遍的に存在する。学校や地域を単位とした比較がより一般化している現状に照らせば，むしろ「差異を際立たせる」ことを地方教育行政の「正義」を語る前提とすることには妥当性があるように思われる。

4．ドイツにおける教育の正義論

　本節ではドイツにおける「教育の正義」をめぐる理論を検討する[22]。PISA調査以後，ドイツでは教育達成の構造的な階層的不平等の縮小が大きな政策的課題となった[23]。「構造的」とは，個人の社会的背景の違いによって教育達成に違いがあるだけでなく，それが分岐型学校制度という仕組みによって拡張強化されているということを意味する。したがって具体的な政策目標としては，たとえば生徒の社会的背景と相関した中等教育段階への進学状況の偏りの改善が目指されることになる。今日，ドイツにおける「教育の正義」の教育行財政上の公約数的な定義は「中等学校の種類の選択と進学が生徒の社会的背景から独立に決定されること」であると言ってよい[24]。

　いま「教育の正義」と訳出したドイツ語はBildungsgerechtigkeitである。Gerechtigkeitは「正義」にあたる最も一般的な単語であるが[25]，この表現は，

教育機会の「均等」を表す最も一般的な表現であるGleichheitを意図的に避けて用いられるようになったものである。そこには、「機会均等」が十分に保障された結果として明らかに不平等な教育現実が生じているという共通の認識が存在する。

　こうした用語法は、2005年に社団法人バイエルン経済団体連合の委嘱により活動を開始した「Aktionsrat Bildung」(「教育懇談会」、以下ARB) の『教育の正義』と題する報告書 (2007年) に明瞭に示されている[26]。この報告書は「教育の機会均等」を形式的な概念として退けた上で、「教育の正義」を前述のメリトクラティック・コンセプションの筋で、つまり社会階層的な背景の影響を排除するという条件の下で本人の才能、能力、努力などに応じた教育の資源の不平等な配分を容認するものとして定義している[27]。これはすぐ上に述べた「教育の正義」の公約数的定義そのものである。

　しかしこの報告書に対しては、いくつかの方向から批判が提起されている。最も早く批判を加えたJ・ギージンガーの主張は、教育的達成の差異が「社会的属性・性別・人種」「家庭の財産・経済状態」「家庭環境」「本人の才能」のいずれによるものであろうとも、その由来によって取り扱いを変えるべき道徳的理由はないとして、社会のすべてのメンバーに社会的政治的参加、経済的能力の一定の水準を保障する「ハードル理論 Schwellen-Konzeption」を「教育の正義」の内容として求めるものである[28]。ギージンガーは、ARB報告書は国際的な議論の水準をまったく踏まえていないのに対して自らの議論はロールズ以来の正義論の国際的な議論を踏まえたものであり、ハードル理論はA・ガットマンの主張に連なるものであるとしている。ギージンガーの主張はメリトクラティック・コンセプションを不適切とみなし、いわば純粋な十分性を求めるものである。

　ギージンガーは国際的な議論を踏まえていないと難じているが、ARB報告書では「正義」の要求が「自由の規範」と抵触するという疑義については一定の検討が加えられている[29]。それは分配論に対するリバタリアニズムからの批判に対する検討に重なるもののように見える。この「教育の正義と自由の規範の衝突」という論点を自覚的に取り上げているのがK・ストヤーノ

フである[30]。ストヤーノフによれば，ARB報告書は中期的な自由の拡大のために眼前の自由の制約を甘受せよと主張しているが，それは「教育の正義」という考え方を，経済的損失を受ける人々の自由な行動に対する制約を擬似道徳的に正当化するために用いているに過ぎない。正義をめぐる国際的な議論の水準に照らすと，報告書の議論は粗雑すぎるものであり，少なくとも個人の自由・自律と機会均等の保障との間には強い内在的緊張があることを踏まえて論じる必要があるというのである。ストヤーノフはたとえば「『天賦の才』が学校教育によって『中立化』されるべきであるとすると，それは『天賦の才』によって特権化されている子どもの自己実現に対して深刻な干渉となるのではないだろうか。」と述べ，「正義」の名のもとに未来の経済的損失につながりかねない個人の自己実現の欲求を制約するという報告書の論理を批判するのである。興味深いことに，ここでストヤーノフは先に触れたギージンガーの「ハードル理論」に論及し，所定の「ハードル」を越えた地点における不平等は，出生，天賦の才，家庭環境などいかなる理由に起因するものであれその由来と無関係に正当化されるとギージンガーが主張する点について，共感を示している。

ただしここで注意しなければならないのは，ストヤーノフが「ハードル理論」を評価するのは，それが「正義」や「平等」をもたらすからではない，という点である。ストヤーノフのみるところでは，ギージンガー自身の見立てとは相違して，「ハードル理論」においては「平等」や「機会均等」の理念は意味を持たない。ここでのストヤーノフ自身の議論が興味深いのは，「平等」や「機会均等」と無縁な「ハードル理論」に一定の評価を与えながらも，もう一度議論の矛先を転じ，それでもやはり「すべての人に等しく分け与えられるべき何か」があるのではないか，と論を進めているところである。それは，ストヤーノフによれば，「個人の道徳的自律性に対する平等な承認」である。ここでは従来のような具体的な資源配分の平等ではなく，個人の自律性が承認されることについての「平等」や「機会均等」が考えられるべきことになる。こうした道徳的承認の平等な配分の中に見出される「教育の正義」の原理を「非配分的な教育の正義の原理」と呼ぶとして，「この

見地からドイツの学校教育のシステムを見てみると，実証的な教育研究の示すものとは全く異なる不正義の形式が見えてくる。その不正義の克服は，自由の制約をなんらもたらすことなく可能である」。要するにストヤーノフは財の分配論としての「教育の正義」の議論を退け，個人の道徳的な承認という「非配分的な教育の正義の原理」へと土俵を移そうとしているのである[31]。

　この「非配分的な教育の正義の原理」はARB報告書の立論に対してどのような位置に立つことになるであろうか。メリトクラティック・コンセプションにおいては，純粋に生徒の認知的能力に基づいて選別がなされていれば，それは不正義ではない。したがって，認知的能力の診断の精度の向上が求められることになる。他方，個人の道徳的承認に基礎をおく「非配分的な教育の正義の原理」の下においては，精度の問題ではなく，選別それ自身の廃棄が求められることになる。選別は，それ自身が個人の道徳的承認の欠如とみなされるからである。

　「学校教育は，すべての成長する若者達に経済的財産や社会的地位をめぐる競争のために，あるいは政治的参加のために，最適の準備を与えるべきである。その際，そうした競争や政治的参加の場における彼・彼女のポジションを学校教育が学習成績の評定によって先取りするのは役割の逸脱である。」

　ストヤーノフはこのように述べて，学校教育が特定の時点（たとえば基礎学校修了時点）において，成績の評定によって進路を制約し，そのことによって将来の社会の中でのポジションを先取り的に制約することを，人格に対する道徳的承認の必要に照らして認めないことをこそ，「教育の正義」の名の下に主張するのである。

　各州の教育改革の状況をまとめた大部な報告書である『機会年鑑2014』ではギージンガー，ストヤーノフの議論に加えてロールズ，セン，ホネットの議論が参照され，三つの観点（メリトクラティック・コンセプション，ハードル理論，道徳的承認）を包括した次のような定義が示されている。

「本書は，機会の正義という概念を，生徒がその社会的自然的特徴によって更なる不利益を受けることのない正しい学校制度によって，またすべての人の能力が支援されることによって，また学校に関わるすべての人々の相互的な承認によって保障される，社会に対する自由な参加の公正な機会として捉える。」[32]

　次節ではこの包括的な定義を教育行政の実際に即して吟味する。

5．ドイツ・ハンブルク都市州における「正義」の実装

　地方教育行政における「教育の正義」はどのように実装され得るであろうか。以下で素材とするのはドイツ・ハンブルク都市州（以下ハンブルク）である。ハンブルクは連邦国家を構成する小さな州の一つであり[33]，独自の議会・憲法を持ち，学校制度についても連邦全体の合意の枠組みの中で自律性を有する。ハンブルクでは近年，教育の不平等に挑戦する施策が積極的に導入されてきている。上記の包括的な定義を念頭に置いて，本節ではハンブルクの具体的な施策を「教育の正義」の観点から吟味する。具体的に取り上げるのは「二柱型Zwei Säulen Modell」と呼ばれる学校制度の導入と，学校ごとの「社会指数」の設定である。

　ハンブルクでは現在「二柱型」の中等学校制度が導入されている。これは4年制の全員共通の基礎学校の後に，ギムナジウムとコミュニティ・スクール（Stadtteilschule）という選択可能な二種類の中等学校を置くものである[34]。この制度の特徴は，コミュニティ・スクールにおいても9年間（ギムナジウムでは8年間）の修学の後にアビトゥア（一般大学入学資格）の取得が可能となっていることである。ギムナジウムとコミュニティ・スクールが完全に同等であれば，アビトゥアを頂点とするすべての修了資格への可能性がすべての子どもに等しく留保されるという点で，中等学校への進学に際しての社会的背景と相関した構造的不平等の問題は制度上は解消される。

　しかし現実には，ギムナジウムとコミュニティ・スクールの間には構造的

格差がある。それは第一に、基礎学校から「ギムナジウム適性あり」と判定された子どもの親はコミュニティ・スクールを選択しないという事実が存在することであり、第二に、学校・学区ごとの社会環境において、ギムナジウムとコミュニティ・スクールの間に傾向的な格差が存在することである。つまり二柱型学校制度は教育の不平等問題を自動的に解決するものではない。

　地方教育行政における「教育の正義」の実装という観点から見て興味深いのは、ハンブルクでは積極的に「差異を際立たせる」ことによって「教育の正義」への一層の接近が図られているように見えるということである。ハンブルクでは1996年以来、すべての学校（学区）について「社会指数 Sozialindex」が公的なデータとして算出、公開されている[35]。これはドイツ国内において先駆的なものであった[36]。この社会指数（LAU指数、KESS指数と呼ばれる場合もある）は学校教育に直接関わる指標だけでなく、多くの社会環境指標を含めて算出される。指標は5つの大領域に分かれ、計24項目に及ぶ[37]。データは定期的に行政資料及び父母生徒対象の調査によって収集され、所定の重み付けを経てまとめられ、最終的にすべての学校が「1＝きわめて厳しい社会的環境にある学校」から「6＝きわめて良好な社会的環境にある学校」の6段階に区分される（**表**）。

表　指数区分ごとの学校数（2017/18年度）

社会指数	6	5	4	3	2	1
基礎学校	18	40	29	30	28	22
ギムナジウム	18	27	12	1	3	0
コミュニティ・スクール	1	7	12	10	19	7

Aus: Bürgerschaft der Freien und Hansestadt Hamburg, 21. Wahlperiode, Drucksache 21/13334, Anlage21

　表に見られるように、全員共通の初等教育である基礎学校は1から6までほぼ万遍なく分布しているのに対して、選択によって分かれて進学する中等教育についてはギムナジウムが良好な区分に、コミュニティ・スクールが厳しい区分に明らかに偏っている。

　ハンブルクでは基礎学校にも中等教育の学校にも親の学校選択権が認めら

れている。つまり希望する学校に入学・進学を申し込むことができる。申込みが受け入れ可能数を上回る場合，学校による選考が通学距離，兄弟姉妹の在籍及び特別な必要（外国語等）に基づいて行われる。インタビューや学力の考査，抽選などの要素は一切ない。こうした制度の下で上述のような学校の社会指数に基づく区分が公表されている場合，それが生徒の募集にあたって正負の影響を与えるのではないかという疑問が生じる。誰が好き好んで厳しい社会的環境にあると公認されている学校へ自分の子どもを送り込みたがるだろうか，できることなら良好な社会的環境にある学校へ送り込みたがるに決まっているではないか，というわけである。

　ハンブルク文部当局が公表しているデータに即して見る限りでは，そうした懸念は杞憂というべきもののようである。2017/18年度の第１学年児童について95.8％，第５学年生徒についてはギムナジウム希望者の97.0％，コミュニティ・スクール希望者の94.4％が第１希望の学校への入進学を認められている[38]。この数値は例年ほとんど変わらずこの水準にある。このことが意味しているのは，ハンブルクにおいては特定の学校に対する忌避や集中が生じていないということである。

　ハンブルク文部当局は，学校ごとの社会指数の意義を次のように説明している。

　「子どもたちの社会的背景が，子どもたちの学び，子どもたちの最終的な教育修了資格に強く影響を与えることが研究によって示されています。ハンブルクのような大都市では，社会的に恵まれない家族の子どもたちは二重のハンデを負っています。まず，家庭でのサポートの少なさです。第二に，彼らはしばしば困難な背景を持っている多くの同級生とともに学ぶことになります。そうした学校には，たとえば，弱い生徒を助けて一緒に学ぶ強い生徒はいないため，学校が多くのことを行わなければなりません。ハンブルクの社会指数はこれらの不平等に対抗するものです。これにより，教育機会の少ない生徒が学校で追加のサポートを受けることができます。このように，ハンブルクの社会指数はよりよい機会均等に貢献するものです。」[39]

社会指数に基づいて，具体的には一クラスあたり生徒数の縮小や言語教育支援のための教員の追加配置（最大でギムナジウムより40％増）のような施策がとられている。前述の中等学校選択の一種の「落ち着き」は，文部当局の施策に対する一定の信頼を意味していると解することも許されよう[40]。

　これらの施策を前節の包括的な「正義」の定義に重ねれば，次のように整理することができる。①二柱型の学校制度は共通の基礎学校による十分性の確保の上に，②中等学校以後のメリトクラティック・コンセプション（進学時の社会的背景による不利益の除去と能力に応じた差異の承認）の実現を図るものと見ることができ，③選別を伴わない親の学校選択の権利は個人の道徳的承認に他ならない。以上の点は形態的には立法による制度の定立であり，狭義の教育行政施策ではないが，④学校（学区）ごとの社会指数は「差異を際立たせる」ことによって「正義」に接近する行政的支援を可能にしている。

おわりに

　本稿では1で「正義」の語り方を限定し，2で分配論としての「正義」のアイディアを整理し，3で地方教育行政において「正義」を考えるあたって「差異を際立たせる」ことの意義を確認し，4ではドイツにおける今日的な「教育の正義」の定義を確認した。その上で5ではハンブルクにおける施策を「教育の正義」のひとつの具体像として吟味した。要するに本稿は「正義」を掲げたハンブルクの施策を吟味するために，必要な範囲において「正義」に関わる論点を引証してきたに過ぎず，地方教育行政における「正義」を網羅的に論じたものとは到底言うことができない。ましてハンブルクの施策こそが「教育の正義」の今日的モデルになると主張するものでもない。

　実際的な通用可能性を意識した教育行政学にとっては，「教育の正義」を包括的に論じることは難しい。こうした検討を通じて本稿が主張したいと思うのは，「正義」について，その全体像を知っているはずがなくともそれについて語ろうとする場合，むしろ目の前の一見明白な不正義に対する批判な

いしその不正義を克服しようとするプランや施策について考察する過程で，その場にふさわしい「正義」の基準を論じる方法にこそ，教育行政学の独自性が見いだされて良いのではないかということである。

　もちろん，本稿がそうした試みに成功しているかどうかは定かではない。ドイツでは事実上の公準となっているように思われるメリトクラティック・コンセプションは，日本でも一般的な合意が得られそうに思われるが，その制度論的含意と道徳的正当性については検討の余地がある。本稿では親の原則的な学校（種）の選択権をもって人格に対する道徳的承認の制度的実装とみなしたが，これは概念の矮小化であるかもしれない。「差異を際立たせる」ことは，本稿が論じた範囲では「正義」の実装のための前提であるが，特定の社会的文脈においては差異の再生産と固定化につながるものであり得よう。ともあれ，もし本稿が全体として暫定的な合意を志向する営みの一端に位置づくのであれば，本稿は十分に目的を達成したことになる。

（東京学芸大学）

（本稿の作成にあたっては，田原宏人・札幌大学教授から助言と参考文献の紹介を，また編集委員会からは構成についてのアドバイスをいただいた。感謝申し上げたい。）

〈注〉
⑴　田村哲樹「熟議民主主義における「正しさと政治」とその調停―熟議システム論を中心に―」，田畑真一ほか編著『政治において正しいとはどういうことか』勁草書房，2019年，所収。
⑵　田村はその「物足りなさ」を，「政治の政治理論における『政治』の独自性の擁護は，結局のところ，あらゆるものは不確実であるとの結論に至るのみである。」と述べている。
⑶　参照，高田明典『現代思想のコミュニケーション的転回』筑摩書房，2011年，106ページ以下。
⑷　玉手慎太郎・田畑真一「ポスト基礎付け主義の問題関心」，田畑ほか編著，前出，所収。

⑸　大河内泰樹「基礎付けなき判断―『政治的なもの』としての反省的判断力とその拡張」，田畑ほか編著，前出，所収。また高田明典によれば，「知識の正しさの基礎づけ」の不可能性を「コミュニケーション共同体」による「超越論的言語ゲーム」によって解消しようとしたのが，K.-O.アーペルであり，その延長上にハーバーマスのコミュニケーション的行為の理論が位置づけられる。同上，108ページ以下。

⑹　参照，宮寺晃夫『教育の分配論』勁草書房，2006年。同編『再検討　教育機会の平等』岩波書店，2011年。田原宏人「分配論からみた教育の在り方―回顧的展望―」，『教育社会学研究』第94集，2014年。

⑺　本節の用語法については基本的に田原，前出によっている。合わせて宇佐美誠ほか編著『正義論　ベーシックスからフロンティアまで』法律文化社，2019年，も参照。

⑻　宮寺晃夫，前出，2006年。同「『教育機会の平等』の復権―子供の学校を親が決めてよいのか」，宮寺編，前出，2011年所収。同『教育の正義論』勁草書房，2014年。

⑼　宮寺，前出，2006年。宮寺はこの主張がJ・ロールズの格差原理の具体化のひとつの表現であるとみなしているようであり，その際，格差原理は事後的な利益の配分についてのみならず，特に教育の機会の配分において適用される必要があることを強調しているように見える。とはいえ格差原理は条件付きで社会的不平等を容認するものであるから，ここでの見立ては正確ではないかもしれない。

⑽　保田紀子「教育機会の平等　通貨・時間・理念」，広田照幸・宮寺晃夫編『教育システムと社会　その理論的検討』世織書房，2014年，所収。

⑾　ただし学歴や「能力」は下位者の水準が上昇することによって上位者の水準が一定であったとしても上位者の比較優位が損なわれると考えられることから，優先性論もまた上位者の「引き下げ」を引き起こすという議論がある。保田，同上。

⑿　田原，前出。

⒀　平井悠介「『熟議民主主義』は何をもたらすか―多様性と統合の綱引き」，宮寺編，2011年，前出，所収。

⒁　宮寺，2014年，49ページ。

⒂　卯月由佳「公教育の制度設計の原理を考える」，広田・宮寺編，2014年，前出，所収。

⒃　メリトクラティック・コンセプションの現実的な含意は田原が指摘する通り，

また田原の解題によってもわかりにくい。字義通りに解すれば社会階層的背景において区別される下位集団の間の達成の分布の平等つまり「結果の平等」を意味するもののように思われる。参照，田原，前出。

⒄　平井，2011年，前出。アメリカの学区間格差をめぐる学校財政制度訴訟については，参照，白石裕『教育の質の平等を求めて―アメリカ・アディクアシー学校財政制度訴訟の動向と法理―』協同出版，2014年及び竺沙知章『アメリカ学校財政制度の公正化』東信堂，2016年。

⒅　苅谷剛彦『教育と平等　大衆教育社会はいかに生成したか』中央公論新社，2009年，178ページ以下，参照。

⒆　同上，248ページ。

⒇　貞広斎子「学校外補習学習費の支出傾向と地域特性―社会経済的データを基に―」『千葉大学教育学部研究紀要』第61巻，2013年。同「学校外補習学習費の私的負担傾向からみた教育戦略と地域特性―教育費の公私のゆらぎを巡って」，『日本教育政策学会年報』20巻，2014年，及び同「教育財政における公私分担構造の再構築と財政原則をめぐる論点―教育財政学のリサーチ・アジェンダ試論―」『千葉大学教育学部研究紀要』第64巻，2016年，も参照。

(21)　もちろんこれは子ども個人や家庭を単位とした行政の関わりは重要でないとか，優先順位が低いということを意味するものではない。

(22)　ドイツを素材とするのは端的には筆者個人の年来の研究関心によるものであるが，一般的に言えば①教育行財政を含む地方行財政制度の一定の類似性，②教育の正義を問題にする社会的文脈の一定の類似性，によっている。

(23)　以下のこの節の叙述については，前原健二「ドイツにおける『教育の正義』論議の展開」，『教育学研究年報』（東京学芸大学教育学講座学校教育学分野・生涯教育学分野）第30号，2011年と重なる部分がある。

(24)　BMBF, Bildungsbericht 2016. Chancengerechtigkeit und Teilhabe. Ergebnisse aus der Forschung. 2016, Bielefeld/Berlin. ただしこれについては，結局のところ個人の不利な状況そのものの改善はそこには含まれていないとする批判がある。Vgl., Siewert, J., Bildungsungerechtigkeit und was Lehrer*innen dagegen tun können. In: Pädagogik, 2019⑩.

(25)　たとえばJ・ロールズの『公正としての正義』は "Gerechtigkeit als Fairness" と表現される。

(26)　Vereinigung der Bayerischen Wirtschaft e. V. (Hrsg.), Bildungsgerechtigkeit - Jahresgutachten 2007. Aktionsrat Bildung. 2007. ARBのメンバー及び活動概要と活動について，Vgl., https://www.aktionsrat-bildung.de/

⑵⑺　Vereinigung der Bayerischen Wirtschaft e. V.（Hrsg.）, a.a.O., S.18.

⑵⑻　Giesinger, J., Was heißt Bildungsgerechtigkeit? In: Zeitschrift für Pädagogik, 53⑶, 2007.

⑵⑼　Vereinigung der Bayerischen Wirtschaft e. V.（Hrsg.）, a.a.O., S.20ff.

⑶⑴　Stojanov, K., Bildungsgerechtigkeit als Freiheitseinschränkung?, In: Zeitschrift für Pädagogik, 54⑷, 2008.

⑶⑴　ストヤーノフの議論はいわゆるフランクフルト学派のA・ホネットの議論を下敷きにしたものである。ホネットについては，日暮雅夫『討議と承認の社会理論――ハーバーマスとホネット』勁草書房，2008年，参照。

⑶⑵　Bertelsmann Stiftung, u.a.（Hg）., Chancenspiegel 2014. Verlag Bertelsmann Stiftung, 2014, S.15.

⑶⑶　人口約180万人，面積は東京都23区の総面積よりやや広い程度である。

⑶⑷　なお2020年時点でこうした二柱型を原則として採用しているのはハンブルクの他，ブレーメン，ベルリン，ザールラント州である。

⑶⑸　Vgl., https://www.hamburg.de/bsb/hamburger-sozialindex/（ハンブルク文部省ウェブサイト，2020年5月29日参照）

⑶⑹　Groot-Wilken, B. u.a.（Hg.）, Sozialindices für Schulen: Hintergründe, Methoden und Anwendung. Waxmann, 2016, S.10-11（Einleitung）.

⑶⑺　社会的環境（学区の失業率，生活保護受給率，選挙投票率），文化資本（家庭蔵書数，博物館訪問，親の学歴），経済資本（収入，親の職位，子ども部屋の有無），社会資本（友人つきあい，親との関係，成績への親の評価，子どもへの親の評価），移民的背景（親の出身国，親の言語環境，兄弟姉妹のドイツ語環境）。また社会指数に含まれない各学校ごとのデータ，入学希望者数，そのうちのギムナジウム適性ありと判定された生徒数，毎年の留年者数なども常時公開されている。

⑶⑻　Aus: https://www.hamburg.de/pressearchiv-fhh/8628986/2017-04-25-bsb-schulorga/（ハンブルク文部省ウェブサイト，2020年5月29日参照）

⑶⑼　Aus: https://www.hamburg.de/bsb/hamburger-sozialindex/（前出）

⑷⑴　直接の論証ではないが，筆者が2020年3月にハンブルク文部省において中等教育担当者に対して行ったインタビューにおいて，担当者は不利な環境にあるコミュニティ・スクールの支援に力を入れていることを強調していた。

地方創生と自治体教育行政

村上　祐介

1．問題関心と課題設定

　2014年に第二次安倍政権が打ち出した地方創生では，人口減少に対する危機感を背景として，現在に至るまで様々な施策が展開されている。その目的としては東京一極集中の是正と人口減少への対応が挙げられる。こうした地方創生の動向は後述するように様々な議論があるが，自治体の政治・行政に少なからず影響を与えている。当然，教育行政もその例外ではない。

　地方創生における教育行政への影響については，本論でも述べるが個別事例の分析・検討が多く行われている。また人口減少を食い止めるうえで重要な教育政策としては学校統廃合が挙げられ，これに関してもいくつかの考察がなされている（山本，2016；2017）。一方で筆者が見る限り，地方創生それ自体については賛否含めて検討が多くなされているが，教育行政から見て地方創生の功罪をどのように考えれば良いのか，その意義と課題は何かといった視点からの考察は少ない。換言すれば，教育行政学でのこれまでの研究は，地方創生を所与としてそれに自治体教育行政がどのように対応しているかについて，個別の事例や取り組みを紹介するか，あるいは学校統廃合に対象を絞って，最近の新自由主義的な政策動向を批判するものであった。

　そこで本論では，第1に，地方創生の動向は自治体教育行政にとってどのような影響をもたらしたか，第2に，自治体教育行政にとって地方創生に問

題があるとすればそれは何か，という課題を設定する。これらの課題を検討することは，地方創生は教育行政にとっての「正義」に適うのか，という本年報の問題関心にも含意を有するであろう。

　本論での結論をあらかじめ述べると次の通りである。第1に，教育行政では，従来の施策の延長線上で地方創生の施策が展開された面があり，新たな施策を「やらざるを得ない」ということが比較的少なかった。そのため，自治体の政治・行政全般に比べると，教育行政に関しては地方創生で掲げられた施策を実際に進めるか否かに関して，自治体の裁量が相対的に大きかった。地方創生それ自体は，自治体の総合戦略の策定を事実上義務化するなど，自治体の政治・行政にとって国からの制約がむしろ強まる側面があった。端的には，自治体が「やりたくないのにやらざるを得ない」（山下・金井，2015）状況に追い込まれることになった。一方で，教育行政ではたとえばコミュニティ・スクールは一時必置も検討されたが努力義務化に留められるなど，総合戦略の策定などに比べると，自治体が施策を取捨選択できる余地がある程度あったと言える。ただし，その中で学校統廃合は総務省や文科省の施策の影響で市町村が「やらざるを得ない」状況になることが多く，地方創生全体に与える影響も大きい点で，教育分野の中では特異な（しかし重要な）施策であると言える。

　第2に，自治体教育行政にとっての地方創生の問題点は，自治体の教育において何を目指すかの「価値」が国（ここでは文科省というよりはむしろ官邸）から外在的に与えられる構造になっていることである。地方創生の目的は本来，人口減少への対応であるが，後述するようにそれよりも経済成長が優先されているとの批判がある。ただいずれにしても，目指すべき価値や政策目標は国が定めており，自治体や地域がそれらを変更することは困難である点は共通している。そうである限り，教育はその価値や政策目標――経済成長，もしくは人口の維持・増加――を達成するための手段として必然的に位置付けられることになる。もちろんそうした価値や政策目標を自治体や住民自身が是とするのであれば，問題は少ないだろう。また教育行政では国による義務付けや枠付けが地方創生の諸施策の中では比較的緩かったため，そ

うした条件を上手く活用して地域活性化や人口減少の緩和に成功した自治体も一部であるが存在する。しかし，全ての自治体に対して一律に教育を経済成長や人口維持・増加のための手段としてのみ位置付けることは問題が多いと思われる。地方創生とその諸施策は，自治体の教育は何を目指すのか，そして誰がそれを決めるべきなのかという，価値や規範の問題を軽視している点で，教育行政学の観点からは大きな課題を含んでいるように思われる。

　本論の構成は以下の通りである。1．（本節）では本論の問題関心と課題，および本論での主張を述べた。2．では地方創生全体の動向と，教育分野を含む自治体の対応を，先行研究を概観しつつ述べる。3．では行政学・地方自治論などで指摘される地方創生の課題を検討したうえで，教育行政における問題点をいくつか指摘する。4．ではより原理的・根本的な問題として，地方創生が目指すべき価値・規範を外在的に定めていることに言及し，自治体の教育行政においてそのことがいかなる問題を含んでいるのかを述べる。最後の5．では本論の議論を改めてまとめる。

2．地方創生の動向と自治体の対応

　次に地方創生の経緯と動向，および自治体の対応を，教育分野での諸施策と合わせて，（牧瀬・山中2018）などを参考に概観しておきたい。

　国が地方創生を公式に掲げたのは2014年である。地方創生が提唱された背景としては，同年5月に公表された日本創生会議・人口減少問題検討分科会（増田寛也座長）の「成長を続ける21世紀のために『ストップ少子化・地方元気戦略』」や，その前後に公表された増田による論考や著作の存在が挙げられる（増田，2014など）。これら一連の論考等をまとめて「増田レポート」と呼ぶことがある。同レポートでは2040年時点で20〜39歳の女性が半減する自治体を「消滅可能性都市」とし，それが全市町村の約半数を占めることを述べた。そのうえで，基本目標を地方から大都市への「人の流れ」を変えること，特に「東京一極集中」に歯止めをかけることに置くこと，そのために「選択と集中」の考え方の下で，「若者に魅力のある地域拠点都市」に投資と

施策を集中することが重要であると述べている。

　第二次安倍改造内閣が発足した2014年9月，内閣官房に「まち・ひと・し
ごと創生本部」が設置され，地方創生担当として石破茂内閣府特命担当大臣
が起用された。2014年12月，「まち・ひと・しごと創生長期ビジョン」「ま
ち・ひと・しごと創生総合戦略」が閣議決定され，東京一極集中の是正，若
い世代の就労・結婚・子育ての希望の実現，地域の特性に即した地域課題の
解決を基本的視点として掲げた。また，同年11月に制定された「まち・ひ
と・しごと創生法」では，自治体に総合戦略を策定する努力義務を課してい
る。ただし，法的には努力義務ではあるが，実際には総合戦略策定が新型交
付金の条件となっているなど，自治体を支援するものにはなっていないとの
指摘がある（今井，2018）。

　その後，毎年6月に「まち・ひと・しごと創生基本方針」，12月に「まち・
ひと・しごと創生総合戦略」が閣議決定されている。2019年には，まち・ひ
と・しごと創生長期ビジョン（令和元年改訂版）及び第2期「まち・ひと・
しごと創生総合戦略」が閣議決定された。改訂版長期ビジョンおよび第2期
総合戦略では，地方創生の目指すべき将来として，『将来にわたって「活力
ある地域社会」の実現』と，『「東京圏への一極集中」の是正』を共に目指
す」ことを掲げ，基本目標として，1稼ぐ地域をつくるとともに，安心して
働けるようにする，2地方とのつながりを築き，地方への新しいひとの流れ
をつくる，3結婚・出産・子育ての希望をかなえる，4ひとが集う，安心し
て暮らすことができる魅力的な地域をつくる，また横断的目標として，新し
い時代の流れを力にする，多様な人材の活躍を推進することを挙げている。

　自治体は事実上，総合戦略の策定が義務付けられていたが，これは相当に
負担が重かったようである。坂本（2018）では，市町村に対して「国の地方
創生政策（交付金事業等を含む）に関する役所全体の事務量についてどのよ
うにお感じですか」との設問に対して，「大きな負担だった」が42.1％，「ま
あまあ負担だった」が54.0％と，自治体に大きな負荷がかかったことを明ら
かにしている。加えて，全般的に国から市区町村に対する統制（制約）が強
まっていると感じますか，との設問では，「強まっている」「どちらかと言え

ば強まっている」が合わせて約64％を占め，国の影響が強くなっていると回答している。また，総合戦略策定の際のコンサルティング料など，補助金が東京をはじめとする大都市圏に還流しているとの指摘もある（山下・金井，2015）。

　次に教育分野における地方創生の動向について整理しておく。

　地方創生が政策課題となったことを受けて，2015年３月に教育再生実行会議は第６次提言で「教育がエンジンとなって『地方創生』を」を掲げ，具体的な施策として全ての学校のコミュニティ・スクール化の推進，地（知）の拠点整備事業の支援強化などを挙げている。これを受けて，同年12月の中教審では「新しい時代の教育や地方創生の実現に向けた学校と地域の連携・協働のあり方と今後の推進方策に向けて」が答申され，コミュニティ・スクールの拡大，学校支援地域本部から地域学校協働本部への発展などの体制整備，強化が提言された。

　文部科学省のウェブサイトでは，地方創生に取り組んでいる地方自治体や関係団体の取組が紹介されている。そこでは，実際の取り組みが紹介されているものとして，以下のような事例が挙げられている[1]。

・「成長分野等における中核的専門人材養成等の戦略的推進」（取組例：訪問看護に対応した看護人材養成（福岡県））
・「地域における消費者教育の担い手育成」（大学生に対する体系的な消費者教育実施に向けた教材開発（静岡大学））
・「専門高校における社会の第一線で活躍できる専門的職業人の育成」（Be the CEO Project（「生徒全員が社長」プロジェクト（岐阜県立岐阜商業高等学校）））
・「専門高校による地域産業の振興を担う人材育成」（食を通した六次産業化で地域の活性化（三重相可（おうか）高等学校））
・「コミュニティ・スクールを核とした地域活性化の促進」（「小ささを大きなスケールメリット」として新たな魅力の創出（福島県大玉村））
・「住民の主体的な地域課題解決・まちづくりの推進のための学習の支援」（「高齢社会対策」（愛媛県新居浜市））

先行研究で挙げられている事例として目立つのは，高校を核として地域活性化を目指す動きである。著名な事例としては，島根県立隠岐島前高校の事例（山内ほか2015），北海道の奥尻高校の町立移管やそれにともなう取り組み（徳久，2018；国立教育政策研究所，2019），広島県立大崎海星高校の事例（牧瀬・山中2018）などがある。義務教育では無料公営塾などによる岡山県和気町の事例（岩淵ほか，2017），地域おこし協力隊を活用した東京都神津島村の放課後学習教室の取り組み（木村，2017），全国各地でのコミュニティ・スクールの活用（国立教育政策研究所，2019）など多くの事例分析がある。高等教育では地域と大学との連携が主要なテーマである（小早川，2010）。公設民営大学の公立大学法人化も地方創生の一環として位置付けられる（国立教育政策研究所，2019）。

　学校統廃合については，2014年の「まち・ひと・しごと創生総合戦略」の中で，公立小・中学校の適正規模化，小規模校の活性化，休校した学校の再開支援が掲げられている。そこでは，「学校は一定の児童・生徒の規模を確保することが望ましい」としつつ，「学校統合を検討する場合や，小規模校の存続を選択する場合，更には休校した学校を児童生徒の増加に伴い再開する場合などに対応し，活力ある学校づくりを目指した市町村の主体的な検討や具体的な取組をきめ細やかに支援する」と述べられている。しかし，2019年に改訂された第2期総合戦略では，学校統廃合に関する記述はない。

　統廃合に実質的な影響を与えたのは，総合戦略よりもむしろ，2014年に総務省が発出した「公共施設等総合管理計画」，翌15年に文科省が発出した「公立小学校・中学校の適正規模・適正配置等に関する手引」である（石山，2017）。公共施設等総合管理計画を契機に公共施設の床面積の削減を目指す自治体が多い中で，公共施設の半分以上を占める学校施設は自ずとその対象となる（山本，2017）。また，文科省の「手引」では，通学距離にスクールバスで概ね1時間以内の基準を加えたこと，いわゆる単学級以下校を，「学校統合等により適正規模に近づけることの適否を速やかに検討」することとしている（山本，2016）。学校統廃合に関しては，総合戦略では小規模校の存続に言及しているが，一方で他の施策では，むしろ統廃合を政策的に誘導

するしくみが打ち出されている。

3．地方創生の問題点

地方創生は個別の事例では見るべき取り組みが少なくないものの，その目的が果たして達成されているかどうかは明らかになっていない点が多い。また，実際の施策は人口減少への対応という目的からは乖離してしまっているとの批判もある。ここでは，地方創生に関してどのような問題点があるか，その議論に言及したうえで，教育分野に関しては地方創生によっていかなる影響を受けているのかを考える。

地方創生の端緒となった増田レポートでは，「選択と集中」がキーワードであった。東京一極集中と地方の消滅を食い止めるには，「若者に魅力のある地方中核都市」を軸とした「新たな集権構造」を構築し，「防衛・反転線」を張ることが重要とする（増田，2014，pp.47-48）。そして，「すべての集落に十分なだけの対策を行う財政的余裕はない。結局，小粒の対策を総花的に行うことになってしまい，防衛線を築くには至らなかった」（増田，2014，p.49）として，中山間部や農村など一部の地域については集落消滅も止むを得ないとの認識を示している[2]。

増田レポートが打ち出している今後の方向性や処方箋に対しては，農山村の切り捨てにつながる（小田切，2014）との批判や，一般的に農村・地方中小都市の方が出生率は高いのであるから，地方中核都市への「選択と集中」は，むしろ人口減少につながるのではないか（山下，2014），といった批判がある。また，「選択と集中」ではなく，地域づくりを支援する仕組みや，農山村移住・定住支援策，「小さな拠点」づくりがむしろ政策的に重要との主張もある（嶋田，2016）。

上記は増田レポートに対する批判であるが，増田レポートと歩調を合わせるように施策化された地方創生については，(1)国の影響力がかえって強まっており，国は予算競争を通じて自治体に責任転嫁を図ろうとしていること（山下・金井，2015），(2)地方創生は経済成長を優先しており，人口減少対策

になっておらず，政策目的が当初と異なっていること（山下，2018）といった批判がある。

第1の点は，地方創生の問題点を正面から突いている[3]。国は「何かしなくてはならない」という思惑を持ちながら無策であること，それゆえに地方創生によって国は地域間競争をあおり，数値目標（KPI）の策定を自治体自らに設定させることで，地方創生の責任を自治体に転嫁していると述べる。合わせて，国の自治体への財政的なコントロールがむしろ強まっていることを指摘する。そして，地方創生の真のねらいは地域間格差の是正ではなく，切り捨てられる側の地方圏に国の政策を支持させることで，選択と集中，地方切り捨てをカムフラージュすることであり，自治体を共食いさせようとしていると痛烈に批判している。さらに，それは支持基盤を地方から大都市圏に移そうとする自民党の戦略ではないかとも述べている。

国と地方の関係に関して言えば，近年進む内閣の権限強化と市町村合併は，自治体の国に対する異議申し立てを困難にしており，国家の暴走につながる恐れがあるとも述べている。地方創生は国と自治体の関係に大きなゆがみをもたらしており，そのことが地方創生のイメージとは逆に，むしろ国の暴走や地方切り捨てにつながりかねないことに警鐘を鳴らしている。

第2の点は，地方創生は本来，人口減少を食い止めてその維持・拡大を目指す人口対策を優先させるべきであるにもかかわらず，政権の方針により経済成長が優先され，人口対策としてはほとんど効果が期待できないとする批判である（山下，2018）。山下は，地方創生の事業や政策は本来，人口減少を止め，東京一極集中を止めるものであるはずなのに，その道を大きく外れて仕事づくり，雇用創出に邁進し，そのことによって逆に人口減少を促進し，東京一極集中を進めるような構造を強めていると述べる。

そうした構造を，彼は「閉鎖的な『都市の正義』」と呼ぶ。そこでは都市の正義を共同体の正義と対比して考察しているが，都市の正義は自治・分権よりも支配・従属，暮らし・家族・家計よりも経済，地方・地域よりも国家，過程よりも競争・結果，それぞれの個別の中での決定よりも上からの統治の視点を重視する点などで，共同体の正義とは異なるとする。ただし，両方の

正義とも社会の存続のためにはなくてはならないものであり，どちらが正しい，どちらが間違っているとは言えないとも述べている。

　一方で，一部だけが助かり，他の一部は助からない「選択と集中」は「競争と淘汰」すなわち「排除」をともなうものであり，本来は非常事態の論理であるが，それを社会の常態として持ち込んでいることが問題であるという。そうした（あるものに対してだけ開かれ，別のものには閉じているという意味において）閉鎖的な都市の正義が，東京一極集中と人口減少の背景として指摘できると述べている。

　上記の2点の批判は「地方創生」施策の全体に対する原理的な考察であるが，教育の分野においてはどのように考えることができるであろうか。2019年12月に策定された第2期「まち・ひと・しごと創生総合戦略」では，4つの基本目標と2つの横断的目標が掲げられているが，そのうち教育分野に関連の深い施策としては以下がある。基本目標2「地方とのつながりを築き，地方への新しいひとの流れをつくる」の中では，地方大学の振興等による地域産業の担い手づくりと，高等学校の機能強化等が盛り込まれている。個別施策としては，学生のUIJターンや地元定着を促進するための取り組みの推進，高校生の「地域留学」の推進，子供の農山漁村体験の充実などが挙げられている。基本目標3「結婚・出産・子育ての希望をかなえる」では，結婚・出産・子育ての支援として，幼児教育・保育・子育て支援の「量的拡充」及び「質の向上」が言及されている。また，「少子化対策地域評価ツール」の活用等を通じた「地域アプローチ」による少子化対策の推進も個別施策として挙げられている。基本目標4「ひとが集う，安心して暮らすことができる魅力的な地域をつくる」では，公立小・中学校の適正規模化，小規模校の活性化，休校した学校の再開支援が個別施策となっている。その他，横断的目標2「新しい時代の流れを力にする」では，医療・教育分野での未来技術の活用について言及がなされている。

　第2期総合戦略では，教育分野については，その多くが地域活性化の一つの手段として位置付けられている。また，地方創生では，教育分野に関してはその多くは，コミュニティ・スクールなど，従来進められてきた施策の延

長線上に位置付けられるものが多いように思われる（牧瀬・山中，2018）。また，新規の施策についても，事実上国によって策定が義務付けられている地方版総合戦略の策定などとは異なり，自治体のニーズや方針に応じて施策の選択がある程度可能である。総合戦略や長期ビジョンを見る限りは，教育分野における地方創生で挙げられている個別施策それ自体については，一部の自治体では積極的に取り入れているが，それ以外の自治体を含めて，教育行政全体に大きな影響を与えるまでには至っていないように思われる。

ただし，総合戦略や長期ビジョンに関連する，あるいはそれ以外の点において，近年の地方創生の動向が自治体の教育行政に影響を与えている面があることは否めない。ここでは以下の3点を指摘しておきたい。

第1に，学校統廃合の進行である。学校統廃合は人口対策にとっても大きな問題であり，教育行政において政策的な対応が強く問われる課題である。少子化に伴い，小中高の学校数は最近50年間で最も多かった1989（平成元）年の約41,600校から，2019（令和元）年には約35,000校に減少している。学校統廃合は，実際の統廃合のみならず，その噂だけでも子育て世代を当該地域から遠ざける要因になるほど，地域に強い影響を及ぼすことが考えられる（山下，2014）。例えば高校が廃止された場合，高校生の世代が地域から消えるだけでなく，高校段階で自宅を離れなければならなくなることを考慮し，それ以下の子育て世代がその地域に住むことを避けるようになる。そのため，学校統廃合は特に子育て世代の定住促進に致命的な影響を与える可能性がある（山下，2014）。

総合戦略では，学校統廃合に関しては「公立小・中学校の適正規模化」と簡潔な表現にとどまっており，さらに小規模校の活性化，休校した学校の再開支援も掲げられるなど，小規模校の維持にも一定の配慮がなされている。しかし，前述した総務省の公共施設等総合管理計画や文科省の「手引」の影響により，実際にはやむなく学校統廃合を選択せざるを得ない市町村が多い。難しいのは，地域住民は学校存続を望むことが多いのに対して，施設設備のコストを負担する自治体や，小規模校を望まない保護者は統廃合を支持することが少なくなく，地域内で統廃合に対する選好が異なる場合がありうるこ

とである。

　地方創生だけでなく学校統廃合に関する施策全体を見る限り，政策的に統廃合を積極的に止める方向とは言えない。その結果，学校数が大幅に減っていることは，東京一極集中を避け人口減少を食い止めるという地方創生の目的とは逆行していると言わざるを得ない。山下（2018）が述べるように，人口減少を止めるよりも経済成長を優先させるという地方創生の問題点は，学校統廃合に関しては妥当すると思われる。

　第2に，地方版総合戦略におけるKPIの設定が，教育行政にとっての制約となり，ひいては現場の負荷や歪みをもたらす可能性は潜在的に存在する。KPIの設定は，地方創生だけでなく，自治体の総合計画や教育振興基本計画にも設定されることが多く，地方創生固有の問題というわけではない。しかし，地方創生では自治体が人口増加率を過大に見積もって無理な目標を立てる例があるように，実現不可能なKPIが設定されることがある。加えて，KPIが政策の真の目的・目標を達成することに資するのか，疑問を抱かざるを得ない場合もあるように思われる。総合戦略で上位にある（例えば人口目標など）目的・目標に無理があると，その下位に位置付けられる諸施策もまた，無理な目的・目標を掲げざるを得ないことがありうる。地方創生において教育は人口維持・増加や地域活性化など上位の目的・目標の下に位置づけられることが多いため，総合戦略や長期ビジョンに無理があるとそれに引っ張られて教育行政や教育現場が振り回されかねないというリスクがある。

　第3に，教育分野における地方創生においては，国と教育機関との間で不透明な関係や利益誘導の疑念が生じていることである。地方創生の中で展開された国家戦略特区を活用した加計学園による獣医学部新設の事例では，官邸による政治的な配慮や文科省への圧力があったと言われている。地方に大学を誘致して人口を増やし，地域活性化を図るという点では地方創生の趣旨に沿っているかもしれないが，その手続きや過程は不透明であり，特に手続き的な公平性・公正性の観点で未だに多くの疑問が残っている。この事例は，地方創生において国（特に官邸）の影響力が強いことを示唆する一例である。同時に，第二次安倍政権の問題点が現れた事例でもある。

4. 自治体教育行政をめぐる価値の問題

　教育分野における地方創生においては，諸々の問題点—学校統廃合，KPI，利益誘導・腐敗など—があることを述べた。これらは地方創生に関連する，あるいは派生的に発生する課題であるが，そもそも地方創生の考え方それ自体にはどのような問題があると考えられるであろうか。

　筆者の見解を簡潔に述べると，達成すべき価値，換言すれば「都市の正義」を国主導で決め，それに自治体が追従せざるを得ない構造を生み出していることが大きな問題であるように思われる。地方創生は何が追求すべき価値や規範，つまり「正義」なのか，そしてそれを誰が決めるのかが実は最初に問われるべきである。すなわち，追求すべき価値や規範を外在的に決める話ではない。しかし実際の地方創生の施策は，何が追求するに足る価値や規範なのかを吟味することなく，経済成長（もしくは人口維持・増加）の追求を所与としている。こうした国主導の在り方が，地方活性化が進まない，人口減少が止まらないことの一因になっていることは，本論で紹介した先行研究も指摘している。

　教育分野との関連でいえば，追求すべき価値や規範が外在的に決まるということは，すなわち政策目標が外から与えられることになる。教育分野におけるニーズや追求すべき価値・規範は考慮されず，教育行政・政策はあらかじめ設定された価値・規範，より具体的にいえば政策目標のための一手段として位置付けられることになる。地方創生の例でいえば，教育分野における施策は経済成長のための手段として位置付けられる。その目標に資さない施策については，少なくとも地方創生の施策において重視されることはない。

　ただし，そのことが自治体や地域，あるいは教育分野のニーズや追求すべき価値・規範と一致する，またはそれほど異ならないのであれば，外在的に政策の価値・規範が規定されること自体は，さほど大きな問題にはならないであろう。自治体によっては，むしろ地方創生の枠組みが適している場合もありうる。いくつかの著名な個別事例では，地方創生が重視する価値・規範

と，自治体や地域のニーズが一致したと考えられる。一方で，そうした自治体は先進事例として紹介されるように，一部にとどまると考えられる。

これまでの記述では地方創生の目的を経済成長と考えているが，山下（2018）は，人口減少への対応が地方創生の本来取り組むべき課題であるにもかかわらず，実際の地方創生施策は人口減少対策よりも経済成長を優先していることを批判する。また，その結果，東京一極集中と人口減少がますます進みかねないことに警鐘を鳴らしている。

その指摘自体は概ね妥当と思えるが，仮に人口減少対策が優先されて明確な施策として位置付けられていたとしても，地域（の教育）にとっては，達成すべき価値・規範を国から外在的に与えられていること自体に変わりない。地域によっては，経済成長と人口減少対策のいずれも重要ではないこともありうる。教育分野にとっては経済成長よりも人口減少対策が重要であるとは言えるかもしれないが，論理的には両者を軽視しても教育に別の価値を見出すことは可能である。たとえば，経済は成長なく現状維持でも良い，人口が減少して学校が維持できない状況であれば地域外からの通学（山村留学）や移民を入れれば良く，むしろそうした多様な児童生徒の学びを保障することが自らの地域の教育が追求すべき価値である，という判断も成り立つかもしれない。つまり，政策目標が経済成長，人口減少対策のいずれであっても，達成すべき価値や規範が外在的に固定され所与とされること自体が，地域の教育にとって望ましいとは限らない。

簡潔に述べれば，地域の教育が何を目指すのかは基本的には価値の問題であり，それが外在的に決められてしまうことが地方創生の構造的な問題点である[4]。もっとも，日本は連邦制ではないので，国として追求したい価値・規範や政策選好が地域や現場に影響することは当然ありうるし避けられない面がある。しかし，公教育は大半が自治体の権限であり，自治体の意向を踏まえず国が一方的に政策目標を決めてしまうのは，法的にも，また地方創生の本来の趣旨から考えても望ましくない。地方創生の分析は様々なアプローチがありうるが，教育行政学が検討すべき点の一つは，地方創生での教育分野における国と自治体の関係の問題である。

一方で，自治体の教育における価値・規範の問題を考えるには，自治体内部での価値・規範の共有をどのように行うかという難しい問題がある。行政学・地方自治論では，地方創生で国と自治体との関係が歪められていることは指摘されるが，政策領域間の関係については，省庁間の政治力学（たとえば近年の経産省優位など）を除き，特に自治体レベルのそれについてはほとんど触れられていない。地方創生と教育との関係を考える際には，政策領域間の関係は重要な問題であるが，これは具体的には教育委員会制度をはじめとする教育の統治システムの問題に帰着する。自治体の総合行政と異なる価値を教育行政が見出すべきか，またそれを実際に施策に反映できるかは，基本的には統治システムのあり方に依存する。

　他方，理念レベルで，教育における正義の問題が行政・政策全体における正義の問題とどのような関係を成すのかは未解明な点が多い。この点は統治システムを一般行政と教育行政で分けるべきかという，教育行政学の伝統的な論点にも大きく関わってくる問題であるが，教育行政学における検討はさほど進んでいないように思われる。

5．本論のまとめ

　最後に本論の内容を改めてまとめる。本論の課題は，第1に，地方創生の動向は自治体教育行政にとってどのような影響をもたらしたか，第2に，自治体教育行政にとって地方創生に問題があるとすればそれは何か，という問いであった。

　第1の課題については，教育分野ではさまざまな施策が地方創生で打ち出されたが，自治体への義務付け・枠付けの側面は総合戦略の策定など他の地方創生の施策に比べると緩い側面があり，教育分野では自治体が施策を選択できる裁量が相対的には大きかったように思われる。地方創生に呼応してコミュニティ・スクールや高校活性化など独自の取り組みを進めた自治体も見られるが，そうした動きは一部にとどまった。一方で，学校統廃合に関しては，自治体にとって地域の核になる学校を失うという意味で重要な政策であ

るが，国の施策に影響されて統廃合が加速した面がある。またこのことは，人口減少を食い止めるという地方創生の政策目標に逆行するものであった。

　第2の課題として挙げた，自治体教育行政にとっての地方創生の問題点は，自治体の教育において何を目指すかの「価値」が国から外在的に与えられる構造になっていることである。地域の教育は何を目指すのかは地域によってさまざまありうるが，地方創生は経済成長あるいは人口維持・増加という価値・規範を前提として，教育を通じてそれらをいかに達成するかという枠組みとなっている。もちろん，経済成長あるいは人口維持・増加は地域活性化につながるゆえに，教育を通じて地域活性化を図ろうとする自治体にとっては，地方創生は施策を推進する良い機会になった。一方で，全ての地域において，教育の価値を経済成長や人口維持・増加，あるいは地域活性化に置くとは限らない。地方創生は主に国と自治体との関係が問われる課題である。一方で，自治体内部での価値・規範の共有をどのように行っていくか，より具体的には総合行政と教育行政における価値・規範を分けて考えるべきかどうかは，個別政策領域独自の難しい問題である。

　本論は，地方創生の政策的な展開や枠組みといった面から，自治体教育行政における地方創生の意義と課題を考えた。一方で，地方創生と教育行政との関係を考察する上では先進事例にとどまらず，それ以外の自治体も含めて経験的な検討を行うことが求められる。また，今回の年報フォーラムのテーマである「正義」など，理念や規範の側面からのアプローチも今後の研究の対象となるであろう。

（東京大学）

〈註〉
(1)　https://www.mext.go.jp/component/a_menu/other/detail/__icsFiles/afieldfi
le/2015/11/12/1354989_11.pdf（最終閲覧日：2020年7月8日）
(2)　なお，同レポートでは具体的な処方箋として，国民の希望する出生率を実現するための方策についても言及しており，「結婚・妊娠・出産の支援」，「子育ての支援」「企業における働き方の改革」「長時間労働の是正」「女性の活躍推進」などが挙げられている。
(3)　同書では，地方創生のみならず震災復興においても同様の現象が見られると

指摘している。

(4) 達成すべき価値・規範や政策目標を所与とせず，それ自体を検討してより多くの関係者が納得できるような価値・規範を見出すことが重要と考えるのであれば，先に述べたKPIや，その背後にあるEBPMの考え方の是非も重要な論点となる。EBPMは，政策目標が明確である場合にそれを達成する有効な手段の一つであるが，EBPMが価値・規範それ自体を定めることは困難である。そもそも何が達成すべき価値・規範かがはっきりしない場合には，EBPMはむしろ（暗黙のうちに）特定の価値・規範を優先させてしまう点で有害になることすらありうる。

〈引用文献〉

石山雄貴（2017）「財政から見た『地方創生』で加速化する学校統廃合」『住民と自治』（655），pp.15-18

今井照（2018）「『計画』による国―自治体間関係の変化：地方版総合戦略と森林経営管理法体制を事例に」『自治総研』44（7），pp.53-75

岩淵泰・吉川幸・長宗武司（2017）「教育による地方創生戦略：教育の町『和気』構想を一例に」『岡山大学経済学会雑誌』49（1），pp.41-68

小田切徳美（2014）『農山村は消滅しない』岩波書店

木村康彦（2017）「小規模自治体の教育委員会及び首長部局による政策形成の特質に関する研究：神津島村地域おこし協力隊／放課後学習教室／放課後児童健全育成事業の連携に注目して」『教育行財政研究集録』⑿，pp.44-59

国立教育政策研究所（2019）『地方創生と教育行政（地方教育行政の多様性・専門性に関する研究報告書5）』

小早川倫美（2010）「地域社会と大学との連携の現状：近年の地域連携の在り方をめぐって」三上和夫・湯田拓史編著『地域教育の構想』同時代社

坂本誠（2018）「地方創生政策が浮き彫りにした国―地方関係の現状と課題：「地方版総合戦略」の策定に関する市町村悉皆アンケート調査の結果をふまえて」『自治総研』44（4），pp.76-100

嶋田暁文（2016）「『増田レポート』再考：「自治体消滅」論とそれに基づく処方箋は正しいのか？」『地方自治ふくおか』60，pp.3-20

徳久恭子（2018）「高校を核とする地方創生の試み：奥尻高等学校の実践をてがかりに」『立命館法学』（380），pp.159-210

牧瀬翔麻・山中拓真（2018）「教育施策を中心とした地方創生戦略に関する一考察：「教育の島づくり」を掲げる広島県大崎上島町を事例として」『筑波大学教

育行財政学研究室紀要』（29），pp.17-35

増田寛也（2014）『地方消滅―東京一極集中が招く人口急減』中央公論新社

山内道雄・岩本悠・田中輝美（2015）『未来を変えた島の学校：隠岐島前発ふるさと再興への挑戦』岩波書店

山下祐介（2014）『地方消滅の罠：「増田レポート」と人口減少社会の正体』筑摩書房

山下祐介・金井利之（2015）『地方創生の正体：なぜ地域政策は失敗するのか』筑摩書房

山下祐介（2018）『「都市の正義」が地方を壊す：地方創生の隘路を抜けて』PHP研究所

山本由美（2016）「『地方創生』のもとの学校統廃合を検証する」『住民と自治』（639），pp.21-26

―――（2017）「小中学校統廃合とまちづくり：「地方創生」がこわす地域コミュニティー」『建築とまちづくり』（461），pp.16-20

［付記］本論文は，日本学術振興会科学研究費補助金（課題番号：20K02426）による研究成果の一部である。

誰一人取り残さない明石市のこども施策からみる行政の「正義」

尾﨑　公子

はじめに

　明石市は，市政の柱にこどもを据え，誰一人取り残さないインクルーシブ社会の実現に向けた取組を展開している。本稿は，インクルーシブ社会の実現という方向性のなかで，行政の「正義」が具現化している事例として明石市のこども施策を取り上げる。

　「誰一人取り残さない」とは，2015年に国連サミットで採択された「持続可能な開発のための2030アジェンダ」において謳われた基本理念である。アジェンダは，17の目標と169のターゲットからなる「持続可能な開発目標（SDGs）」を掲げ，経済，社会，環境の3側面のバランスを取り，統合するなかで持続可能な開発を達成していくとし，その達成過程においてこども，若者，障害者など，脆弱な立場に置かれやすい人々を「誰一人取り残さない」と誓った。そして，「最も脆弱な人々のニーズが満たされる，公正（just），衡平（equitable），寛容，オープンな，社会的に包摂的な世界」を目指すべき世界像とした[1]。

　ここに示されたあるべき世界像は，行政が果たすべき正義の規準ともいえる。明石市は，無戸籍者，犯罪被害者，受刑者支援など，全国に先駆けた様々な施策を実施し，この世界像実現に向けた取組を展開している。そのなかで，市政の柱に位置づけているのがこども施策である。

　明石市がこどもを市政の柱にしたのは，2011年に泉房穂氏が市長に就任して以降であり，泉市長の下で第5次長期総合計画（2011〜2020）[2]を策定し，「こどもの健やかな育ちで，みんなの元気を生み出す」をまちづくりの戦略に定めた。この戦略の下で，「誰ひとり取り残さず，誰ひとり排除しない，まちのみんなで，すべての人を支える取り組み」（泉2019：p.26）を推進し，その要にこども施策を据えたのである。

　取り組まれているこども施策は多岐にわたるが，大きく①子育ての経済的負担の軽減②社会的養育の充実③教育環境の整備の3つに分類できる。これらのこども施策のなかで「誰一人取り残さない」という正義がいかに貫かれているのか。

　本稿では，その貫き方の原理を捉え，こども施策を遂行するための組織，予算，人的配置の実態を明らかにすることによって，地方行政の正義の果たし方を考究する。さらに，インクルーシブを政策原理に据える泉市長のバックグラウンドや市政への市民意識を考察し，市政を牽引する首長とそれに承認を与える市民がともに行政の正義を形作っていることを明らかにする。

1．明石市のこどもを核とするまちづくり戦略

　明石市は，第5次長期総合計画において，こどもを核としてまちづくりを推進する方針を打ち出した。明石市は，関西圏，京阪神地域の西端に位置し，大阪への通勤も1時間圏内で交通の利便性が高く，ベッドタウンとして発展してきた。そうした地理的強みを活かし，企業誘致や産業振興よりも，神戸や大阪に通勤する子育て世代層をターゲットにした施策をまちづくり戦略の柱にしたのである。

　まち・ひと・しごと創生総合戦略（2015〜2019）においても「若い世代の結婚・出産・子育てに関する希望がかなう環境を整える」を基本的な考え方に据え，今後5か年の目標として，①人口30万人②出生数年間3000人③本の貸し出し冊数年間300万冊の「トリプルスリー」を掲げた[3]。これらの目標はほぼ達成され[4]，2019年の人口は299,099人（8月1日現在），出生数は

2,696人（10月１日現在）となっている。本の貸出冊数も2018年度で目標の300万冊を突破している。

2016年には，これまでのこども施策を確かなものにし，さらに推進することを目的として「明石市こども総合支援条例」を定めている。2017年には，明石市民図書館を明石駅前再開発ビル内に移し，リニューアルオープンさせている。再開発ビルには，行政窓口の他に，子育て支援センター・一時保育ルームなどが開設され，「こどもを核としたまちづくり」「本のまち」を象徴する施設整備も図っている。

2018年には，中核都市になり，児童相談所の設置など，付与された権限を最大限活かした施策を展開している。現在，2021年度からの第６次総合計画「あかしSDGs推進計画」（2021〜2031）の策定を進めているところである。

２．明石市のこども施策

⑴ ユニバーサル原理：すべてのこどもが対象
①所得制限なしの負担軽減策

明石市のこども施策では，中学生までの医療費，中学校給食費の無料化など，多くの経済的負担の軽減が図られているが，「所得制限なし」「一部負担なし」を基本原則としている。「誰一人取り残さない」という正義を果たすために，すべてのこどもを対象とするユニバーサルの原理が適用されているのである。

泉市長は，「どこかで任意の線を引いて分断することで，いつも誰かを置き去りにしている」とし，「市民一人ひとりを『分け隔てない』発想でまちづくりをすれば，誰にとっても居心地のよい社会に近づく」（泉2019：p.98）とまちづくりの理念を語っている。

「誰も取り残さない」という正義を果たすために，脆弱者層のみを支援対象とするという政策選択もありうる。所得制限なしにすることによってかかる予算規模は10倍になるという（湯浅・泉2019：p.41）。しかし，明石市では，親やこどもを分断することになる所得制限論は，政策継続性にとってマイナ

スだとする政策判断がなされている（泉2019：pp.201-202）。所得制限を設けることによって，対象からこぼれ落ちてしまうこども，あるいは対象となり，「貧困」の烙印を押され傷つくこども生み出す。さらに，恩恵を受ける市民と受けない市民の間に不公平感や妬みの感情を誘発する。市民間に溝が生じれば，互いに支うセーフティーネットを地域で築くことは困難である。明石市の経済的負担の軽減策は，「貧困対策」「弱者救済」に焦点づけられていない。この点について，市長は，「困っている特別な人がいて，その人をみんなでなんとかするという話ではなくて，自分自身が困ったときに対応してもらえる状態を自分たちでつくる」（湯浅・泉2019：pp.119-120）と述べている。各人が我が事意識を持ってセーフティーネットを築き上げる地域が目指されているのである。

　ユニバーサルの原理を適用し，すべてのこどもを対象とした結果，低所得層のみならず，中間層も恩を実感しうる施策となり，中間層の転入・定住を促す政策効果を生み出している。

　転出が続いていた人口は2012年で底を打ち，転入超過が続いている。転入の大半は，0〜4歳及び25〜39歳までが占めており，Uターンしてくる，あるいはIターンしてくる子育て層が増加している（**図1, 2**）。子育て層の転入は，新たな住宅需要を生み，個人市民税・固定資産税・都市計画税の増収となって，こども施策の安定した支え手層の確保につながっている（**図3**）。さらに，人口増によって商店街にも活気が生まれている。下落が続いていた公示地価も上昇し，公共事業や商店街への補助などの行政支援がなくても，地域経済が好転しているのである。

　以上のように，すべてのこどもを対象とするこども施策は，人口減少の克服や地域経済の向上などの波及効果をもたらし，まさしくインクルーシブ・グロースが実現している。

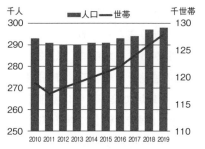

図1　人口・世帯の推移（4月1日現在）
出典：明石市統計書を基に筆者作成

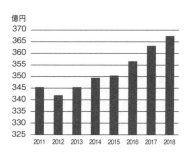

図3　税収入の推移（決算額）
＊個人市民税・固定資産税・都市計画税
　の合計
出典：明石市統計書を基に筆者作成

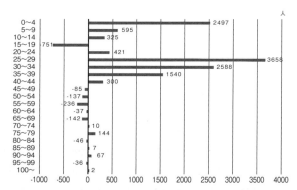

図2　年齢（5歳階級）別社会動態の推移（2013.10.1～2019.10.1）
出典：明石市統計書を基に筆者作成

②こども食堂[5]

　明石市のこども食堂の取組も，すべてのこどもを対象として推進されてきた。貧困対策として対象を絞り込むのではなく，誰一人取り残さず，またこどもたちが自分たちの足で通うことができるように，すべての小学校区における設置を進めてきたのである。

　こども食堂は，2012年頃からこどもの貧困対策の一環として全国的な広がりを見せている取組である。明石市は，「すべてのこどもたち，すべての小学校区」にこども食堂を整備する方針を打ち出し，2016年度は500万円，

2017年度は2,097万円の予算を計上し，地域住民の運営団体に運営経費などを補助してきた。その結果，2020年（4月1日現在）には全28小学校区で開設され，計43箇所で運営されるに至っている。

　明石市は，こども食堂を地域における「気づきの拠点」に位置づけ，こどもの置かれた状態（家庭環境，経済状態など）を早期に把握し支援につなげるとともに，こどもに関心を持つ大人たちを増やし，支援の担い手を育て，さらに里親の普及につなげていくことを意図してきた。

　2017年度からは「あかし里親100％プロジェクト事業」をスタートさせ，親と暮らせなくなったこどもたちの家庭的受け皿を拡充するために，全小学校区に里親を配置し，乳幼児の里親委託率100％を目指している。2019年9月1日現在代替養育を必要とするこどもは78人で，そのうち18人が里親家庭・ファミリーホームで暮らしており，里親委託率は23.1％となっている。全国の里親委託率の平均は19.7％である（2018年3月末現在）[6]。また，里親登録数は，2016年8月現在22家庭13小学校区だったが，2019年9月現在33家庭17小学校区に増加している[7]。

　以上のように，誰も取り残さないように，すべての小学校区にこども食堂を設置し，地域住民のこどもへの関心を醸成しながら，セーフティーネットの構築が図られている。

(2)　シームレス原理：セーフティーネットの張り方
①児童相談所の開設

　明石市は，こども食堂を気づきの拠点に位置づけ，さらに，児童相談所，児童養護施設，里親開拓などフルパッケージのこども総合支援策を講じて，社会的養育の充実を図っている。誰も取り残さないためのセーフティーネットの張り方は，その切れ目のなさ，包括性において際立っている。すなわちシームレスが特徴として見出させる。

　明石市は，2018年に，市が設立者となって，「あかしこども財団」を創設した。創設目的は，地域と行政の橋渡し機能を担い，地域のなかでこどもに関心を持つ大人を増やしていく環境づくりをさらに進めていくことにあった。

主な取組は，①支援に関わる地域人材の育成②支援活動への助成③ネットワークづくりで，市の「こどもの居場所づくり事業」を受託し，こども食堂の開設・運営などを支援している[8]。

　このように地域における拠点づくりを手掛けた上で，2019年4月にセーフティーネット施策の集大成として児童相談所を開設した。措置権を持つ児相を設置することによって，迅速にこどもの命を守り，虐待予防の早期支援から家庭復帰後の支援までを一貫して市が責任を持つ体制を整えたのである。児童相談所の建設に対し，他地域で見られたような住民の反対はなかった。

　政府は，児童虐待防止対策を強化するために，2016年に児童福祉法を改正し，都道府県と政令市の他，中核市及び特別区も児相を設置することを可能にした。だが，中核市における設置は，2020年3月現在，金沢市，神奈川県横須賀市の3例のみである。国は中核市・特別区において設置が進むよう財政，制度・運用面において必要な支援措置をとっているが，運営費負担，優秀な人材確保，研修体制が課題となり，設置が進んでいない。

　そうしたなかで，明石市は，児童福祉司などの専門職を国基準の2倍以上配置し，計69名の職員体制でスタートさせた**（表1）**[9]。なかでも，常勤弁護士が2人配置されており，常勤の複数配置は全国でも例がない。2019年の弁護士配置率の全国平均は5.1％である[10]。児相は，一時保護や親権を制限して親の意に反する入所措置を行う法的権限を有している。それを迅速かつ適切に運用するために配置されている。

　2019年には，児相設置に併せて，「西日本こども研修センターあかし」を開設している。厚生労働省の事業に名乗りを上げたもので，児童相談所や児童養護施設などの職員を対象にした高度専門的研修機能を担う機関である。これまで横浜市の1箇所しかなく，全国2カ所目で，西日本の研修拠点となっている。専門職の配置とともに，職員の研修体制も整えているのである。

　さらに，児相は，母子保健，教育委員会・学校等の関係機関とも連携している。母子保健では，乳幼児検診に加えて，保健師や民生児童委員による家庭訪問が実施されている。申請主義ではなく，アウトリーチの取組をして，すべてのこどもの健康確認がなされ，児相と情報共有している。

表1　明石市児童相談所の人員配置（任期付時間勤務職員含む）

職　種	既存職員の異動による配置	新規採用	合　計	国基準
児童福祉司	10	8	18	8
児童心理司		8	8	4
保健師	4		4	1
弁護士（常勤）		2	2	弁護士の配置またはこれに準ずる措置
児童指導員	4	4	8	6
医師，教職員，元警察官，看護師助産師，家庭児童相談員等	13	16	29	－
合　計	31	38	69	－

（出典：泉房穂（2019）「衆議院厚生労働委員会配付資料」を基に筆者作成）

②教育委員会との協働[11]

　シームレスなセーフティーネットを構築するために，教育行政とはいかに理念を共有し，連携が図られているのだろうか。

　泉市長は，総合教育会議において，中立性と安定性の確保が大切であり，教育現場を尊重し，市長としては予算措置などによって応援するというスタンスに幾度となく言及している。一方，教育委員会は，ひとり親家庭，貧困家庭の支援が課題であり，児童福祉の面から市長部局のバックアップを要請し，市長は全庁的な取組として，総合的に支援していきたいと応えている。こうした協議を重ねながら，明石市教育大綱（2016.3）が策定された。

　大綱の基本方針には，①一人ひとりに応じたきめ細かな教育の充実②こどもが安心して学べる質の高い教育環境の実現③地域ぐるみでこどもの健やかな育ちを支える活動の推進④生涯を通じて学び，その成果を活かすことが出来る環境の充実の4点が掲げられた。教育委員会は，この大綱に基づき，個別計画となる「あかし教育プラン（明石市教育振興基本計画）」（2016.3）を定めている。

　市は，大綱の基本方針に基づいて，2016年度から小学校1年生の30人以下学級（3億8,400万円の予算措置），中学校給食のモデル校での導入を開始し

た。中学校給食は，2020年度からは全中学校の28校で実施され，無償化（3億5,000万円の予算措置）になっている。また，親の所得にかかわらず学ぶ機会を保障するために，地域住民などと協力して，土曜日，放課後を活用した学習教室を開催してきた。2014年度から開始されている事業だが，中学生については7校（3年生の希望者対象）から2015年度には全中学校，2016年度には全学年対象に拡充されている。小学生については3校（3年生の希望者対象）から，2016年度には，兵庫県の事業も活用して20校（全学年対象）に拡充している。

　また，スクールカウンセラー，スクールソーシャルワーカー，スクールロイヤーの配置を進めてきた。市は，2012年度より，これらの専門職の積極的な活用を図っており，任期付きではあるが常勤である[12]。教育と福祉分野を架橋するスクールソーシャルワーカーについては，2018年度には7中学校区（予算額672万円のうち448万円を市負担），2019年度には全13中学校区に週1回（予算額1,268万円のうち845.4万円を市負担）配置している。家庭の経済状況などにかかわらず進学できる環境整備としては，2020年度の新規事業として「新たな奨学金制度の検討」をスタートさせ，2022年度からの給付開始を目指している。所管は政策室だが，給付型奨学金制度の実施は基本方針②において位置づけられている事項である。

　2018年には中核市への移行に伴い教職員の研修権が委譲された。総合教育会議で，一般行政部局の総合的な福祉サービスのノウハウを活用した研修内容を実施していくことが話し合われている。虐待防止においても連携を図り，虐待リスクを確認できるチェックリストを作成し，現場教員の気づきを促す取組を行っている。保護者との関係悪化を懸念して，学校からの通報が少ないことが全国的課題となっているが，学校からの通報率が全国で7％[13]のところ明石では23.7％となっている。さらに，一時保護所も児相と併せ開設されているが，一時保護されたこどもたちは，一時保護所から通学することが可能となっている。親のみならず，クラスメイトとも離れる状況を回避し，こどもの生活をできるだけ変えず，安全と栄養を担保した上で，学習権を保障する取組がなされている。

3．こども施策を遂行するための組織，予算，人的配置

　こども施策を重点的に実施するための予算編成，人員の再配置，組織改革においても，市の正義を捉えることができる。それらは，泉市長の強いリーダーシップの下で遂行されてきた。泉市長が就任する前年度の2010年度の当初予算のこども予算は126億円だったが，2019年度には244億円と倍増している。また，こども部門の職員数は2010年度当初は39人であったが，2019年度には126人の3倍増となっている[14]。こども部門の予算とは，予算科目の目が「児童福祉費」の当初予算額，職員はこども局等の所管課の正規職員数である。

　こども部門への予算や人員は，組織改編による事務のスリム化，指定管理者制度の導入及び民間委託の推進などによる人員削減，公共事業，各種補助金の見直しを進めるなかで確保されてきた。

　組織改編については，2017年4月に市長事務部局を1局13部から5局体制とする大規模なスリム化が図られている。2018年4月からの中核市移行に向けた体制整備であるとともに，重点施策の推進をさらに効率的に行う意図があり，政策，予算，人事，広報の4分野を所管する政策局を新たに設置した。それまでは，政策は政策部，人事は総務部，予算は財政部が所管していた。それらの業務をひとつの部局に集約させ，縦割りを排した組織を創設したのである（泉2019：pp.165-167）。さらに，2019年4月には，福祉局におかれていた「子育て支援」「こども育成室」に加え，明石こどもセンター（児童相談所）を所管するこども局を新設している。

　以上のように，こども施策を実施するための組織体制を強化しつつ，こども施策の予算確保と人員の再配置が行われてきた。組織改編された2017年度の職員の増減内容を見ると，増員分野は，①こどもを核としたまちづくりの重点化・加速化：9名②あかしの魅力の創造発信：7名③未来へ向けたまちづくり：33名であった。①の内訳は，児童相談所の開設準備のために4名（11名配置），こども食堂の市内全域への展開のために2名，待機児童の解消

を図るために3名が増員されている。一方で，減員分野は，①5局への集約化等：約20名②民間委託の推進（ごみ収集・小学校調理業務等）：5名③指定管理者制度の導入（生涯学習センター及び男女共同参画センター）：5名④事業の完了（明石駅前南地区再開発事業など）：9名⑤事務の見直し・効率化及び再任用職員の活用等：約15名であった。組織の統廃合や民間委託などによって減員が図られ，結果的に2017年度の総職員数は対前年比で4名減であった[15]。

　さらに，明石市では，重点施策を実効的に実施するために，弁護士，社会福祉士などの資格を持つ常勤の専門職員（5年以内の任期付き）を積極的に採用し，また，国（厚生労働省，法務省，防衛省，文部科学省，国土交通省）や民間企業（電通，サンケイリビング新聞社など）からのを派遣を受け入れた人的配置を行ってきた。専門職の職員数は，職員全体の約2％となっている（泉2019:p.44）。

　一般会計全体の歳出は1千億円前後で推移し，職員数も2,000人前後で，2012年度からの大きな変動はない[16]。泉氏が市長に就任する以前から取り組まれてきた行政改革によって，職員数の削減や職員給与のカットがすでに実行されてきたためである[17]。だが，2018年の中核市への移行に伴って県から権限委譲された新たな業務を遂行するのに100人以上の人員増が見込まれるところ，総職員数の大幅増がない。つまり実質的な人員削減が遂行され，大胆な事務の見直しが実施されたことになる。

4．泉市長のバックグラウンド

　以上のように，明石市においては，「誰一人取り残さいない」ために，ユニバーサル，シームレスを基本とするこども施策が講じられてきた。こうした方向性を明確に打ち出しているのは，いうまでもなく泉市長である。

　泉氏は，大学（教育学部）卒業後，NHK勤務，弁護士，衆議院議員を経て2011年に明石市長に就任し，現在4期目である。社会福祉士の資格も所持している。泉氏は，ユニバーサル，シームレスという基本的視座をいかに構

築してきたのだろうか。

　氏は，著書やインタビュー等[18]で，誰からも手が差し伸べられず障害を
もった弟の登下校を担った小学生時代，離婚や虐待など，困難な状況に置か
れたこどもたちの救済に奔走した弁護士時代の経験を幾度となく語っている。
障害があるからと言って排除する社会や両親の離婚時に，泣いている，ある
いは泣きたいけれども泣けずにいるこどもの意見を誰も聴こうしない現実，
生死に影響するような状態で放置されているこどもを目の当たりした実体験
から，「個別救済ではなく，社会全体で支える仕組みをつくらなければなら
ない」「みんなの暮らす社会を少しでもやさしい社会にしていかなければな
らない」という強い使命感を持つようになったとしている。すべての人を対
象とするにユニバーサルの原理を政策原理に据えるようになる氏の社会観が
読み取れる。

　また，弁護士時代に，縦割り行政から抜け落ちる支援の谷間があり，谷間
をつなぐのは，基礎自治体であるとの認識を持つようになったと述べている。
谷間には，①離婚時のこども②犯罪被害者③知的障害を持つ受刑者の支援な
どがあり，法務省や厚生労働省等の支援から抜け落ちる実態があった。そこ
で，明石市は，全国に先駆けて離婚前後の養育支援，犯罪被害者支援条例制
定などに着手する。泉氏は，市政の核に据えているこどもというキーワード
は，支援を必要とする人とイコールだとも述べており，こどもだけでなく，
②や③も含め，支援を要する人たちを社会全体で支える仕組みづくりを進め
てきたのである。いずれも，これまで行政が踏み込んでこなかった領域であ
り，行政に声が届きにくかった脆弱者層の声に耳が傾けられている。

　さらに，弁護士時代に扱った事案を踏まえ，行政が対応すべき標準家庭が
以下のように捉えられている。

　　お父さんは収入不安定で，たまに暴力。お母さんはパートを打ち切られ，
　　心を病みかけ。子どもは不登校がちで，しかもネグレクト状態。家の奥
　　にはおばあさんが半分寝たきり。生活費として借りたサラ金の返済に追
　　われ，生活困窮（泉2019:p.162）
　こうした家庭環境にあるこどもを救うには，DV対策，障害者，子育て，

高齢者，生活困窮の支援など総合的支援が必要となる。そのために，縦割り行政を廃した切れ目を作らない包括的な支援，すなわちシームレスであることが目指されてきたのである。弁護士時代の経験に裏打ちされた現場認識が，政策選択の根底にあると言える。

5．明石市の取組に対する市民の意識

　最後に，明石市の取組に対する市民の意識も見ておくことにしたい。民意が行政の正義を方向付けると考えられるからである。

　2019年に実施された「まちづくり市民意識調査」において，「ここ数年，良くなった分野（3つまで選択）」として選択された施策は，「子育て環境の充実」が59.9％と最も多く，続いて「本のまちの推進」18.8％，「良好な都市環境の整備」14.1％であった。「子育て環境が良い」と思う人の割合は70.7％で，前回調査（2014）の49.4％から20ポイント上昇している。他にも，「明石のまちに愛着を感じる」をはじめとする質問項目においても満足度が上昇している（**図4**）[19]。2011年から取組まれてきたこども施策が市民に届き，評価していることがうかがわれる。

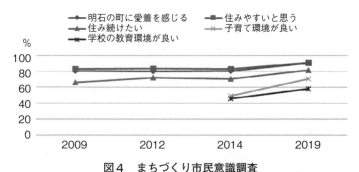

図4　まちづくり市民意識調査
出典：明石市まちづくり市民意識調査調査結果報告書に基づき筆者作成

　しかし，市長のこども施策が当初より市民から支持されていたわけではない。就任後5年間くらいは，「高齢者いじめでこどもの支援ばかりしている」

「産業振興や商工業を疎かにしている」との批判があり，市民の理解が得られていない状況だったという[20]。だが，2(1)で取り上げたように，高齢者世代のこどもや孫が子育てのしやすさを理由にUターンしてきたり，子育て世代の転入によって地域経済が好転するなど，こども施策による好循環を肌で感じる人々が増加することによって風向きが変わっていった。市長を支持する風向きは，市長の部下へのパワハラ問題発覚後も変わることはなかった。泉氏は，1期目の選挙では，2位と69票の僅差での当選であったが，2期目は2万票近くの差を開けて当選した。だが，任期満了直前の2019年2月に，部下への暴言問題で辞職している。パワハラ問題が明るみに出たにも関わらず，続投を求め，出直し選挙への出馬を願う署名が5,000人近く集まり，7割の投票率を得て再選を果たし，2019年4月の任期満了に伴う統一地方選挙では，他に立候補者がいなかったため無投票で4選している。

　続投を求め署名活動をリードしたのは，主婦が中心となった「泉房穂氏に明石市長続投を希望する一般市民の会」や福祉関係者ら63団体で結成された「泉市政の継続を求める会」であった[21]。泉氏は，「サイレントマジョリティの市民が支持基盤」（湯浅・泉2019:pp.29-30）だと述べているが，特定政党や業界団体ではなく，子育て中の女性や家族に障害を持つ市民たちが声を上げ，後押ししたのである。泉市政は，こども，障害者にやさしいまちづくりを願う市民に支えられ，またその願いに応える市政であったからこそ支持が得られたのだと考えられる。

　特に子育環境の充実に期待を寄せ，また充実に向けた取組実績を評価する市民の声は，出直し選挙時の神戸新聞社による出口調査においても捉えることができる。泉氏の暴言を「問題がある」「どちらかといえば，問題がある」とした人は計59％であったが，このうち61％は泉氏へ投票している。一方，「問題はない」「どちらかといえば，問題がない」とした人は計38％で，このうち88％が泉氏に投票している。投票理由は，「実績・経歴」が62％，「人柄」が22％，「公約・政策」が20％で，重視する政策には「子育て・教育」が53％を占め，続いて「高齢者・医療」23％であった[22]。

おわりに

　本稿では，明石市のこども施策がユニバーサル，シームレスを基本原理にしていることを考察した。前者においては，所得制限無しの負担軽減策やこども食堂を取り上げて，誰一人取り残さないために，すべてのこどもを対象とするユニバーサルの原理が適用され，後者においては，児童相談所の設置をはじめとして，社会的養育の充実に向けたこども総合支援策を取り上げて，誰一人取り残さないためのセーフティーネットの張り方が，包括的でシームレスであることを捉えた。また，こども施策を遂行するための予算は2011年から2019年までに２倍，人員は３倍増となっており，予算，人員の配分にも正義の貫き方が現れていた。

　市政を牽引し，ユニバーサル，シームレスを政策原理に据える泉市長の基本的視座は，幼少期や弁護士時代の経験に裏打ちされた現場認識から得られたものであり，そうした市政を支持する市民の声を最後に取り上げた。自己責任論で切り捨てるのでもなく，「こどもの貧困」「障害者の人権保障」を謳って支援の対象を絞り込むのでもなく，インクルーシブなまちづくりを目指すという理念を掲げて市民間を分断しない施策が，誰一人置き去りにされないという安心感を生み，行政への信頼感に繋がっていると考えられる。このことは，続投を求めて奮起した市民の動向からもうかがい知ることができる。行政の「正義」は，市民の行政への信頼感を基盤にして形作られると言うことができるであろう。

　さらに，ユニバーサル，シームレスを基本原理にして誰も取り残さないという正義を貫くなかで，人口増加や地域経済の向上などのインクルーシブ・グロースを実現させており，行政の「正義」を考える上で非常に示唆に富む。

　しかし，明石市の事例においては，泉市長の職員へのパワハラ問題が起きている。問題が表沙汰になった背景には，組織の大改革やこれまで行政が担ってこなかった領域に踏み込む矢継ぎ早の施策への職員の戸惑いがあったと推測される。市民の市長に対する圧倒的な支持があるとはいえ，パワハラ

行為が帳消しなるというわけではない。強いリーダーシップが孕む負の側面も付言しなければならないのは残念である。　　　　　　　（兵庫県立大学）

〈注〉
⑴　国際連合広報センター「持続可能な開発のための2030アジェンダ」。https://www.unic.or.jp/news_press/features_backgrounders/31635/（最終確認2020.7.17 以下同じ）
⑵　明石市（2011）『第5次長期総合計画』。https://www.city.akashi.lg.jp/seisaku/seisaku_shitsu/shise/gyose/kekaku/sogokekaku/index.html
⑶　明石市（2015）『まち・ひと・しごと創生総合戦略』。https://www.city.akashi.lg.jp/seisaku/seisaku_shitsu/akashitihousousei.html
⑷　明石市『広報あかし』2019年7月15日。https://www.city.akashi.lg.jp/shise/koho/kohoakashi/h31/0715.html
⑸　市長記者会見資料，2016年9月5日参照。https://www.city.akashi.lg.jp/seisaku/kouhou_ka/shise/shicho/kaiken/h280905.html
⑹　厚生労働省「里親制度等について」参照。https://www.mhlw.go.jp/stf/seisakunitsuite/bunya/kodomo/kodomo_kosodate/syakaiteki_yougo/02.html
⑺　明石市（2020）「社会的養育推進計画（素案）」参照。https://www.city.akashi.lg.jp/kodomo/kodomo-c/documents/suishinkeikaku.pdf
⑻　明石市福祉局子育て支援室（2018）『あかしこども財団平成30年度事業計画書』参照。
⑼　泉房穂（2019）「衆議院厚生労働委員会配付資料」参照。https://www.izumi-fusaho.com/board/data/f366_00.pdf
⑽　厚生労働省（2019）「児童相談所関連データ」参照。https://www.mhlw.go.jp/content/11900000/000535923.pdf
⑾明石市総合教育会議議事録参照。https://www.city.akashi.lg.jp/seisaku/seisaku_shitsu/shise/kyoiku/sougoukyoikukaigi.html事業の予算配分については，各年度明石市年度当初予算参照。https://www.city.akashi.lg.jp/zaimu/zaisei_ka/shise/zaise/aramashi/happyoshiryo/index.html
⑿　総務部職員室人事課（2014）「明石市における任期付専門職の積極的な活用について」（総務常任委員会資料）。http://www.moj.go.jp/content/001129283.pdf
⒀　厚生労働省「平成30年度児童相談所での児童虐待相談対応件数〈速報値〉」https://www.mhlw.go.jp/content/11901000/000533886.pdf
⒁　各年度明石市統計書参照。https://www.city.akashi.lg.jp/soumu/j_kanri_ka/

shise/toke/tokesho/tokesho.html

⒂　記者会見資料「平成29年４月１日付人事異動」2017年３月29日。https://www.city.akashi.lg.jp/seisaku/kouhou_ka/shise/shicho/kaiken/documents/290329_siryou.pdf

⒃　各年度明石市統計書前掲参照。

⒄　明石市の財政健全化の取組は，1996年８月に行政改革大綱を策定して以降，2013年度まで，６次にわたる行政改革実施計画に基づき進められた。

⒅　シンママstyle編集部の泉房穂氏へのインタビュー（2018年10月26日）「行政目線をぶっ壊す。"本気"の子ども支援策で明石から日本を変える」（前・中・後編）参照。https://shinmama.jp/special_interview/8555/https://shinmama.jp/special_interview/8561/https://shinmama.jp/special_interview/8570/

⒆　明石市（2009，2012，2014，2019）「まちづくり市民意識調査調査結果報告書」参照。https://www.city.akashi.lg.jp/seisaku/seisaku_shitsu/shise/gyose/kekaku/sogokekaku/ishiki-5.html

⒇　シンママstyle編集部前掲参照。

㉑　神戸新聞2019年３月３日。
https://www.kobe-np.co.jp/news/sougou/201903/0012113508.shtml

㉒　神戸新聞2019年３月18日。
https://www.kobe-np.co.jp/news/sougou/201903/0012156826.shtml

〈引用文献〉
泉房穂『子どものまちのつくり方』明石書店，2019年。
湯浅誠・泉房穂編『子どもが増えた！』光文社新書，2019年。

障害の有無による分離に抗する教育委員会の役割

―インクルーシブ教育をめぐる二つの"正義"のはざまで―

武井　哲郎

1．問題の所在

　障害の有無にかかわらず全ての人が互いの個性を尊重し合いながら共に生きられる社会を実現するために，学校教育はどうあるべきなのか。日本では「インクルーシブ教育」の定義とも関連して，大きく二つの"正義"が並立してきた。一つは，障害のある子と障害のない子が通常の学級で共に学ぶことを原則にすべきだというもの，もう一つは，障害のある子にはその教育的ニーズに応答するための多様な学びの場を準備すべきだというものである。中央教育審議会に設置された「特別支援教育の在り方に関する特別委員会」は両者を一体的に推進する必要があると指摘していたが[1]，それは容易なことではない。実際に，障害や難病をもつ子どもに対して特別支援学校への就学を求めた教育委員会の決定を不服とし，保護者が訴訟に乗り出すケースは近年でも見られる[2]。養護学校の義務制実施をめぐる共生共育論と発達保障論の対立を想起させる状況が残存することは確かだろう（小国 2019）。

　ただ，論争の構図はやや複雑だ。特別支援学校や特別支援学級の在籍者が増加を続ける現在の傾向に対して，同じ場で共に学ぶことを厳格に求める側のみならず，多様な学びの場の必要性を支持する側からも厳しい指摘が相次いでいる。たとえば窪田（2018:54-55）は，「少なくない子どもたちが通常学校・学級から"排除"され，特別支援学校や特別支援学級に居場所を求めて

いる現実がある」ゆえ，「カリキュラムや指導方法，学級集団編成の多様化や柔軟化など，通常学校・学級における教育のあり方そのものを抜本的に問い直すという視点」を持つことが，インクルーシブ教育の推進には不可欠だという。以前に荒川（2007）が欧米の動向をふまえながら懸念したように，競争的な学力向上政策は教育的ニーズを有した子どもの排除を加速させる危険性を孕む。日本の置かれた状況もこれと無関係ではないのかもしれないが，だからこそ通常の学校・学級を多様性に開かれた場へと変革することが急務だとも言えるだろう。

　よって本稿では，障害のある子と障害のない子が同じ場で共に学ぶという"正義"の実現に向けた教育委員会の取り組みについて，その到達点と課題に迫る。末冨（2012）が指摘するように，地方に対する統制機能を縮小させている現在の教育財政システムのもとでは，発達上の課題を抱えた子どもに対するインクルーシブな教育条件の整備という点でばらつきが生じやすい。そのため，障害のある子が居住地校で学べる環境を整えるにしても，地方によってその具現化の方法や程度は大きく異なることが予想される。そこで，以下ではまず「日本型インクルーシブ教育」（渡部編2012）の実態を都道府県ごとの比較から把握する。先行研究でも特別支援学級の設置・運営状況についてはすでに分析が行われているが（窪田2019；越野2019），行政や学校が居住地校での学びを保障するために現状で利用可能なシステムを広く射程に収めるべく，本稿ではさらに通級による指導や「交流及び共同学習」へも目を向ける。そのうえで，障害のある子が障害のない子と共に学ぶことを追求する際に立ちはだかる障壁とは何なのか，小学校でのフィールド・ワークから検討を加える。多様な学びの場の整備が先行する状況のなか，同じ場で共に学ぶ実践を広げていくために教育委員会が果たすべき役割について示唆を得ることが，本稿の目的となる。

2．日本型インクルーシブ教育の実態

(1) 居住地校での学びと通級による指導

　はじめに，障害の有無による分離に抗することがそもそもなぜ難しいのか，その理由の一端を確認したい。「特別支援教育の在り方に関する特別委員会」の報告でも示されるように，障害のある子を受け入れるにあたって学校およびその設置者には合理的配慮の提供とその基礎となる環境整備が求められる。このうち合理的配慮の中身については，本人・保護者と「可能な限り合意形成を図った上で」「一人一人の障害の状態や教育的ニーズ等に応じて決定されるもの」で，「発達の程度，適応の状況等を勘案しながら柔軟に見直し」を図ることが適当とされた。もちろん，子どもがいつ・どのような状況でいかなる困難を抱えるかが不確かである点に鑑みれば，個別的な対応と絶えざる合意形成が不可欠なことは間違いない。しかし，仮に人的・物的な環境整備が不十分なまま，個々の学校・教員にこれらの作業が丸投げされているのだとすると，同じ場で共に学ぶという“正義”を追求することに二の足を踏まざるを得ない。本人・保護者の立場としても，手厚い支援が受けられないにもかかわらず，居住地校に在籍し続けることを望むケースは少ないだろう（武井2019）。

　では，障害のある子が居住地校で学べる環境を作るために教育委員会として何ができるのか。まず考えられるのが，障害に応じた特別の指導を通常の学級に在籍しながら受けられるよう，通級による指導を利用しやすくするという方法である。通級指導学級が一部の拠点校にのみ置かれていて，周辺の学校に在籍する子はわざわざ「他校」まで通わねばならない場合，移動中の授業の取り扱いや送迎手段の確保に課題がある。そこで，通級指導学級を新設したり，教員による「巡回指導」を拡大したりすることで，「他校通級」を強いられる子を減らすための取り組みが進められてきた。2010年と2017年で比べると，通級による指導を利用する児童のなかで「他校通級」の割合が54.3％から40.2％まで減ったのに対し，「自校通級」の割合は41.8％から54.4％

に、「巡回指導」の割合は3.9%から5.4%に増えている[3]。

　一例として東京都の公立小・中学校では、一部の拠点校にのみ情緒障害等通級指導学級を設置するのではなく、担当の教員が各校の「特別支援教室」まで「巡回指導」に出向く方式へと、2016年から移行しつつある[4]。先行して「巡回指導」への移行が進められた小学校段階のデータを見ると、2015年に1.88%（47都道府県で上から11番目）だった通級指導利用率（通級指導を利用する児童の割合）が2019年には3.85%（同2番目）まで増加した。他方、特別支援学級については一部の学校にのみ設置する方針がとられていて、2019年度であれば、最もその数の多い知的障害特別支援学級ですら都内1278の公立小学校・義務教育学校のうち338校（26.4%）にしかない[5]。これは、特別支援学級に在籍したければ校区外にある学校に通わねばならないケースが存在しうることを意味し、いくら公共交通機関が整備されているとはいえ、その利用には一定のハードルがあると言えるだろう。実際に、2019年の特別支援学級在籍率（特別支援学級に在籍する児童の割合）はわずか1.22%で、47都道府県のなかで最も低い（図1）[6]。

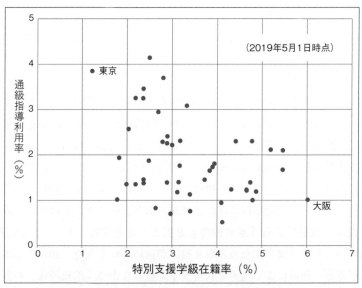

図1　47都道府県の通級指導利用率と特別支援学級在籍率（筆者作成）

(2) 特別支援学級の設置と「交流及び共同学習」の活用

　一方で，同じ都市部にありながら東京都とは対照的な方法で障害のある子が居住地校で学べる環境を作ってきたのが大阪府である。2019年のデータを見ると，府内986の公立小学校・義務教育学校のうち知的障害特別支援学級が956校（97.0%）に，自閉症・情緒障害特別支援学級が963校（97.7%）に設置され，在籍率は47都道府県で最も高い6.02%に上る。大阪府ではかねてより，全ての子どもが「ともに学び，ともに育つ」教育を基本とし，障害の程度にかかわらず地域の学校で受け入れるという意識を持って就学相談を進めるよう，市町村教育委員会に求めてきた[7]。弱視，難聴，肢体不自由，病弱・身体虚弱の子を対象とする特別支援学級をたとえ小規模であっても必要があれば設置するなど，居住地校での学びを保障するために特別支援学級を積極的に活用していることが窺える（**表1**）[8]。

表1　小学校段階における障害種別の特別支援学級設置状況（筆者作成）

	大阪府			【参考】東京都		
	学級数	児童数	1学級あたり児童数	学級数	児童数	1学級あたり児童数
知的障害	1722	9929	5.77	982	6628	6.75
肢体不自由	412	884	2.15	9	43	4.78
病弱・身体虚弱	460	1164	2.53	1	6	6
弱視	49	80	1.63			
難聴	93	203	2.18			
自閉症・情緒障害	2200	13647	6.20	85	525	6.18

（2019年5月1日時点）

　さらに，府内の一部の学校では，特別支援学級に在籍する子であっても通常の学級に学習や生活の拠点を置くことが目指されている。「原学級保障」とも呼ばれるこの取り組みは，養護学校義務化に前後して他の都道府県でも展開された共生共育実践の流れを汲むもので，かつて大阪では障害のある子を普通学級と特殊学級の双方に在籍させながら教員配置にまでその数を反映させていた（藤田1998）。1980年代に入ってダブルカウントについては認め

られなくなったものの，映画や書籍で有名となった大阪市立大空小学校をはじめ，障害のある子と障害のない子が共に学ぶことを原則に据える学校は現在もなお複数存在する。学習指導要領の言葉を借りれば，特別支援学級と通常の学級の間で常に「交流及び共同学習」を行っている状態とも言えるだろう。

　通級による指導を利用しやすい環境を整備するか，それとも，「交流及び共同学習」を積極的に活用するか。これらは二者択一で選ばねばならないものではなく，どの自治体も二つを併用しながらインクルーシブ教育の推進を図ることが可能ではある。しかし，障害の有無による分離に抗するという点で，まだまだ解決しなければならない課題が存在することも確かだろう。たとえば，特別支援学級に在籍する子がどのぐらい「交流及び共同学習」の機会を得ているのかを見ると，小学校段階であってもおよそ半数は週10時間未満となっている[9]。障害のある子が居住地校に通えていたとしても，全国的には特別支援学級と通常の学級の間が「分離」されているケースも少なくない。

　では，障害のある子が障害のない子と共に学ぶ環境を作ろうとした時に立ちはだかる障壁とは何なのか。特別支援学級と通常の学級の垣根を取り払うことに努めてきた小学校でのフィールド・ワークをもとに，考察の糸口を得ることにしたい。

3．同じ場で共に学ぶ実践の困難

(1) 注目するポイントと事例の概要

　障害の有無にかかわらず誰もが同じ場で共に学ぶという実践は，これまで大阪府内をはじめとする一部の地域で続けられてきた。インクルーシブ教育への関心が高まるにつれて再びこの実践に注目が集まるようになり，特別支援教育がスタートした2000年代後半以降を対象とする研究に絞っても，①障害児の学級参加をめぐる教員の実践およびその背後にある論理を描くもの（久保田2018；佐藤2018a，2019），②大空小学校を事例としてその組織体制

に迫るもの（小国ほか2016；原田2017），③障害児を取り巻くメンバーとの相互作用を分析するもの（佐藤2018b；久保田2019）が見られる。これらはいずれも同じ場で共に学ぶ実践の内実やその成立に必要な仕組みを明らかにするもので，障害のある子を通常の学級で包摂していくための方途を考えるうえで重要な知見を提起している。

　しかし，本研究が注目したいポイントは別にある。それは，同じ場で共に学ぶ実践を続けることの難しさに迫ることだ。原田ほか（2018）によれば，古くから原学級保障に取り組んできた学校でも，近年では特別支援学級に在籍する子を「抽出」するケースが増えているという。もちろんその背景に，保護者から「手厚い保護」≒「取り出し指導」を求める声があることも関係しているのだろうが（山口2011），教員の側にも通常の学級とは異なる場へと障害のある子を導いている側面があるのではないだろうか。これまで障害の有無による分離に抗してきたはずの学校に何が起きているのか，その葛藤を含めて描くことにする。

　具体的な事例として取り上げるのは，同じ場で共に学ぶ実践をかねてより行ってきたＸ小学校である。近畿圏に所在するＸ小は，各学年２〜３クラスの規模の学校で，特別支援学級を担当する「育成」の教員は１〜６年のいずれかの学年に所属しながら，通常の学級で指導にあたっている。学校全体の教員の数や配慮を要する児童の数によって変動はあるものの，近年では一つの学年に育成の教員が１〜２名配置される状況にある。クラスの数よりも育成の人数の方が少ない学年も存在するため，時間割を見ながら手の足りない教室を優先したり，非常勤講師や特別支援教育支援員を活用したりすることもある。また，フルタイムで働く教員のうち経験年数が10年をこえるのは２割程度にとどまり，Ｘ小に着任してはじめてこの実践に出会う者も多い。筆者は，①授業や会議のフィールド・ワーク，②教員を対象とするインタビュー，③得られたデータをもとにした研修会等の実施といった形で，2018年１月から2019年２月までＸ小に出入りした[10]。

(2)　個別の支援をめぐるせめぎあい

　はじめに確認したいのは，X小で行われているのが同じ場で共に学ぶこと
を繰り返し目指し続ける実践だということである。X小では，障害のある子
が通常の学級で生活できるよう，育成の教員を中心に個別の支援が講じられ
ている。国語や算数などいわゆる座学の時間に「抽出」を行うこともほとん
どなく，学力面に遅れの見られる児童に対してはふりがなの付いたプリント
を用意したり計算機の使用を認めたりするといった配慮を加えている。ただ，
特別支援学級に在籍する子の「抽出」を一切行っていないかと言うと，そう
ではない。たとえば運動会に向けたダンスの練習では，「待っているのが苦
手な子」に別の部屋を用意し，個別に振り付けを覚えさせようとする様子も
見られた（2018/09/13 FN）。月に一度開かれる育成の教員が集う会議の場
でも，そのまとめ役が「"同じ場でできることは同じ場でやる"という原則
を忘れてしまってはならない」ものの「"みんなで一緒にやっていくために
あえて別でやる"という場面も当然にある」ことを指摘していた（2018/03/01
FN）。

　そして，同じ場で共に学ぶことを目指し続けるために重視されるのが，育
成が個別の支援に専心しないこと，すなわち集団の指導にまで携わることで
ある。X小においては，育成が特別支援学級在籍の子に「ベッタリ」になっ
てしまう状態をネガティブな意味を込めて「ベタツキ」と呼び，これを回避
したうえで障害の有無とは関係なくすべての児童に目を向けることが推奨さ
れている。授業を観察していても，育成が学級全体に対して「切り替えが遅
いねん，昨日言うたやろ」と注意の声を響かせたり，特別支援学級在籍では
ない子に対して「〈姿勢を正すのが〉早かったね，素晴らしい」と称賛を
送ったりする姿が見られた（2018/02/07 FN）。また，X小では以前から，
どれか一つの教科は年間を通じて育成が授業を受け持ち，その間は担任が個
別の支援にまわるという仕組みを設けている。学習指導や生活指導の在り方
について「担任に"こうした方がいいんじゃないか"という意見具申をする
こと」の重要性を校長（当時）が述べていることからも（2018/02/14 FN），
育成には個別の支援のみならず集団の指導にまで携わることが求められてい

る様子が窺える。

　では，同じ場で共に学ぶことを目指し続けるうえで，育成が個別の支援に専心することはなぜ望ましくないのか。その理由を考えるうえで参照したいのが，主幹教諭が語る次のエピソードである。

　ある〈育成の〉先生が「SST（筆者註：ソーシャルスキルトレーニング）をやりたい」と言ってきたことがある。その時には「SSTを本気でしようとするなら，時間も労力もお金もかかる。それをやる気があるのか。できるようになってから提案してほしい。」と言って突き返した。SSTには個別に学んだことを集団の中で実践しうまくコミュニケーションできたという「成功体験」が必要だと考えると，「SSTはこの先生にまかしておく」ではなく「SSTは教員の考えが一致したなかで一緒にやる」という発想を求めている。

（2018/03/01 FNおよび2018/07/04 FNを再構成）

　主幹教諭がSSTの実施に反対したのは，その効果を懐疑的に見ているからではない。先に紹介した原則に即して言えば，みんなで一緒にやっていくためにあえて個別にSSTを実施することは，X小の中でも当然に行われうることである。しかし，「みんなで一緒にやっていく」という目的が学年の教員の間で共有されていなければ，育成が個別にSSTを実施するだけで終わりかねないことを，つまり「抽出」した子を集団に戻すという原則が忘れられてしまいかねないことを，主幹教諭としては問題視した。同じ場で共に学ぶことを目指す過程に「抽出」があることを絶えず意識するために，育成が個別に配慮が必要な子への対応を担い，担任が学級集団全体への指導にあたる，という役割の分断が起こることは避けねばならないと考えられている様子が窺えよう。なお，主幹教諭は「この実践をしていこうと思ったら，しんどい子をできるだけ全体の授業ですくってあげなあかん」とも述べており（2019/02/28 IV），集団の指導と個別の支援を一体として動かす意識が担任にも求められることを強調している。

ただ，グレーゾーンと呼ばれるケースを含め，配慮を要する子どもの数が増えているのは，Ｘ小においても例外ではない。筆者が実施した校内研修の中でも同じ場で共に学ぶ実践のもつ課題として，「〈特別支援学級に〉在籍していない子どもまで手が回らない（在籍はしていないが勉強がしんどい子どもなど）」，「障害のある子どもたちにかける時間・労力が多くなる分，他の子どもたちへの指導がどうしてもうすくなる」といった声は複数上がっていた（2018/07/31 FN）。育成の教員らによる年間の振り返りのための会議においても，次のようなやりとりがなされている。

---

①校内で「学力保障」が求められていたこともあって，それぞれの子どものレベルにあわせたプリントをいっぱい作った。けれども，「育成の役割が個別対応ばかりになってしまっていたのではないか？」，「勉強のしんどい子や〈特別支援学級〉在籍の子につきすぎていたのではないか？」と指摘されれば，確かにそうした側面があることは否めない，と４年の育成の先生は述べる。

②ただ，習熟度別の授業で最もしんどい層のクラスを担当した時に手応えを感じられたこともあって，逆に「同じ場で共に学ぶ」とは何なのかということに疑問を感じざるを得なかったという。実際にこの先生は学校自己評価にかかわるアンケートの中で「学力保障を考えるのならば，同じ場で共に学ぶことにこだわらない方がいいのではないか」という意見を記している。

（2018/03/01 FNを一部再構成）

　当時の４年生は，特別支援学級在籍の子が２クラスで計９名に上っていた。担任２名のほか育成が２名配置されてはいたものの，プリントを作成したり授業中にそれを解かせたりすることに追われてしまい，結果として「育成の役割が個別対応ばかり」になっていたことを，①では認めている。他方，同じ場で共に学ぶという原則に囚われるあまり，子どもたちの抱える教育的ニーズへの応答が不十分になっているのだとしたら，「学力保障」という点

で問題を孕むのではないかというのが，②で示された懸念だと考えられる。配慮を要する子どもの数が増えるなか，特別支援学級に在籍する子の「抽出」をどこまで認めるかはやはり悩ましい問題であり，「全体でする学習よりも一人で（あるいは数人で）集中した方が，力がつく場面もある気がする（特に国・算）」といった意見は，他の教員からも上がっていた（2018/07/31 FN）。担任と育成がその役割を分断しないようＸ小で求められているのは，教育的ニーズへの応答を理由として障害の有無による分離が進みかねない状況の裏返しとも言えるだろう。

4．障害の有無による分離に抗するために

　2007年に特殊教育から特別支援教育への転換が図られて以降，日本では多様な学びの場の整備を優先させることによって，障害を有すると判断される子の増加と向き合ってきた。ただ，たとえば小学校段階（公立）に絞って2007年と2019年でその変化を見ると，特別支援学級の在籍者数が2.55倍（78,583人→200,297人）に，通級による指導の利用者数が2.70倍（43,078人→116,518人）に上るのと比べ，特別支援学校の在籍者数は1.33倍（32,442人→43,469人）の増加にとどまる[11]。全国的に特別支援学校の増築や新設が追いついていないことを考えると，この数値の評価については別に議論しなければならないが，通常の学校が障害のある子にも開かれた場となるよう否応なしに求められてきたことは確かだろう。実際に，2013年の学校教育法施行令改正により就学先決定の仕組みが変わって以降，同22条の３に定められた基準に該当しながら（すなわち，特別支援学校での教育が想定される程度の障害を持ちながら）通常の学校に在籍する子の数は，特に小学校で増えつつある[12]。発達障害という言葉の登場によって新たに支援の必要性が認識された子たちはもちろんのこと，相対的には「重い」障害を有する子たちへの対応も，通常の学校において課題となってきたことが窺える。

　その点では，障害の種別や程度を問わず誰もが居住地校で学べるよう，全国の教育委員会は通級による指導の拡充と特別支援学級の増設に取り組んで

きたのだと,「日本型インクルーシブ教育」の実態を解釈することも可能ではあろう。2⑴の冒頭でも述べたように,個別のニーズにあわせた合理的配慮を提供するためには,その基礎となる人的・物的な環境整備が不可欠となる。ただ,障害のある子を通常の学級に在籍させるだけならば,少なくとも人的な面での環境整備を図ることは難しい。周知の通り,現行の学級編制基準のもとでは通級指導の利用者や特別支援学級の在籍者を増やすことによってはじめて,通常の学校に教員を手厚く配置できるようになるからだ。つまり,①通級指導学級を新設したり教員による巡回指導を拡大したりする,②特別支援学級を一部の学校だけでなく各校に設置するといった方法で,教育委員会が多様な学びの場の整備を図ることは,合理的配慮を提供するのに必要な教員の数を確保するための戦略として捉えられる面もあるだろう。特別支援学級の在籍者や通級指導学級の利用者が増えていたとしても,日本においてそれは同じ場で共に学ぶという"正義"の実現に向けた不可避のプロセスと言えるのかもしれない。

　ただ,多様な学びの場を整備したその先に同じ場で共に学ぶ実践が広がるのかと問われると,やや後向きにならざるを得ない。なぜならば,障害のある子の教育的ニーズに応答しようとすればするほど,個別最適化された学習環境が望ましいという判断に至りやすいからだ。X小の事例でも見られたように,通常の学級で障害のある子のニーズにあわせた十分な支援体制が組めているのかどうか,教員としてはどうしても懸念がつきまとう。SSTの実施や少人数指導の拡大を理由に障害のある子の「抽出」が提起されたのは,集団の中で個別の支援を行うことへの懸念ゆえとも言えるだろう。X小はそれでもなお同じ場で共に学ぶ実践を続けているが,普段から特別支援学級で学ぶ子のいる他の一般的な学校の場合,この懸念はたとえば「交流及び共同学習」への消極的な姿勢に繋がりうる。通常の学級を受け持つ側からすると,自分のクラスで障害のある子を中途半端に受け入れるぐらいならば,特別支援学級で専門的なプログラムを組んでもらう方が望ましいと考えるかもしれない。あるいは逆に,通常の学級では障害の状態に応じたきめ細かな対応ができないことを理由に,特別支援学級の担任が送り出しに難色を示すことも

あるだろう[13]。

　多様な学びの場の整備と同じ場で共に学べる環境づくりが連続するものではない以上，前者のみならず後者に対しても具体的な施策を講じなければ，障害の有無による分離に抗するのは難しい。よって，特別支援学級や通級指導学級を必要とする子にその機会を保障していくことが重要な政策課題であるのは確かだが，それとは位相の異なる問題として，通常の学級における合理的配慮の提供の在り方について考えていかねばならない。教育委員会としても，その基礎となる環境整備にどこまでイニシアティブを発揮しているかが，今後問われることになるだろう。通常の学級での複数指導を可能にするべく，教員の加配や教員以外のスタッフの配置を進めることが必要なのはもちろん，各学校あるいは各教員によってその取り組みに差異の生じやすい「交流及び共同学習」であれば，教育委員会として一定の指針を示すことも想定される。本人・保護者の意向を確認しながら，実施の状況や頻度を随時モニタリングしていくことも有効かもしれない。他方，通級指導学級を新設するにしても，その担当の教員が毎日異なる学校へ巡回指導に出向くことになると，通常の学級における指導体制を充実させることにまで力を発揮するのは難しくなる。障害による差異を承認しあえる集団づくりについて教員同士が協議するための時間を設けられるよう，巡回する学校の数は抑制しなければならない。またそもそも，通常の学級では十分な配慮を得られないと考えて本人・保護者が他の学びの場を選択しているだけなのだとすれば，それは望ましい状態ではないのであって（雪丸2016），教育委員会がこの認識を学校との間で共有することも必要だろう。

　むろん，障害のある子が通常の学級で当たり前に過ごせる環境が作られるだけで，インクルーシブ教育をめぐる全ての課題が解決するわけでも，共生社会の実現が約束されるわけでもない。同じ場で共に学ぶ実践が広がることにより逆に傷つく子が出てきたり，障害児者に対する差別や偏見がこれまでとは異なる形で生じたりする危険性はおそらくある。また今後，場を分けることなく学習を個別最適化できるようなテクノロジーも進化するのだろうが，その成果が一元的な尺度で序列化されたり，社会にとって有用な人間か否か

を判別するために用いられたりすることも考えられる。同じ場で共に学ぶという "正義" を追求したその先にある課題についても注視することが求められよう。 （立命館大学）

【付記】本稿には，JSPS科研費18K13074の助成を受けた研究の成果が含まれる。また，「3　同じ場で共に学ぶ実践の困難」に記した内容の一部は，関西教育行政学会例会（2018年7月21日，於：大阪大学）での報告をもとにしている。当日コメントを寄せてくださった方々に改めて御礼申し上げたい。

〈註〉
(1)　同委員会が2012年にまとめた「共生社会の形成に向けたインクルーシブ教育システム構築のための特別支援教育の推進（報告）」には，「同じ場で共に学ぶことを追求するとともに（中略）小・中学校における通常の学級，通級による指導，特別支援学級，特別支援学校といった，連続性のある『多様な学びの場』を用意しておくこと」が必要だとある。
(2)　たとえば神奈川県川崎市では，難病で人工呼吸器を装着している男子児童とその両親が，地元の公立小学校ではなく特別支援学校への就学を指定されたことに対して訴訟を起こしている。一審では原告側が敗訴した（2020年3月19日朝日新聞朝刊37面）。
(3)　文部科学省が実施している「通級による指導実施状況調査」の結果から，小学校段階の割合を算出した。なお，2009年以前および2018年以後の同調査では，「通級形態別児童生徒数」が調査項目となっていないことから，2010年と2017年の比較になっている。
(4)　東京都教育委員会が2015年3月に発行，2018年6月に改定した「小学校における特別支援教室の導入ガイドライン」（https://www.kyoiku.metro.tokyo.lg.jp/school/primary_and_junior_high/special_class/kaitei.html，最終アクセス日：2020年5月31日，以下のWebからの引用は全て同じ）より。
(5)　註(6)に記すものを除き，本稿に登場する東京都のデータは「令和元年度　公立学校統計調査報告書【学校調査編】」の統計表（https://www.kyoiku.metro.tokyo.lg.jp/administration/statistics_and_research/academic_report/report2019.html）および義務教育学校が所在する品川区のホームページ（https://

www.city.shinagawa.tokyo.jp/PC/kenkou/kenkou-syogai/kenkou-syogai-hoiku/hpg000032205.html）を使って算出した。また，大阪府（後述）のデータは「大阪の支援教育　令和元年度版」（http://www.pref.osaka.lg.jp/shienkyoiku/osaka-shienkyouiku/index.html）による。

⑹　通級指導利用率および特別支援学級在籍率は，公立の小学校，義務教育学校（１〜６年生），特別支援学校小学部に在籍する児童数の総計を分母として算出した。年度別・都道府県別のデータは全て，学校基本調査と「通級による指導実施状況調査」から取得している。

⑺　大阪府教育委員会が2014年３月に発行した「障がいのある子どものより良い就学に向けて＜市町村教育委員会のための就学相談・支援ハンドブック＞」（http://www.pref.osaka.lg.jp/shienkyoiku/syuugakusoudann/index.html）10頁より。

⑻　東京都は弱視と難聴の特別支援学級を設置していない。また，言語障害の特別支援学級も設置していないが，これは大阪府も同様である。なお，東京都の知的障害特別支援学級の値については，公開されているデータの制約ゆえ，品川区にある義務教育学校４校分を除いている。

⑼　文部科学省が行った「障害のある児童生徒との交流及び共同学習等実施状況調査」の結果より（https://www.mext.go.jp/component/a_menu/education/micro_detail/__icsFiles/afieldfile/2017/10/30/1397010-3.pdf）。2016年度の実績を調査したものである。

⑽　フィールド・ノーツからの引用については（日付 FN），インタビューからの引用については（日付 IV）と表記する。インタビューは計６名の教員におよそ60〜90分ずつ個別に実施した。本稿には，X小に勤めて７年目を迎えていた主幹教諭のデータのみ登場する。また，①引用文中の〈　〉内は筆者による補足を意味し，②学校やその所在する地域が安易に判明しないよう個別の名称等に必要最小限の改変を加えた箇所がある。なお，X小の教職員の皆様には調査の過程で大変にお世話になった。記して感謝申し上げたい。

⑾　それぞれの年の学校基本調査と「通級による指導実施状況調査」より。

⑿　小学校に在籍する学校教育法施行令第22条の３の該当者は，2013年に13,334名だったが2019年には17,202名まで増加した。文部科学省の「特別支援教育資料（平成25年度）」（https://www.mext.go.jp/a_menu/shotou/tokubetu/material/1348283.htm）および「令和元年度特別支援教育に関する調査（別紙１）」（https://www.mext.go.jp/a_menu/shotou/tokubetu/1402845_00004.htm）より。

⒀　三井（2011: 11）は，障害のある人を「ニーズのある人」と規定することは

「そのニーズに応えられる人しかかかわらない方がいい」という考えをうみやすいと指摘する。

〈文献〉

○荒川智（2007）「インクルーシブ教育における参加と多様性の原理」『障害者問題研究』第35巻第2号，91-99頁

○藤田修（1998）「『共に学ぶ教育』とは—大阪の『共に学ぶ教育』その現状と課題」藤田修編『普通学級での障害児教育』明石書店，73-135頁

○原田琢也（2017）「日本のインクルーシブ教育の課題と大空小学校の挑戦—子どもを『くくり』で見ない思想とそれを支える協働的なシステム」『解放社会学研究』31号，56-81頁

○原田琢也・中村好孝・高橋眞琴・佐藤貴宣・堀家由妃代（2018）「インクルーシブ教育の到達点—関西圏の実践から」『金城学院大学論集　社会科学編』第14巻第2号，48-72頁

○小国喜弘（2019）「かすかな光へ—『共生』と『発達』の緊張を引き受け続けること」小国喜弘編『障害児の共生共育運動—養護学校義務化反対をめぐる教育思想』東京大学出版会，305-326頁

○小国喜弘・木村泰子・江口怜・高橋沙希・二見総一郎（2016）「インクルーシブ教育における実践的思想とその技法—大阪市立大空小学校の教育実践を手がかりとして」『東京大学大学院教育学研究科紀要』第55巻，1-27頁

○越野和之（2019）「特別支援学級制度をめぐる問題と制度改革の論点」『障害者問題研究』第47巻第1号，10-17頁

○久保田裕斗（2018）「小学校における『共に学ぶ』実践とその論理」『ソシオロゴス』42号，35-52頁

○久保田裕斗（2019）「小学校における『合理的配慮』の構成過程—障害児による『再参入の手続き』を中心に」『教育社会学研究』第105集，71-91頁

○窪田知子（2018）「特別支援教育とインクルーシブ教育の関係性に関する検討」湯浅恭正・新井英靖編『インクルーシブ授業の国際比較研究』福村出版，42-57頁

○窪田知子（2019）「学校基本調査・特別支援教育資料にみる特別支援学級の現状と課題」『障害者問題研究』第47巻第1号，2-9頁

○三井さよ（2011）「かかわりのなかにある支援—『個別ニーズ』という視点を超えて」『支援』Vol.1，生活書院，6-43頁

○佐藤貴宣（2018a）「小学校における支援の組織化と教師のワーク—全盲児童の

学級参画を中心に」『龍谷教職ジャーナル』第5号，1-17頁
○佐藤貴宣（2018b）「インクルーシブ教育体制に関する社会学的探究―全盲児の学級参画とメンバーシップの配分実践」『フォーラム現代社会学』第17号，188-201頁
○佐藤貴宣（2019）「インクルージョン実践における［排除］の可能性―全盲児の学級参加をめぐる教師の経験とその論理」『教育学研究』第86巻第2号，287-299頁
○末冨芳（2012）「義務教育の基盤としての教育財政制度改革」『教育学研究』第79巻第2号，156-169頁
○武井哲郎（2019）「障害の有無による分離と合理的配慮―特別支援教育の展開がもたらした影響に着目して」『スクール・コンプライアンス研究』No.7,18-26頁
○渡部昭男編（2012）『日本型インクルーシブ教育システムへの道―中教審報告のインパクト』三学出版
○山口正和（2011）「大阪の二重籍（ダブルカウント）と原学級保障，そして今は……」『季刊 福祉労働』130号，63-71頁
○雪丸武彦（2016）「共生時代における障害のある者と障害のない者の『教育機会の均等』―就学制度の変更と課題」『教育制度学研究』第23号，20-38頁

外国人の子どもの教育にみる
地方自治体の「正義」

臼井　智美

はじめに

　2019年末現在，日本には300万人弱の外国人が居住している（特別永住者および中長期在留者数）[1]。在留外国人の総数自体が増え続けているが，中でも近年の傾向として指摘できることは，「永住者」「技能実習」「技術・人文知識・国際業務」の在留資格を持つ外国人の居住が顕著に増加していることである。日本は移民政策を採らないため，「外国人住民に対する支援は「多文化共生政策」として地方自治体がほとんど一手に担ってきた」[2]と指摘されるように，外国人材の受入をめぐる直近の政策動向に限らず，1980〜90年代のバブル経済のさなかでの日系人等が急増した時期も，外国人住民施策をけん引してきたのは地方自治体（以下，自治体）である。

　自治体の施策については，「外国人住民比率や人口数と地方自治体の多文化共生政策を担当する組織の有無との間にはプラスの関係がある」とされる。ただ，「例外も数多くみられる」として，多文化共生政策の推進においては，「地方自治体の首長の意向」「外国人労働者の受け入れ拡大を目的とした国政レベルの近年の政策変化」「地方自治体の財政状況や社会・経済状況」などが「例外」の背景要因として仮説的に示されている[3]。しかしながら教育施策について見てみると，外国人の子どもの教育に関する施策は，こうした外国人住民施策全般の動向とはやや異なる傾向を指摘できる。外国人の子ども

の率や数の大小がそのまま施策実施の有無を決めるわけではないこと[4]，外国人労働者の受け入れ政策とは必ずしも連動しないこと，「多文化共生政策を担当する組織」のような政策決定や施策実施を担う組織が1つではなく，教育行政領域と一般行政領域を横断する形で複数かつ重層的に存在するため，同じ自治体の中でも施策に濃淡や不統一があること，などである。

　では，何が外国人の子どもの教育に関する施策の実施や方向性を決める要因となっているのか。また，それらは学校や教職員の教育実践にどう影響するのか[5]。これまでに，自治体の外国人住民施策や多文化共生施策に関しては，先進的とされる自治体の取組や自治体間の差異の要因[6]の検討が行われてきたが，本稿は自治体間の差異への評価を目的とするものではない。なぜ「その形で」，なぜ「それに」取り組むのか，その実施や選択の背景にある地方行政の意思を「正義」の具現化と捉え明らかにすることを目的とする。

1. 「する」か「しない」かのはざまに見える「正義」

(1) 「特別な教育的ニーズ」という捉え方の危うさ

　「特別な教育的ニーズ（special educational needs）」のある子どもという言葉がある。これが誰を対象としているかは，日本と諸外国とで大きな違いがある。日本で「特別支援教育」とは，「障害のある幼児児童生徒の自立や社会参加に向けた主体的な取組を支援するという視点に立ち，幼児児童生徒一人一人の教育的ニーズを把握し，その持てる力を高め，生活や学習上の困難を改善又は克服するため，適切な指導及び必要な支援を行うもの」[7]と説明されるように，かつて特殊教育や障害児教育といわれた，身体的に何らかの機能障害を有する子どもに対する教育を意味する。

　一方，インクルーシブ教育推進の契機となったサラマンカ声明[8]では，その対象を「障害児や英才児，ストリート・チルドレンや労働している子どもたち，人里離れた地域の子どもたちや遊牧民の子どもたち，言語的・民族的・文化的マイノリティーの子どもたち，他の恵まれていないもしくは辺境で生活している子どもたちも含まれる」として，障害児だけでなく，特別な

ニーズが「学習上の困難からもたらされるすべて」の子どもを想定している。

こうした欧州発の「特別な教育的ニーズ」の概念を受容し，日本でもそこに外国人の子どもも含まれるとする考え方もみられる。しかしながら，日本では，（論点を明確にするためにあえて限定的に述べると）障害児教育と外国人教育の間には，地方行政における教育と「正義」という観点で見るならば，大きな相違がある。端的に述べると，その相違は，日本国籍者に保障された国内法の下での国民教育の枠組みの中に位置づく障害児教育と，その枠組みから外れる，国内法の下で教育機会を保障されていない外国人教育という点にある。一人の在籍でも権利として教育が保障される障害児教育とは異なり，外国人の子どもは一定数以上の在籍があっても，特別な配慮として個々のニーズに応じた教育機会が設けられるわけではない。つまり，国内に根拠法を持たない外国人の子どもの教育は，子どもに「特別な教育的ニーズ」があっても，それに応じる教育機会は必ずしも保障されるわけではないのである。ゆえに，外国人の子どもの教育に関する施策を，「特別な教育的ニーズ」という「学習上の困難」への対応の在り方といった教育課題のように位置付けることは，外国人の子どもの教育保障をめぐる地方行政の「正義」のありようや駆け引きを見誤ることになりかねない。つまり，「する」か「しない」かのはざまに「正義」のありようを見出しうるのが外国人の子どもの教育の置かれた現状であり，「する」ことが前提で「どのように行うか」の解釈のはざまに「正義」の多様性を見出しうる障害児教育とは，その特徴を異にする。

こうした国内法による権利保障の下にあるか否かで生じる二次的な教育課題については，すでに数十年も前から同和教育実践の中でも指摘されてきた。同じく被差別の立場にありながら，部落差別に苦しむ日本人が，同じ地区内に暮らす在日韓国・朝鮮人を差別するという構図。反差別を掲げる同和教育実践が克服すべき課題として指摘されてきたことである。外国人の子どもの教育は，個々の「特別な教育的ニーズ」に応じるよりも前に，国内法で教育機会が保障されていない点を出発点とするがゆえに，学校や教室の中での指導方針や教育方法の選択という場面一つをとっても，個々の教員の意思や選

好とは別に，自治体が実現したい社会のありようとして，授業実践や外国人の子どもや保護者との関係の中に，「正義」の形を具体的に見ることができる。

⑵ 「外国人の子ども」を指す語による教育課題の優先順位の違い

　例えば，「日本語指導が必要な児童生徒」という用語がある。この語が指す児童生徒の一般的なイメージはおそらく，日本語での日常会話が困難だとか，ひらがなやカタカナなどの文字の読み書きができないとかのように，日本語が理解できないことが，話しかければすぐにわかる児童生徒であろう。そうした子どもの日本語力の向上を目指して日本語指導を行う自治体や学校は少なくなく，実際にそうした指導を担う教員の加配措置や日本語指導員の派遣事業に加えて，「特別の教育課程」による指導が行われたりしている。

　しかしながら，「日本語指導が必要な児童生徒」には２種類ある。「日本語で日常会話が十分にできない児童生徒」と「日常会話ができても，学年相当の学習言語が不足し，学習活動への参加に支障が生じており，日本語指導が必要な児童生徒」である[9]。後者の場合，日本語指導の到達目標は「教科等の学習内容が理解できること」となるため，そこでとられる施策は，突き詰めると学力保障となる。つまり，前者の児童生徒を対象とする，初期適応指導とよばれる日常生活で使う言葉（生活言語）の獲得を到達目標とする指導と，後者の児童生徒を対象とする，教科指導型日本語指導とよばれる教科等の学習で使う言葉（学習言語）の獲得を到達目標とする指導とでは，教室での実践の方向性や教職員の指導観も全く異なった様相を見せることになる。

　さらに，「日本語指導が必要な」という冠を付すことで，外国人の子どもの教育課題を日本語指導に焦点化するという，自治体の意思もそこに表れる。換言すると，外国人の子どもをどのような用語で指すのか，その選択や使い分けの仕方にも，外国人の子どもの教育課題の捉え方や優先順位を読み取ることができるのである。加えて，「日本語指導が必要な児童生徒」には，実は「日本語指導が必要な外国籍の児童生徒」と「日本語指導が必要な日本国籍の児童生徒」がいる。こうした用語の使い分けは，外国人の子どもの教育課題を，外国籍者ゆえに顕在化するという点に重点を置くのか，日本語指導

という個々の「特別な教育的ニーズ」への対応という点に重点を置くのかというように，課題解決の方法や方向性への自治体の意思を示すものともなる。

　つまり，外国人の子どもの教育をめぐっては，その対象が誰なのかという注釈が常に付きまとう。外国籍（＝外国人）の子どものみを想定するのか，国際結婚家庭成育の子どものように，本人は日本国籍（＝日本人）であるが外国籍者と血縁関係にある子ども（＝外国にルーツのある子ども）も想定するのか，それによって外国人の子どもの教育を位置付ける文脈が異なってくる。また，対象を外国籍者に限定した場合でも，いわゆる在日韓国・朝鮮人教育（在日外国人教育）と，日本語指導を中核に据えた外国人児童生徒等教育とでは，教育の目的も目標も内容も指導体制も全く別物になるのである。

２．外国人の子どもの教育を行う地方自治体の論理

(1) 都道府県レベルでの施策の特徴の把握

　国内法に根拠を持たない外国人の子どもの教育は，国レベルでは「児童の権利に関する条約」などの国際法を根拠として施策が講じられている。一方，熱量の差はあれど，外国人の子どもの教育に継続的に取り組む自治体は少なくない。では，自治体はいかなる論理により，外国人の子どもの教育に関する施策を実施しているのか。また，いかなる理由により予算措置を可能にしているのか。そこで，都道府県レベルにおいて，外国人の子どもの教育を「する」か「しない」かの判断が何を根拠や基準として行われているのか，その実態の一端を見てみる[10]。各都道府県で外国人の子どもの教育を「する」場合，何を根拠としているかを明らかにするために，３つの観点から自治体のウェブサイト掲載の情報を検索し，外国人の子どもの教育についての直接的な言及の有無を確認することとした[11]。直接的な言及とは，年齢や在留資格を問わず外国人住民全般を対象と想定する施策や外国人留学生を主に想定する施策など，学齢期相当の子ども以外を対象に含む施策は検討の対象から外したという意味である。得られた情報は**表**にまとめた。

(2) 教育振興基本計画と総合教育大綱に見る特徴

　まず，2020年7月時点の教育振興基本計画および総合教育大綱[12]での言及の有無（観点1）を調べた。全く言及がない場合は×，「具体的な取組」や「施策の内容」が記載されている場合は○ないし●，それ以外の場合は△を，表に記した[13]。併せて，教育振興基本計画で具体的な取組や施策が述べられている文脈を把握するため，掲載箇所の項見出しも抽出した。

　その結果，教育振興基本計画では，外国人の子どもの教育について言及があるのは29都道府県だった。施策の文脈としては主に9つが抽出された（複数の文脈を併せ持つ自治体もある）。それらは，国際理解教育の推進（北海道，岐阜県，大阪府，香川県），多様な教育ニーズへの対応（岩手県，秋田県，埼玉県，千葉県，長野県），学びのセーフティネット整備（山形県，東京都，鳥取県），安全・安心な教育環境の確保（茨城県，群馬県，山梨県，福井県，三重県），多様な学びの機会の保障（群馬県，愛知県，宮崎県），グローバル人材育成（福島県，東京都，岐阜県，静岡県，徳島県），多文化共生（茨城県，神奈川県，岐阜県，三重県，大阪府，兵庫県），学力育成（三重県，滋賀県，徳島県），人権教育（兵庫県，島根県，大分県）である。

　このうち，「学びのセーフティネット整備」と「安全・安心な教育環境の確保」，「学びのセーフティネット整備」と「多様な学びの機会の保障」はそれぞれ，施策の説明文中でともに言及されるケースが少なくなかった。ここで挙げられる具体的施策は，例えば，学齢超過生徒の受入，夜間中学の拡充，地域日本語教室との連携，高等学校入試選抜方法の多様化などであり，文脈の表現の仕方は異なれど，目指すところは，公立小・中学校の教育課程で学習をカバーできなかった場合の教育機会の確保である。

　また，教育振興基本計画での記述量や具体的施策を見てみると，外国人の子どもの教育に直接言及が見られるとはいえ，自治体間で施策内容や力点の置き所には顕著な違いがみられる。例えば，同じく「国際理解教育の推進」という文脈で取り組む自治体でも，「海外から帰国した児童生徒や外国人の児童生徒への適切な指導が行われるよう，優れた事例の提供などを通して，市町村教育委員会や学校の取組を支援します」（北海道）のように，県の役

表 外国人の子どもの教育に関する施策の状況（都道府県）

	教育振興基本計画	教育委員会所管	教育委員会以外の所管
北海道 ●	目標1 社会で活きる力の育成→施策9 国際理解教育の充実→（施策の展開）	い方針	総合計画
青森県 ×	具体的な施策づくり→6 学びの基盤づくり→6 多様な教育ニーズに対応する教育機会の提供		多・計画
岩手県 ●	基本方向5 子どもの成長を支える魅力的で良質な学びの場をつくります→(2)多様なニーズに対応した教育機会の提供→③		多・計画 ＊多文化条例
宮城県 ×			
秋田県 ●	基本方針Ⅳ 変化に対応し、社会で自立できる力を育む 外国人児童生徒等→6 学びのセーフティネットの整備	い方針	多・計画、総合計画
山形県 ●	(主な取組み) 6 学びのセーフティネットの整備 変化に対応し、社会で自立できる力を育む		総合計画
福島県 ●	基本目標1 知・徳・体のバランスのとれた、社会に貢献する自立した人間の育成→[施策第7] 国際化の進展に対応できる人		総合計画
茨城県 ●	基本方針2 確かな学力の習得と活用する力の育成→第2節 グローバル社会で活躍できる人材の育成→第2節	人・計画、多・計画	人・計画、多・計画
栃木県 ×			
群馬県 ●	基本施策6 安全・安心な学びの場づくり→施策の柱13 安全・安心な教育環境の充実	人方針	多・計画 ＊人権条例
埼玉県 ●	基本方針Ⅴ 多様なニーズに対応した教育の推進→施策16 一人一人の状況に応じた支援	人方針	多・計画
千葉県 ●	基本目標2 自信と思いやりの教育の力で→施策7 多様な学びを支援する→基本目標4	い方針	人・指針、多・計画
東京都 ●	基本的方向3 グローバルに活躍する人材を育成する→主な施策展開の方向性8 文化の多様性を尊重し		多・指針
神奈川県 ●	基本目標Ⅰ 確かな学力を育み、生きる力を高める→主な取組の方向2 学校における教育環境の充実	外方針	人・指針、多・指針
山梨県 ●	基本目標Ⅲ だれもが安心して学べる教育環境の整備→基本方針7 多様な学びの機会と提供を図ります→（重点的な取組み）	い方針	多・指針
新潟県 ×			
長野県 ●	重点政策5 すべての子どもたちが安心して学べる教育→外国人児童生徒等への支援	い方針	人・方針、多・指針
富山県 ×	多様なニーズに対応する教育→③外国人児童生徒等への高校進学の促進		多・計画
石川県 ×			多・指針、外・指針
福井県 ●	(方針5 取り組む主な施策)→目標9 国際理解教育の充実→3 外国人児童生徒等への教育	い方針	人・方針 ＊人権条例
岐阜県 ●	基本方針7 特性や心情に配慮し、世界に羽ばたく人を育てる主な施策（2）外国人児童生徒の学びづくり→③国際理解に立った国際理解教育の推進	い方針	人・指針、多・方針

78 日本教育行政学会年報 No. 46（2020）

静岡県	○	第2章　未来を切り拓く多様な人材を育む教育の実現 → 1　グローバル人材の育成 → ⑵外国語教育・外国人児童生徒等への教育の充実	い方針	人：計画　多：計画　＊多文化条例
愛知県	○	基本的な取組の方向）1　個に応じたきめ細かな教育を充実させ、一人一人の個性や可能性を伸ばします → ⑺日本語教育が必要な子どもたちへの支援の充実		人：計画、多：計画
三重県	●	基本施策1　子どもの未来の礎となる「生きる力」の育み → ②日本語指導の充実 ③日本語指導・適応指導を創造して未来を創造する力の育成	人：方針、い方針	人：方針　＊人権条例
滋賀県	●	柱1　子ども一人ひとりの個性を大切にし、生きる力を育む → ⑴確かな学力を育む（主な取組）	外施策2つ	人：方針、多：計画　＊人権条例
京都府	×		外施策	＊人権条例
大阪府	●	基本方針1　市町村とともに・中学校の教育力を充実します → （重点取組）③互いに高めあう人間関係づくり	人方針、外指導	多：方針、外：指導　＊人権条例
兵庫県	●	基本方針1「生きる力」を育む教育の推進 →（2）「豊かな心」の育成 エ 人権教育の推進 → 重点⑨　多文化共生社会の実現を	人方針、外指導	人：指導、多：指導
奈良県	×		外施策、入方針	人：計画　＊人権条例
和歌山県	×		入方針	人：方針　＊人権条例
鳥取県	●	目標3・学校の教育環境の充実 → 施策3・小中学校 ニーズに応じる学びのセーフティネットの構築 →（施策項目）②不登		人：方針　＊人権条例
島根県	×			人：指導
岡山県	×			
広島県	×			
山口県	×			
徳島県	●	重点項目III　グローバル社会で活躍！徳島発、世界発。 →（施策体系③） 国際理解教育の推進	い方針	人：計画　多：計画
香川県	○	基本的な方向）1　確かな学力の育成と個に応じた教育の推進 →（施策の方向と主な取組①） 1・3・3　国際理解教育の推進		多：指導　人：人権条例
愛媛県	×			多：指導　＊人権条例
高知県	×		い方針	人：指導　多：指導
福岡県	△	（施策） 8　豊かな文化・スポーツを楽しみ、幅広い分野の国際交流を実感できる → 福岡人が暮らしやすい地域づくり	外施策、い方針	人：方針　＊人権条例
佐賀県	×			人：指導
長崎県	×		い方針	
熊本県	×			
大分県	●	基本目標1　子どもの力を高め学力を伸ばす学校教育の推進 → 施策7　時代の変化を見据えた教育の展開 → 公立小・中学校の教育環境の充実 → 取組1・4 義務	入方針、外方針	人：方針、外方針　＊人権条例
宮崎県	○	施策13　魅力ある多様な学びの振興・支援 →（施策の内容と主な取組） 3　アジアに開かれた交流拠点をつくる → 留学生・在住外国人支援の充実		多：計画
鹿児島県	△		い方針	人：指導
沖縄県	×			多：指導

割として市町村の支援という行為のみを挙げる場合もあれば，「日本や日本を取り巻く世界の地理的・歴史的事象に加え，広い視野から国際社会における日本の役割について考える学習の充実を図ります。これにより，日本の伝統と文化を尊重するとともに，他国を尊重し，国際社会の平和と発展に寄与する態度や，豊かなコミュニケーション能力，異文化理解の精神等を身に付けてグローバルに活躍できる人材を育成します」（岐阜県）のように，国際理解教育を行う際に含むべき内容や育成する能力までを具体的に挙げる場合もある。

　一方，総合教育大綱の中で具体的言及があったのは，14道府県（このうち，教育振興基本計画が総合教育大綱を兼ねるケースが5）である。全般的に教育振興基本計画と総合教育大綱の内容は重なり，教育振興基本計画の中で詳細に施策内容が記載されているが，三重県と徳島県については，教育振興基本計画の中には記載されていない内容が総合教育大綱に含まれていた[14]。

⑶ 教育委員会が所管する施策等の特徴

　次に，教育委員会所管の施策等を確認するため，外国人の子どもの教育に言及している指針や方針の策定の有無（観点2）を調べた。直接の言及がある場合に，指針や方針の名称を略称で**表**に記載した[15]。

　確認できたものは3種類で，人権教育基本方針（15府県），いじめ防止基本方針（12県），外国人教育指針・方針（8府県）である。このうち，外国人教育指針・方針については，大阪府教育委員会「在日韓国・朝鮮人問題に関する指導の指針」（1988年策定，1998年一部改正）のように，在日韓国・朝鮮人教育に関する指針の場合[16]と，兵庫県教育委員会「外国人児童生徒にかかわる教育指針」（2000年）のように，1つの指針の中に内容として在日韓国・朝鮮人教育と外国人児童生徒教育の両方を含む場合，滋賀県教育委員会のように，「在日韓国・朝鮮人児童生徒に関する指導指針」（1997年）と「外国人児童生徒に関する指導指針」[17]（2005年）のように分けて指針を設けている場合がある。いずれであっても，外国人教育指針・方針は，日本語指導が必要な子どものみを想定したものは無いことがわかる。つまり，外国人教育指針・方針を策定している自治体の場合，外国人の子どもの教育は外

国籍者であることで顕在化する教育課題への対応だと明確に位置付けられている。「特別な教育的ニーズ」への対応という個人への還元ではなく，外国籍者に対する社会の在り方の変革という社会問題の解決への志向性を強く有する。

　そして，「1　外国人児童生徒が民族的自覚と誇りを持ち，自己実現を図ることができるよう支援する。2　すべての児童生徒に，外国人に対する偏見や差別の不当性についての認識を深めさせるとともに，あらゆる偏見や差別をなくしていこうとする意欲や態度を身につけさせる。3　共生の心を育成することを目指し，すべての児童生徒に多様な文化を持った人々と共に生きていくための資質や技能を身につけさせる。4　外国人児童生徒にかかわる教育指導の充実に向け，教職員一人一人が人権意識の高揚に努めるとともに，実践的指導力の向上を図るための研修体制を確立する」（兵庫県教育委員会）のように，民族的アイデンティティの形成と自己実現の支援，外国人差別や偏見の解消に向けた態度育成，多文化共生のための力の育成，という3つは外国人教育指針・方針を策定している自治体が共通に挙げる外国人教育の目的であり，その実現に向けた教職員の研修体制の確立は，目的遂行に不可欠の手段と位置付けられている。

(4)　教育委員会以外が所管する施策等の特徴

　教育委員会以外が所管する施策等についても，外国人の子どもの教育に直接的に言及しているものやその文脈の確認を行った（観点3）。その結果，抽出されたのは，経緯が異なる4つの施策群である。多文化共生施策（労働力の確保），多文化共生施策（地域の国際化の推進），人権施策（多文化共生），グローバル人材の育成施策である。これらのいずれかの施策を講じ，外国人の子どもの教育について直接的な言及がある場合はその施策名を略称[18]で**表**に記し，関連する条例等が制定されている場合も略称を記した。

　まず，1つ目は多文化共生施策の中で労働力確保の文脈に位置づくものである。日本の労働力人口減少への対策として打ち出された，外国人材の受入れ・共生に関する関係閣僚会議「外国人材の受入れ・共生のための総合的対応策」（2018年）に関連づく施策を講じる場合である[19]。最も顕著な例は，

「多文化共生・共創『群馬モデル』」を表明している群馬県である。同モデルは，「労働力不足が深刻化する中，外国人材は県経済にとってなくてはならない存在」ゆえに，「今後の外国人材の受入れと共生について，本県の政策の方向性を示すコンセプト」として示したものだという[20]。こうした施策の方向性を後退させないために，2020年度中に「群馬県多文化共生・共創推進条例」（仮称）の制定も目指しているという[21]。「群馬県多文化共生推進指針」（2018年）で外国人児童生徒等の学習支援は，「〈施策目標２〉多様性を活かし，外国人が活躍できる環境づくり」の「次世代の育成」の項目で言及されている。

　２つ目は，多文化共生施策の中で地域の国際化の推進の文脈に位置づくものである。これは，総務省「地域における多文化共生推進プラン」（2006年）[22]を契機として，多文化共生の推進に係る指針・計画として各自治体で策定が進んだものである。同プランは，自治省時代から続く地域の国際化推進施策である「国際交流」と「国際協力」に加えて，第３の柱として「地域における多文化共生」を推進するために策定されたものである。そのため，挙げられた教育施策も必ずしも日本語指導が必要な児童生徒を想定したものだけでなく，不就学の子ども，外国人学校，外国人幼児の教育など，その対象は相当に広い。埼玉県の例を見てみると，「埼玉県多文化共生推進プラン（平成29年度～令和３年度)」では，「誰もが暮らしやすい地域づくり」という施策の一環で「外国人児童生徒に対する教育支援」に言及している。

　３つ目は，人権施策の文脈に位置づくものである。直接的には，「『人権教育のための国連10年』に関する国内行動計画」（1997年）や「人権教育及び人権啓発の推進に関する法律」（2000年）によって，自治体は人権教育・啓発に関する施策を策定・実施することが責務とされたことを契機としている。しかしながら人権施策については，こうした2000年前後の国際的な人権施策の動向を受けるよりはるかに前から，国内の同和問題解決に向けた施策や取組がある。そのため，同和問題に関する施策を有する自治体の場合，人権施策の取組内容の重点は，「人権教育及び人権啓発の推進に関する法律」が挙げる「人権教育の推進に当たって対応すべき重要課題」の掲載順（女性，子

ども，高齢者，障害者，同和問題，アイヌの人々，外国人，HIV感染者等，刑を終えて出所した人等）とは異なる順序で施策を示し，それぞれの自治体の問題意識を反映させている。例えば，長野県では，「平成21年３月，「長野県においては，同和問題と外国人問題が特筆する課題である」とする答申[23]をいただきました。この答申を踏まえて，このたび「長野県人権政策推進基本方針」を策定いたしました」と述べ，この基本方針（2010年）に基づく分野別施策の方向性として，「同和問題，外国人，女性，子ども，高齢者，障害者，（後略）」など計11を挙げ，外国人の課題を２番目に置いている。

　４つ目の文脈は，グローバル人材の育成である。国際経済の中での日本の存在感を高めるという危機意識を背景にして，新成長戦略実現会議の下に設けられた「グローバル人材育成推進会議」での議論を契機とするものである。この議論の根底にある問題意識は，日本人が海外留学を望まず「内向き志向」の傾向が進んでいることとグローバル経済の進展への対応という点にある。そのため，本議論の主旨は，日本人の留学促進と外国人留学生の積極的受入にある。ゆえに，初等中等教育の課題として挙げられるのは，「実践的な英語教育の強化（英語・コミュニケーション能力，異文化体験等）」「高校留学等の促進」「教員の資質・能力の向上」[24]となる。

　こうした国レベルでのグローバル人材育成の議論の中で，外国人の子どもの教育への直接的な言及はないが，自治体によってはこれを受けた施策を展開するケースがある。例えば，東京都では「次の世代を担う在住外国人の子供は，東京において適切な教育を受けることで新たなグローバル人材となる。この世代への必要な支援を今行うことは，将来の大きな財産となり得る」と述べ，「外国人の次世代育成」として，「都立新国際高校（仮称）の設置など外国人の受入れ拡大に向けた検討」や「外国籍の子供や外国にルーツを持つ日本国籍の子供に対し，高校や大学等に進むための学習に必要な日本語の支援等，将来のグローバル人材育成につながる取組を行う外国人支援団体等への支援を拡充」を，施策の展開例として挙げている。これに連動して，東京都の教育振興基本計画では，「基本的な方針３　グローバルに活躍する人材を育成する教育」の中で，「世界に通用する人材を育成する学校として，「新

国際高等学校（仮称）」の開設準備を進めます」と書かれている。同様に，グローバル人材の育成を掲げる行政施策を展開する自治体として，秋田県や福島県も挙げられるが，秋田県の場合，「あきた国際化推進プログラム（平成30〜33年度）」の中で外国人の子どもの教育に関する言及はなく，福島県の場合は，教育振興基本計画の中で（基本目標１の施策７として）「国際化の進展に対応できる人づくりを進めます」を掲げているものの，福島県総合計画「ふくしま新生プラン」の中に外国人の子どもの教育に関する言及はない。そのため，グローバル人材の育成という文脈に位置づく場合，その施策内容が住民施策というより学校教育に強く関係していることから，先に挙げた他の３つの文脈の場合よりも，自治体内での一般行政施策と教育行政施策に一貫性やつながりが相対的に薄いことが，１つの特徴として指摘できる。

3．地方行政における「正義」─教育を介することの意義

　自治体が外国人の子どもの教育について，何らかの施策方針・指針に基づいて実施する場合，教育委員会以外が所管する施策では，労働力確保，地域の国際化推進，人権尊重，グローバル人材育成という４つの異なる文脈があることがわかった。それぞれの具体的な施策の取組内容を見てみると，文脈は違えど取り組む内容は同じものもあれば，文脈が異なるがゆえに取り組む内容も異なるものもある。また，教育委員会が所管する施策と教育委員会以外が所管する施策の方向性が同じ場合もあれば，方向性につながりを見出しにくい場合もある。ゆえに，例えば，「多文化共生とは何か」という概念の精緻化を志向する議論はなじまない。その自治体にとっては，"それ"が目指すべき，あるいは目指しうる「多文化共生」の姿だからである。理論的概念に照らして，多文化共生ができているか・いないかといった，施策の良し悪しや成熟度を論ずることは机上ではできるだろうが，実際には，外国人の子どもの教育は，既に見てきたように，同じ自治体の中，同じ教育行政領域の中でさえも，複数の文脈が併存しその上に乗って展開されている。そのた

め，施策の有無のみで「正義」の有り様を論ずることはできない。正しい「正義」の形がただ一つあるわけでもない。何が「正義」の意味や内実であるかは，ヒト・モノ・カネの配分の実態から解釈することもできれば，諸資源の配分が叶わなくてもそこに「正義」の貫徹を見出しうる場合もある。

　自治体によりどの文脈が採用されるかは，それぞれの歴史的事情や経済活動の都合などがある。例えば群馬県の場合，外国人集住都市会議[25]の会員都市を複数抱えるほど，1990年代以降に労働者として入ってきた日系人の居住数が多いため，外国人の子どもの教育に関する施策は労働政策と親和性がある。兵庫県の場合は，同和問題への対応や在日韓国・朝鮮人教育の取組の歴史も長いが，人権尊重を主軸とする多文化共生教育の推進に大きな影響を与えたのは，1995年の阪神淡路大震災である[26]。また，人権施策の文脈に位置づく施策を行う自治体の場合は，「差別や偏見をなくす教育」「母国の文化や言語の学習機会」を取組内容として含んでおり，日本人と外国人が対等な市民として共に社会を作っていくためには，アイデンティティ形成に資する学習が保障される必要があるという，経験からの反省と課題認識が背景にある。

　ゆえに，施策自体に類似性が見られても，何を実現したくて取り組むのかという，自治体が描く「理想の社会の姿」は異なる。あるいはそれを社会の姿としてではなく，個に還元する形で描く自治体もある。外国人の子どもの教育は，より自治体の財政事情に影響を受けるがゆえに，限られた財源の中でどこにヒト・モノ・カネの配分を優先するか，その配分のための正当な根拠が必要とされる。しかしながら，正当化の根拠として何か理由を付けないと教育が保障されないということ自体の相対化を図っていくことも，「正義」の果たし方の検証には不可欠だろう。外国人の子どもの教育を行政施策を通して見ることによって，その「正義」の内実が，財の配分のみならず，価値の創造を伴うことがわかる。社会秩序の維持のためにどのような既存の価値により施策の正当化（財の配分）を図るのかという観点からだけでなく，どのような新たな価値を創造することで施策に正当性を与えようとするのかという観点から，行政施策の立案と実施の過程を分析していく必要があろう。

（大阪教育大学）

〈注〉

(1)　法務省出入国在留管理庁「令和元年末現在における在留外国人数について」（2020年3月27日）http://www.moj.go.jp/nyuukokukanri/kouhou/nyuukokukanri04_00003.html（最終閲覧2020年7月30日）。

(2)　若山将実「外国人住民の人口規模が地方自治体の多文化共生政策を担当する行政組織の形成に与える影響」『北陸学院大学・北陸学院大学短期大学部研究紀要』第12号，2020年，89頁。ここでの「多文化共生政策」とは，「地方自治体の外国人住民に対する施策（言語，医療，福祉，住宅，教育，そして防災などの外国人住民の生活に関する支援制度や相談窓口）や日本人住民を対象とした異文化理解教育や外国人住民との交流イベント等の施策の総称」で用いられている。外国人の子どもの教育も，「多文化共生政策」の1つとして調査されている。

(3)　同上，98-99頁。

(4)　例えば，大分県の場合，「日本語指導が必要な外国籍の児童生徒」の在籍数は46人（文部科学省「日本語指導が必要な児童生徒の受入状況等に関する調査」平成30年度）で，在籍数の多い自治体（多い順に，愛知県9,100人，神奈川県4,453人，東京都3,645人など）と比べると，その数はとても小さい。しかし，「大分県在住外国人に関する学校教育指導方針」（2010年）策定や『外国人児童・保護者および教師のための学校生活ハンドブック』（2011年）作成，『大分県帰国・外国人児童生徒受入れマニュアル』（2016年）作成など，外国人児童生徒在籍数の多い自治体でも必ずしも実施しているわけではない施策を多く実施している。

(5)　例えば，少し古いデータになるが，大阪市の在日朝鮮人教育の事例について，各学校の在日朝鮮人教育のやり方が，個々の学校の方針による多様性ではなく，大阪市の民族学級が有する3つの異なる設置経緯（歴史的事情）の影響を受けて，どの経緯の民族学級を設置しているかによって，明確に3つのタイプに分けられることが明らかになっている（臼井智美「在日朝鮮人教育の運営における組織的な要因の影響—「外国人教育主担者」・加配教員・民族講師の位置づけの実態分析を通して」異文化間教育学会『異文化間教育』12号，1998年，94-109頁）。

(6)　例えば山脇は，外国人施策に積極的に取り組む自治体を，外国人の定住化の経緯や外国人施策の推移から3つの類型（人権型，国際型，統合型）に分け，外国人施策を評価したり課題を検討したりしている（山脇啓造「地方自治体の外国人施策に関する批判的考察」明治大学社会科学研究所『ディスカッション・ペーパー・シリーズ』2003年，1-15頁。山脇啓造「日本における外国人受け入れと地方自治体—都道府県の取り組みを中心に—」『明治大学社会科学研究所紀要』第47巻第1号，2008年，1-13頁）。

(7)　文部科学省「特別支援教育について」https://www.mext.go.jp/a_menu/

shotou/tokubetu/main.htm（最終閲覧2020年 7 月30日）。

(8)「特別なニーズ教育に関する世界会議：アクセスと質」ユネスコ・スペイン政府共催，1994年採択：「特別なニーズ教育における原則，政策，実践に関するサラマンカ声明ならびに行動の枠組み」。

(9)　文部科学省「『日本語指導が必要な児童生徒の受入状況等に関する調査（平成30年度）』の結果について」（2019年 9 月27日公表，2020年 1 月10日一部訂正））。

(10)　住民施策を検討する上で，市町村ではなく都道府県を対象とする理由は，教育行政における都道府県と市町村の指導助言関係や小・中学校教員の大半が県費負担であることを踏まえると，学校教育を通じて実現すべき価値の大枠を規定している都道府県の意思の検討がまず必要だと考えるからである。なお政令市については，紙幅の都合上，本稿では扱わない。

(11)　新型コロナウイルスの感染拡大等の社会的事情により，自治体担当者へ直接確認を行うような調査の実施は困難と判断したため，情報収集は各自治体の公式ウェブサイトに掲載されているものを対象に行った。ゆえに，ウェブサイトに未掲載の情報については検討できていない。

(12)　地方教育行政の組織及び運営に関する法律第 1 条の 3 第 1 項で規定の「当該地方公共団体の教育，学術及び文化の振興に関する総合的な施策の大綱」のこと。

(13)　教育振興基本計画の中で外国人の子どもの教育に言及があって，総合教育大綱でも言及がある場合は●，言及がない場合は○を付した。また△は 2 県のみで，福岡県はインターナショナルスクールの支援のみ言及があり，鹿児島県は「現状と課題」の中で言及はあるものの具体的な施策内容は記載されていない。

(14)　例えば，三重県は他県に比して，教育振興基本計画の中での外国人の子どもの教育に関する施策の優先順位が高く，施策内容も多いが，それに加えて総合教育大綱では，「就学前の外国につながる子どもを対象とするプレスクールが県内市町において実施されるよう，県が作成した教材・マニュアルの普及啓発に取り組みます」のように，幼児期の支援が挙げられている。

(15)　人権教育基本方針は「人方針」，いじめ防止基本方針は「い方針」，外国人教育指針・方針は「外指針」ないし「外方針」とした。

(16)　神奈川県教育委員会「在日外国人（主として韓国・朝鮮人）にかかわる教育の基本方針」（1990年）や福岡県教育委員会「学校教育における在日外国人の人権に関する指導上の指針」（1998年）のように，「在日外国人」の語は，在日韓国・朝鮮人に関する教育課題を指すときに用いられる。

(17)　滋賀県教育委員会「外国人児童生徒に関する指導指針」（2005年）では，策定の目的を，「すべての児童生徒が国際化の進展に対応できる広い視野を持ち，互いを認め合い，ともに生きようとする資質や能力を育成するため」としている。

内容は,「1　国際理解教育の推進　2　進路指導の充実　3　教職員研修の充実」。日本語指導や適応指導の実施は,「1　国際理解教育の推進」の中に含まれている。

⒅　人権施策は「人」,多文化共生施策は「多」,外国人施策は「外」とし,施策が記載されている文書の別を,指針,方針,計画,総合計画で併記した。

⒆　同対応策では,「外国人児童生徒の教育等の充実」を「生活者としての外国人に対する支援」施策の中に挙げている。日本語指導が必要な外国人児童生徒を想定した計7つの具体的施策を打ち出している。

⒇　群馬県「多文化共生・共創『群馬モデル』」https://www.pref.gunma.jp/03/ci11_00034.htmlおよびhttps://www.pref.gunma.jp/contents/100140608.pdf（最終閲覧2020年7月30日）。

(21)　同上。「多文化共生社会の実現は,事業的なプロジェクトではなく,継続的で地道な取組が必要であり,「よりどころとなる恒常的な枠組み」＝「条例」制定に踏み出すべき」として,条例制定の意義が説明されている。

(22)　同プランで「地域における多文化共生の推進に係る具体的な施策」として,「教育」は生活支援施策に位置付けられ,8の施策が例示されている。「ア．学校入学時の就学案内や就学援助制度の多様な言語による情報提供,イ．日本語の学習支援,ウ．地域ぐるみの取組,エ．不就学の子どもへの対応,オ．進路指導および就職支援,カ．多文化共生の視点に立った国際理解教育の推進,キ．外国人学校の法的地位の明確化,ク．幼児教育制度の周知および多文化対応」。

(23)　引用者注。「長野県人権政策審議会答申」2009年3月。

(24)　グローバル人材育成推進会議「グローバル人材育成戦略」2012年,12-14頁。

(25)　外国人集住都市会議は,「外国人住民に係わる施策や活動状況に関する情報交換を行うなかで,外国人住民に係わる様々な問題の解決に積極的に取り組むとともに,外国人住民の持つ多様性を都市の活力として,外国人住民との共生を確立することを目的」(外国人集住都市会議規約第2条)として,2001年5月に発足した。1990年の入管法改正に伴い急増した日系人が多く居住する都市によって設立されたため,外国人住民数が多い自治体がみな会員となっているわけではない。2020年4月1日現在で,会員都市は6県の13市町である。外国人集住都市会議http://www.shujutoshi.jp/index.html（最終閲覧2020年7月30日）。

(26)　「阪神・淡路大震災における国籍や民族を超えた助け合いの体験などを通して得た教訓も踏まえ」,「異なる文化や生活習慣,価値観に対する理解や寛容の心を育む「こころの国際化」に努めている」と,指針策定の経緯を述べている。兵庫県教育委員会「外国人児童生徒にかかわる教育指針」2000年。

Ⅱ　研究報告

韓国における「教員労組法」の成立過程
　　──全国教職員労働組合内部の議論を中心として
　　　　　　　　　　　　　　　　　　　　　　鄭　　　修娟

1950年代におけるへき地学校指定基準の成立に関する研究
　　──へき地教育振興法におけるへき地性
　　　　　　　　　　富樫　千紘・御代田桜子・米津　直希

アメリカ連邦政府・FIPSEの教育財政上の分析枠組みの
設定とその初等中等教育における適否の検討
　　──連邦補助金事業FIRSTを事例として
　　　　　　　　　　　　　　　　　　　　　　吉田　武大

韓国における「教員労組法」
の成立過程

―全国教職員労働組合内部の議論を中心として―

鄭　　　修娟

1. はじめに

　韓国では，1999年1月，「教員の労働組合設立及び運営に関する法律（教員労組法）」の制定により，教員の労働基本権が一部認められるとともに「法外労組」として存在していた「全国教職員労働組合」（以下，全教組）が合法化された。従来，国家公務員法第66条（「公務員は労働運動やその他の公務外のことのための集団行為はしてはならない」）の適用を受け，労働権を持たなかった国公立学校の教員に，団体行動権を除く団結権・団体交渉権が保障され，「勤労者としての地位」[1]が認められるようになった。

　同法は「労働組合法第5条の但し書きに基づき，教員の労働組合設立に関する事項を定め，教員に適用する労働組合法の特例を規定する」と，その立法目的（第1条）を説明しており，教育公務員法[2]や国家公務員法のような公務員関連法制，また教育基本法などの教育関連法制ではなく，教員の労働組合設置と運営に関する労働組合法の「特別法」として位置付けられる。

　一方，それまで韓国では教育基本法第15条（「教員は相互協同し，教育の振興と文化の暢達に努力し，教員の経済的・社会的地位を向上させるため各地方自治団体と中央に教員団体を組織できる」）に基づいて「教員団体」を結成することは可能であったが，合法的な教員団体として認められていたのは「韓国教員団体総連合会」（以下，韓国教総）だけであった[3]。韓国教総は，

全教組が合法化される以前の1991年より「教員の地位向上のための特別法」（以下，教員地位法）[4]を根拠として教育行政[5]との団体交渉・協議を行ってきた。教員労組法の成立は，教員の労働権保障という側面だけでなく，教員団体をめぐる情勢にも大きく影響した。すなわち，「労働組合」としての結成を主張する全教組と「専門職教員団体」を標榜する韓国教総の間で葛藤が余儀なくされたのである。さらに，政治的側面では与野党の意見対立[6]や政権交代による大統領からの影響もみられ，この問題は当時の韓国社会の政治的状況が複雑に絡み合いながら議論されていたと考えられる。

　本稿の目的は，教員労組法の成立過程に焦点を当てて，同法がなぜ「特別法」として成立したのか，すなわち全教組はなぜ「特別法による合法化」を余儀なくされたのか，その理由を明らかにすることである。以下では，関連する先行研究を検討してその限界を確認し，本稿の課題を述べる。

2．先行研究の検討

　日本では，教員の労働権保障及び労働運動に関して，米国における教員団体交渉の事例を取り上げた研究が数多く蓄積されている。それは，1960年代の「教員戦闘化」論争を始め，その後の「専門職労働組合化」の動きに至るまでの時期を対象としており，前者は教員の行政参加，政策決定過程への関与を肯定的に評価しながらも，団体交渉過程の閉鎖性により「専門職的官僚制が依然として維持されている」[7]と指摘している。一方で，後者は近年の米国における教育行政と教員団体の関係変化に焦点を当て，「教師の専門職性と労働者としての権利は不可分である」[8]ことから，団体交渉制度が果たしてきた役割を再評価する必要性を論じている。米国は，教員の身分保障に関して公務員関連法制ではなく，労働法の影響を受けている点[9]，また専門職理念と労働組合理想を追求する二つの教員団体が教育政策決定過程の核心部分に関与している点[10]など，韓国の事例と類似する部分が多く，貴重な知見である。だが，団体交渉に限っていえば，「排他的比例代表制」を採択している米国とは違って，韓国では教員労組法に基づく教員組合の団体交渉

（協約）と教員地位法に基づく韓国教総の団体交渉（協議）が別々に行われている。

　韓国国内における先行研究は，主にこの団体交渉制度の「二元化」に焦点が当てられ，各教員団体が行っている交渉内容の特徴を検討し，その問題と限界を指摘するものが多い。たとえば，教員労組法では，賃金，勤労条件，厚生福祉など教員の経済的社会的地位向上に関する事項に団体交渉が限定され，教員地位法は，教員の処遇改善，勤務条件，福利厚生と専門性伸長に関する事項だけを対象としている現状から，「交渉にあたって教員団体と教員労働組合は実質的な側面では差異がなく，制度的に分離されなければならない根拠が希薄である」[11]と批判する。また，その解決策として「教員の労働基本権保障は教員労組法に一元化することが必要である」[12]と述べられている。さらに，「政府が同一事項に対して各団体と二重に交渉することは相当な行政力の浪費」[13]であり，「類似している教員団体を社会的・経済的地位の側面と専門性側面に分けて交渉することは，行政力と予算の浪費」[14]であると，教育行政の効率性の側面から論じる研究も存在する。だが，このような先行研究は法律制定の過程に関してはいずれも概要を述べるにとどまっており，それがなぜ，どのように特別法という形で成立したのかには着目していない。そのため，労働組合と専門職団体を同種の教員団体の枠で説明したり，教育行政の役割を教育目標達成の効率性向上に矮小化させたりする限界を持つ。

　次に，法成立に関して言及している研究においてもまた，「専門職理念を重視する教員団体と労働組合理念を追求する教員労組の差異による結果」[15]，「労働者としての教師像を過度に主張した全教組の影響である」[16]のように述べられている。だが，このような論調は全教組での議論を一枚岩のように表し，教員労組法の成立過程を単純化させてしまう。すなわち，全教組と韓国教総が持っていた教職観の違いや全教組内部での議論の変化，さらに，法制定の鍵を握っている与野党の意見対立に対し関心が向けられていない[17]。

　ゆえに本稿では，全教組の結成及び合法化をめぐる教育部，与野党，韓国教総の認識と意見の対立を検討すると同時に，全教組内部での議論がどのよ

うに変化していったのかを分析する。このような作業を通じて「特別法による合法化」には，全教組内部の要因が大きく影響していたことを明らかにする。分析にあたっては国会の議事録（1988年〜1998年），韓国国立中央図書館に所蔵されている全教組と韓国教総の発行資料及び雑誌等を用いた。また，全教組関係者にインタビュー調査[18]を実施し，必要な資料を収集した。

3．教員労働組合の結成と専門職教員団体の対応

3−1．教員の労働権保障に関する法制構造

　教員の労働基本権に関する議論は，公務員の労働基本権の議論と結び付けて論じられてきたが，韓国の場合，1962年に軍事政権による憲法改正が行われるまで，実は公務員の労働三権を制限する規定は存在しなかった[19]。旧憲法（1947年制定）では「すべての国民は勤労の権利と義務を持つ」（第17条）こと，「勤労者の団結，団体交渉と団体行動の自由は法律の範囲内で保障される」（第18条）ことが明記され，公務員を含むすべての勤労者に対して労働三権を保障していた。

　だが，1962年の軍事政権により改正された憲法には「公務員は国民全体に対する奉仕者であり，国民に対して責任を負う」（第6条第1項），「公務員の身分と政治的中立性は法律が定めるところにより保障される」（第6条第2項）と規定され，公務員の身分を「国民全体に対する奉仕者」であると明記した。また，「勤労者は勤労条件の改善のために自主的団結権・団体交渉権及び団体行動権を持つ」（第29条第1項）とする一方で，「ただし，公務員である勤労者は法律で認められる場合を除いて団結権，団体交渉権及び団体行動権を持たない」（第29条第2項）と定め，国家公務員法第66条で規定する一部の公務員を除いて，公務員の労働基本権が事実上制限された[20]。同じく，1963年に改正された労働法（1953年制定）においても「勤労者は自由に労働組合を組織，またはこれに加入することができる。ただし，公務員については別に法律で定める」と規定され，鉄道庁や国立医療院に所属する一部を除くすべての公務員の労働基本権は制限された。

その後，軍事政権が終わり，再び憲法が改正されたのは，初めて大統領直接選挙が行われた1988年である。しかし，公務員の労働基本権に関しては，改正憲法においても依然として変化はなく，「公務員は勤労者が法律で定めるものに限り団結権，団体交渉権及び団体行動権を持つ」（第33条第2項）と定め，一部の公務員だけに労働基本権が保障される状況は変わらなかった。

3−2．教員の法的地位をめぐる対立

(1) 教員労働組合結成の動き

　軍事政権に対抗する全国各地での動きは，全教組の前身である韓国YMCA中等教育者協議会の設立（1982年）と教育民主化運動に影響した。同協議会は，1985年に発行した雑誌『民主教育』[21]において「新しい教師論」を次のように述べている。

　まず，学界・教育界で一般化されている教師論として「専門職論」を取り上げ，「専門職観は，教師を専門職利益集団として規定し，教師が自覚すべき問題の範囲を狭め，教師の社会，経済的地位が下がり，イデオロギー的，政治的自主性の剥奪をただ専門性不足の結果にしてしまう危険性がある」[22]と述べる。また，「教師の社会経済的地位の問題を客観的に解明することを妨げ，教師のイデオロギー的，政治的役割の変化をただ専門性の確保」[23]という側面でみることの誤りを指摘する。次に，「国民の主体としての役割やその委任を受ける教師の主体的，自主的役割は許容されてこなかった」ため，今まで韓国社会では「国民の教師ではなく，国家の教師，国家権力の政治的，イデオロギー的な意図を教育に貫徹させていく存在としての役割」[24]しか果たせてこなかったことを批判している。

　このような「教師論」は，当時の韓国社会の状況[25]を強く意識したものであった。公務員という身分を持ちながらも，官僚主義的な教育と政治的状況の矛盾を自覚し，それを解決するための「自主的な労働運動」を呼び掛けていたことがわかる。さらに言うと，任意団体である協議会の限界を認め，全国的な単一組織の結成を念頭に入れた論調で理解される。その後，組織は「民主教育実践協議会（1986）」，「民主教育推進全国教師協議会（1987）」に

名称を変えながら，協議会としての活動を続けた。また，労働法を改正することを主張し，合法的な全国労働組合の結成に向けて教育労働運動を展開していく。

(2) 専門職教員団体の対応

　教員の労働組合結成の動きに対し，いち早く反応したのは，それまでに唯一の教員団体として活動してきた韓国教総（当時の名称は大韓教育連合会）であった。同団体は，韓国が米軍の支配を受けていた1947年に米軍政の支援を受けて創立され，政府の「御用団体」という批判を度々受けてきたが，1988年に労働組合結成を主張する教員たちを中心に「教総脱退運動」[26]が起きると，組織内部の改革について本格的な議論を始めた。組織の存廃をめぐって危機意識を持った教総は，同年６月に急ぎ「状況分析と対応方案」を出したが，そこには「教員社会分裂は教員の地位向上の疎外要因であり，労働組合を教総の傘下組織として統合することを推進する（傍点は筆者による）」[27]という計画が書き込まれた。だが，その実現可能性は極めて希薄であったため，教総は組織内部の体質改革を進めることとなる。実際に，団体の内部から管理職中心の運営や会員と乖離された組織運営の問題に対する批判の声が高まり，「御用団体としての汚名返上を果たし，会員中心の民主的な専門職教員団体の運営を図る」[28]ことを目的とする組織運営の方向性が定まった。

(3) 韓国教総による「教員地位法」の制定推進

　全教組結成に対する韓国教総の「戦略」は，組織内部の改革にとどまらず，教員（団体）の法的地位を定める「教員地位法」制定の推進にまでつながる。韓国教総は，「本会は従来の政治従属に対して深く自省しながら，教員団体の新たな位相を定立し，教員の社会的・経済的・政治的地位を実質的に向上させる「教員地位法」の制定を多角的に展開する」[29]という談話文を発表した。

　注目したいのは，自らを「専門職教員団体」として位置付けながらも，教育部との「団体交渉・協議」に関する条項を同法案の中に入れている点である[30]。教総は，団体交渉権の保障を教員地位向上のための重要な条件として

述べ，教育に関する意思決定に教員が参加するとともに，「教員地位向上の核心的要素と言える教員団体の団体交渉権保障と団体交渉の実効のための調停・仲裁機構の設置（傍点は筆者による）」[31]に言及している。一方で，「労働三権の一部としての団体交渉権と混同する余地がないように」[32]とし，労働組合との差別化を図りつつも，団体交渉権を獲得することで，「御用団体」というイメージから脱皮しようとする様子がここから窺えるのである。これもまた，全教組結成の動きが与えた影響であると言えるだろう。

３−３．教員の労働権保障をめぐる教職観の相克

　教員の労働組合結成を含む労働三権を認める「労働法改正案」と，韓国教総が推進する「教員地位法」の制定に関しては，国会内でほぼ同時に議論されることとなる。この時期に教育部と与野党の間で行われた議論を検討し，教員の労働権保障をめぐりいかなる「教職観」が優先されたのかを確認する。

⑴　労働法改正案をめぐる意見対立

　1989年３月，国会の労働委員会は公務員の労働権保障を内容とする労働法改正案を提出[33]した。それは，「６級以下の公務員[34]の労働組合組織の加入と団体交渉権を認める」条項が含まれ，教員の労働権保障に道を開く法案でもあった。この法案に対し，教育部[35]は「公務員は国民に献身的に奉仕する責任と政治的中立，品位を維持する義務があるため，一般勤労者と同じく労働三権を認めるのは困難である」とし，憲法における公務員の身分から「教員労組は現在の実定法に違反するだけでなく，教員社会に適当ではない組織」[36]であると全教組の結成を否定した。また，「私たち（筆者註：教育部）は教職を専門職とみるので，専門職団体としての団結権と交渉権を認める方向」[37]と発言しており，専門職団体を標榜する韓国教総との団体交渉だけを認める方向を示した。すなわち，韓国教総の教員地位法案を認める方向で，全教組の結成を阻止しようとしたのである。同時に「教師は学生と社会から道徳的に尊敬されなければならず，教育に対する徹底的な使命感と哲学を持って学問的な専門性と素養を持たなければならないのが我々の伝統的な教師像」[38]と発言し，「聖職」に近い教職観[39]を示していた。

次に，与党（民主正義党）は「公務員は国民全体に対する奉仕者であり，特別権力関係において身分保障を受けているため，私企業で従事する勤労者の場合と同じように労使問題を扱うことはできない」[40]と，公務員の労働権保障を否定した。また，「6級以下の公務員や教員までをも含めて労組活動を許容することは，国家事務の安定的遂行の側面において問題が多く，我が国の実情からみると，まだ時期尚早である」[41]と述べており，教育部と同じ立場であったことがわかる。

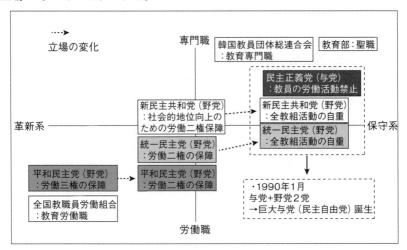

図　全教組結成をめぐる与野党の立場の変遷（筆者作成）

一方で，野党側の意見は多様であった。議席の主流を占めていた三野党の立場は，教員労組結成に消極的な側（新民主共和党），教員労組ではなく，教員団体としての労働権保障を主張する側（統一民主党），教員労組として団結権と団体交渉権の保障を支持する側（平和民主党）に分かれていた[42]。当時は，「与小野大」という教員労組にとっては好条件の政治状況でもあり，労働法改正案は可決（284人中，可151名，否126名，棄権7名）されることとなるが，最終的には大統領の拒否権発動によって実現されなかった。また，その後の政局変化による「巨大与党」の誕生（1990年1月）は，各政党の姿勢を保守化させ，全教組の合法化をさらに難しくさせたと言える。

(2) 韓国教総の対応と教員地位法の成立

一方，韓国教総は巨大与党との政策協議会を開催したり，大統領の教総訪問を推進[43]したりするなど，教員地位法の制定をさらに推し進めていく。当時の会長であるユン・ヒョンソプは，「教員たちが使命感をもって専ら教育に専念できるよう，それに相応して教員の地位が優遇されなければならない」と主張し，特に教員自らが「教育者としての倫理を守る」[44]ことを強調した。また，「近年，教員社会の一部で混乱と葛藤が起きていることも教員の地位と権益を揺さぶる一つの原因である」[45]としたが，ここで言う混乱と葛藤とは当時の全教組活動を指し，警戒感を示している。

1990年には，与党側の代表最高委員が教員地位法を年度内に制定する計画と教総が提案した団体交渉・協議を認める方針を明らかにした[46]。与党は「専門職としての教員の地位，役割や我が国が伝統的に教員に対して持っている文化的・社会的価値認識，また教育の公共性などを総合的に考慮した法制度」[47]であると肯定的な意見を表明した。一方，野党側は「団体交渉の権限を韓国教総だけに付与する」のは，「教総が唯一の合法団体であることを確認するにすぎず，全教組を含む他の教育団体を不法化」するものであると指摘し，「すべての国民は平等である」と規定する憲法第11条に違反する法律であると批判した[48]。だが，与党議員が多数の議席を占める国会本会議にて教員地位法は可決（225人中，可168名，否56名，棄権1名）された。

4．全教組の方針転換と合法化

(1) 全教組内部の葛藤と変化

大統領の拒否権によって労働法改正案が立法化されず，全教組は「法外労組」として結成することとなる。この時期に組織内部では，「労働という言葉を外して教職員組合や民主教育全国教師連合など，合法的な形に転換させよう」[49]とする意見と，「労働法の改正による合法化が実現されるまで労働運動を続けなければならない」[50]という意見が対立する様子がみられる。前者は，大衆性を重視し合法的な教員団体の建設を主張した。それに対し，執

行部を中心とする後者は「教育労働運動の主体である労働組合を解体し，別の組織を作ることは，合法化のための戦略にとどまらず，運動の性格と方向を全面修正しかねない問題である。それは第二の韓国教総の建設であり，労働基本権を放棄し，運動の方向を変質させる」[51]と前者の意見を批判した。この件に関して，組織内部の代議員大会において投票が行われたが，紙一重の投票結果で執行部の意見が採択された[52]。この意見対立は，形式的には組織の合法化をめぐる認識の差異であったが，完全な労働法改正による合法化を主張してきた全教組内部でも，それまで追求してきた教職観，教育労働運動をめぐるジレンマがあったことが垣間見られる。法的制約を受けながらも労働組合を維持するのか，法人形式の専門職団体に転換するのかという二つの問題の間で組織のアイデンティティが問われたと言える。その後もこの問題は全教組内部で繰り返し議論されることとなる。

さらに，教育部と韓国教総の団体交渉が始まると，全教組は組織の合法化に向けて新たな戦略をたてる。1994年には，「大衆性の拡大と有利な政治的条件を形成することで実質的な組織の合法化を達成すること（傍点は筆者による）」[53]を目標として設定しており，政治状況を利用し，合法化に有利な環境を作っていこうとする姿勢が読み取れる。つまり教員地位法の成立は，全教組の組織目標と方針の変化にも少なからず影響していたと考えられる。

(2) 労使関係改革委員会の代案

1996年，韓国国内でOECDへの加入に向けて「新労使関係構築」が叫ばれると，大統領諮問機関の「労使関係改革委員会」により労働法改正の作業が再び進められるようになる[54]。同委員会は「公務員と教員等に関しては勤労者としての基本権益を尊重するが，社会的責務性を勘案し，合理的な労使関係を模索する」とし，「教員に対しては団体交渉権まで保障すべきである」という意見を開陳した[55]。具体的には，教員労組の合法化のための政策手段として，労働法の適用を受けない別途の勤労者団体として団結権を認める案（第一案），現在の法制度を維持し，専門職教員団体を複数化する案（第二案）を提示した。いずれも全教組が望んできた完全な労働三権の保障ではなかったが，全教組内部では委員会案の受容をめぐる議論が生じた。議論は，

主に第一案を中心に起きたとみられるが，その論点は特別法による団結権と団体交渉権の保障が，労働基本権に準ずるものになりうるのか，という点であった。

これについて委員会案に賛成する側は「特別法による団結権と団体交渉権は（労働法による）労働基本権より制限が大きいのは事実である」と認めつつも「委員会の案は全教組の力量限界を反映しており，教育運動の大衆的発展の条件を確保できるという点で，運動の新たな質的発展の契機になる」[56]と主張した。一方で，委員会案を受容できないとする反対側[57]は，「特別法または他の法律で合法化を主張するのは，その権利を制限する意図がある」とし，「たとえば，教員労組の組織対象や範囲，交渉方式，交渉団の構成方式，交渉案件など労組活動全般を法律で規制する恐れ」[58]があると認識していた。

このような全教組内部の論争は表に現れることはなかった。論争が本格化する前に，労使関係改革委員会が解散され，全教組の合法化についても一端，議論が中止になったためである。だが，最終的に労働法の特別法により全教組の合法化が行われた点を考慮すると，委員会案を受容し特別法による労働二権の保障を主張した意見が，組織内部でより優位に位置づいていたことが推察される。

(3) 最終合意案と特別法の可決

労使関係改革委員会が解散されたことで，合法化に失敗した全教組は，次の大統領選挙を「合法化の重要な契機」とみなし，「学校現場での公開的活動力を強化して全教組合法化の大衆的土台を強化」[59]することを基本方針として決める。たとえば，教育改革の全教組合法化の問題に関する世論調査[60]を発表し，教員の労働組合結成に留保の立場を示していた政党と大統領選候補たちを圧迫したのである。そして野党側の金大中大統領の当選による1997年の政権交代は，全教組の合法化に好機を提供した[61]。この時期から教育部は，OECDが加盟国に対し各国レベルで労働組合と協議するよう強く要請していたことを受け，その態度を軟化させていった[62]。

大統領諮問機関として新たに労使政委員会が設置されると，全教組内では

その合法化水準と方法に対して深刻な議論が行われたが，内部では「労働法の特別法による労働二権の確保が現実的に可能な合法化水準」[63]であるという認識が広がっていたとみられる。1998年1月に開かれた全国役員研修では，「労働二権を確保した合法組織の獲得のための提案」が提出され，「政権初期が合法化の最適な時期であり，労働三権の完全な獲得は次期課題にし，自主的団結権と団体交渉権（二権）が保障される合法化が可能になるよう積極的に交渉し闘争する」[64]内容が書き込まれた。

　労使政委員会による特別法制定の合法化方案には，教員労組結成は特別法の制定により保障すること，団体行動権を除く団結権と団体交渉権を認めることが規定され，国会本会議に1998年10月31日提出された。その後，教員労組法は，国会環境労働委員会に上程，12月29日に可決され，本稿冒頭の法制定に至ったのである。

5．まとめにかえて

　以上，本稿では韓国における教員労組法の成立過程を検討し，同法がなぜ「特別法」として成立したのか，全教組内部の議論を中心に分析した。この作業を通じて明らかになったことを以下に三点述べる。

　第一に，全教組と韓国教総は常にお互い影響しあってきたことである。たとえば，全教組の結成により，韓国教総は内部組織の改革を余儀なくされ，団体交渉・協議を行うことによって「御用団体」のイメージから脱皮しようとした。全教組もまた韓国教総が進めた教員地位法による影響を受けていた。同法の成立は，「労働組合」として団体交渉を行う必然性を問うと同時に，専門職教員団体との差別化を図りながら，合法化に有利な政治的状況を作っていく方向へと，全教組の方針を転換させた。

　第二に，全教組の合法化をめぐって全教組内部における議論とともに教育部，韓国教総が持っていた教職観にも変化が認められる点である。教育部は全教組の結成初期から「遵法精神」を重んじる教職観を示していたが，90年代後半になると，国際的基準に合わせて教員の労働権を一部認める姿勢を見

せ始めた。韓国教総もまた専門職教員団体を標榜しつつも，全教組結成後には実効性のある団体交渉権の獲得を主張するように変化していた。つまり，全教組の結成初期には，激しく相克していたとされる各組織の教職観にも徐々に歩み寄りがうかがえたと言える。

　第三に，全教組と韓国教総は以上のように，教員の労働権を認めることに関しては近い立場を持ちながらも，一方で，「団体交渉権」に対しては認識の差がみられる。すなわち，全教組が主張する労働権保障とは，法制上の制限を受けずに教員の自主的な団結権が保障されるものであり，「教育に関する法律」によって制限される以上，教育行政と同等な関係で行われる交渉ではないと捉えていた[65]。そのため，教育部と韓国教総が主張した「教員団体としての」団体交渉権は，全教組にとって何ら意味を持たなかったのである。この点は，全教組が現実との妥協を余儀なくされながらも，最後まで「教員だけに適用される特別法」を拒否し，「労働法の特別法」にその設置根拠を持つようになった理由であると考える。ここで，教職員労働組合の特殊性が看取でき，これは教育行政学の射程と言える。全教組は，任意団体として活動した時期から，教員を一般労働者としてみていたわけではなく，教育部と対等な関係に位置付けていた。それは，「公務受託者」として教員の政治的中立性の義務を強調する[66]韓国教総の観点とは異なる。先行研究で批判されている団体交渉の「二元化」は，このような両組織が持つ教職観の相違によるものであり，簡単にその一元化を押し付けられない理由である。

　最後に，本研究で残された課題をあげておきたい。

　第一に，教員の労働権保障の問題を論じる際には，保護者団体や市民団体などを含む教育諸団体と教員団体の関係がいかに変化してきたのか，それが教員組合，教員団体の社会的地位にどう影響してきたのかという点にも目を配り検討する必要がある。次に，教員労組法の成立後，教育行政と教員団体の間で行われた団体交渉の内容を分析し，その実効性を検討することで，全教組と韓国教総が持つ団体交渉権の内実を比較し，教員の労働権保障に関する考察をより深めていくことである。

　また，教員の法的地位及び労働権保障の観点から，諸外国の教職観を整理

し，その共通性や違いを明らかにすることが必要であり，本稿の成果は国際比較に発展しうると考えられる。この点については今後の課題としたい。

（九州女子短期大学）

〈註〉

(1) コ・ジョン「教員労組法制化の意義と争点」『教育行政学研究』Vol.17，No.3，韓国教育行政学会，1999年，198頁。

(2) 韓国の教育公務員法は教員の資格・任用・報酬・研修及び身分保障に関して定めており，労働権については別に規定されていない。

(3) かつて教育部はこの条項に関して，「教員団体は中央と地方に各一つの団体を組織できる」と解釈し，韓国教総だけを教員団体として認めていた（パク・ジョンボ「教員団体の法的地位に関連する憲法的問題」『教育法研究』Vol.8，No.2，2006年，129頁）。

(4) 同法は，2016年より「教員の地位向上及び教育活動保護のための特別法」として改正された。

(5) その団体交渉対象は，中央の教育部及び地方の教育監である。教育監は，日本の教育長にあたるが，2006年の地方自治法の改正により地域住民の直接選挙によって選ばれるようになった。

(6) 韓国では1987年6月民主化抗争を経て初めて大統領直接選挙制が実現されて以後，1988年に盧泰愚政権が，93年に金泳三政権（文民政府）が成立する。また，98年には解放後，初めてとなる「与野党政権交代」によって金大中政権が成立した。

(7) 太田晴雄「アメリカにおける教員組合と公教育統治―教員団体交渉の考察を中心として―」『比較教育学』第14号，1988年，73頁。

(8) 髙橋哲「米国教員組合の専門職団体化施策の分析―NEA・AFTの同僚教員支援評価を中心に―」『日本教育行政学会年報』第31号，2005年，164頁。

(9) 髙橋哲「米国における教育労働法制改革の分析―ミシガン州公務雇用関係法の改正問題」『教育学研究』第76巻，第3号，2009年9月，14頁。

(10) 太田，前掲，70頁。

(11) ジョン・ギオ「教員労働組合法の法制上の問題点に関する研究―教員団体交渉制度の導入背景と運用成果を中心に」『教員研究』Vol.22，No.4，韓国教員大学校教育研究院，2006年，96頁。

(12) イ・イルグォン「教員労組法の争点に対する批判的考察―教員の労働基本権を中心に―」『教育行政学研究』Vol.21，No.4，韓国教育行政学会，2003年，256頁。

⒀　ソ・ジョンファ，ファン・ソクン「教員団体交渉制度の限界と可能性」『韓国教員教育研究』Vol.18，No.3，2001年，75頁。

⒁　コ・ジョン，前掲，211頁。

⒂　ジョン・ギオ，前掲，96頁。

⒃　韓国教員団体総連合会『新しい教育』1998年10月号，170頁。

⒄　一方，日教組を対象とした歴史研究に目を配る必要がある。特に，国家公務員法の改正をめぐって専門職としての地位と，労働者としての地位の選択を迫られた日教組が，組織内部でどのようなジレンマと葛藤を抱いていたのかを描きながら，それに当時の日本の社会状況に相応する「民主化」という職責が影響していたことを論じる徳久（2020）の研究は，示唆に富む（徳久恭子「法的地位の変化とその影響」広田照幸編『歴史としての日教組』上巻，名古屋大学出版会，2020年，159-190頁）。

⒅　インタビュー調査は，2019年10月9日，全国教職員労働組合ソウル支部の事務室にて2時間程度行われた。

⒆　ただ，1953年制定された労働法第6条に基づき，軍人，警察，消防関連の一部公務員の労働権は制限されていた（韓国教総「【企画診断】教員の労働権」『新しい教育』1998年11月号，76頁）。

⒇　同上，73頁。

㉑　YMCA中等教育者協議会『民主教育』第10号，1985年，16-18頁。

㉒　同上，16-17頁。

㉓　同上，17頁。

㉔　同上，17頁。

㉕　大槻（1992）によると，軍部政権に対抗する民主化要求の運動が全国的に広がると，80年代初期から協議会を中心とする教師たちの間では「個別の教育民主化の要求ではなく，組織的に実践しようとする動き」がみられ，その中で教師たちは，「学者の理論や外国から入ってくる教育学理論の限界を認識し，現実を分析できる理論樹立の必要を感じ」ていた（大槻健『韓国教育事情』新日本新書，1992年，118-120頁）。

㉖　全国教職員労働組合『全教組創立1周年記念集　韓国教育運動白書：1978〜1990』資料編，1990年，173-175頁。

㉗　韓国教総『韓国教総70年史1947-2017』2017年，295頁。

㉘　同上，276-277頁。

㉙　韓国教総「国会は『教員地位法』を早めに制定するように」1989年5月。

㉚　教員地位法には，教員の①教育と政治活動の自由②学校安全管理控除制度③身分保障④宿直禁止⑤海外研修の研究休暇制度⑥経済的優遇⑦教員地位法に依

拠する団体結成と団体交渉権⑧調停・仲裁制度などを明文化している。

⑶ 韓国教総「教員地位向上と国家発展」『教員地位法制定を促すための全国教員代表者大会資料集』1990年，52頁。

⑶ 同上，16頁。

⑶ 1989年３月９日「第13代国会第145回　第９次国会本会議　労働委員会」14-16頁。

⑶ 韓国では，1981年の国家公務員法及び地方公務員法の改正を経て公務員を一般職公務員と特定職公務員に分類しており，前者の場合１級から９級までの職位体系が適用される。一方で，後者は，一般公務員と同じ階級区分は適用されず，別途の職位・報酬体系を持つ。教育公務員，軍人，消防公務員，外務公務員などが後者に該当する。

⑶ 韓国では1948年の政府樹立以降，教育部の名称が４回（文教部→教育部→教育人的資源部→教育科学技術部→（現）教育部）変わるが，本稿では便宜上，「教育部」として名称を統一している。

⑶ 1989年５月15日「第13代国会第146回　第４次国会本会議」45-46頁。

⑶ 同上，45頁。

⑶ 1989年10月18日「第13代国会第147回　第10次国会本会議」39頁。

⑶ 教育部は全教組の結成初期に「教員は誰よりも先行して法を守るべき人（傍点は筆者による）」であると定義し，「教員たちが，法律で認めていない労働組合結成を強行すると，我が国民たちの師匠像を大きく傷つけ，教員に対する社会的認識や尊敬風土にも悪い影響を与える（後略）」（全教組，前掲，1990年，397-398頁）と述べており，従順な遵法性を重んじていた。

⑷ 1989年３月９日「第13代国会第145回　第９次国会本会議　労働委員」16頁。

⑷ 同上，17頁。

⑷ 全教組，前掲，1990年，750-752頁。

⑷ 韓国教総，前掲，2017年，306頁。

⑷ 韓国教総，前掲，1990年，51-52頁。

⑷ 同上，50頁。

⑷ 韓国教総，前掲，2017年，307頁。

⑷ 1991年５月８日「第13代国会第154回　第11次国会本会議　文教体育委員会」20頁。

⑷ 同上，16-18頁。

⑷ 全教組『全国教職員労働組合運動史１法外労組編』2001年，780頁。

⑸ 全教組，同上，781頁。

⑸ 「教師運動の大衆性のために」『全教組第12次代議員大会資料集』1994年２月，63-64頁。

⑸2 全教組関係者へのインタビューより。

⑸3 「全教組二期の課題と発展展望」『全教組第12次代議員大会資料集』, 1994年2月, 39頁。

⑸4 宋剛直『韓国労働法』悠々社, 2001年, 27頁。

⑸5 全教組, 前掲, 2001年, 740頁。

⑸6 『全教組第17次代議員大会資料集』1996年12月, 37頁。

⑸7 委員会案に賛成の側は, 主にソウル地域で活動する会員が中心であり, 反対側は中央執行委員会を中心とする執行部であった。

⑸8 『全教組第17次代議員大会資料集』, 前掲。

⑸9 全教組, 前掲, 2001年, 752-755頁。

⑹0 全教組新聞第207号, 1997年10月29日, 1面。

⑹1 合法化問題が再び浮上すると, 韓国教総は「教員地位法に基づいて教員団体と教育部長官・教育監の間で交渉・協議制度が施行されているが, その法的効力が微弱」であるとし, 教員地位法とは別に, 教員（団体）だけに適用される特別法の制定を主張した（韓国教総, 前掲, 1998年11月号, 72-75頁）。

⑹2 教育部は教員労組法の制定をめぐって「ILOやOECDのELSA勧告のような国際的スタンダードに合わせた法体系を持つ段階に来ている」と発言している（1998年11月18日「第15代国会第198回　第11次国会本会議」41頁）。

⑹3 全教組「労働二権を確保した合法組織獲得のための提案」1998年1月, 3頁。

⑹4 これに対して, 内部では「労働組合でない教員団体として教育部と交渉できる法的根拠は, 結局「教員地位法」を意味する」という意見もあり, 全教組が常に韓国教総を意識していたことがわかる（全教組, 同上, 1998年1月, 3頁）。

⑹5 当時の全教組・連帯事業委員長は「労働組合は自らの規約によって活動する自主的な組織である」ことから, 「教員労組と教員団体は一つの法律に規定できない」と述べている（韓国教総, 前掲, 1998年11月号, 80頁）。

⑹6 キム・ギョンユン（韓国教総・教育政策課長）「教育の特殊性・勤労権を保障する現実案」韓国教総, 同上, 72-73頁。

1950年代におけるへき地学校指定基準の成立に関する研究

―へき地教育振興法におけるへき地性―

富樫千紘／御代田桜子／米津直希

はじめに

　1954年6月，「教育の機会均等の趣旨に基き，かつ，へき地における教育の特殊事情にかんがみ，国及び地方公共団体がへき地における教育を振興するために実施しなければならない諸施策を明らかにし，もつてへき地における教育の水準の向上を図ること」（1条）を目的に，へき地教育振興法（昭29年法律第143号）（以下，へき振法）が制定された。また，これを実施するため，1954年同法施行令（昭29年政令第210号）及び同法施行規則（昭30年文部省令第10号）が制定された。しかし，当時久保義三が，同法はへき地教育振興に対する倫理的要請のみにとどまっており，へき地を条件づける諸問題の根本的解決に手をつけることなく局部的解決しか行おうとしていない[1]と指摘したとおり，へき地教育振興法制としては不十分なものだった。このため，早くも1958年に，同法には重要な改正が施され，さらに1959年にはこの法改正の趣旨に沿って，同法施行規則の大改正が行われた。これらの法・施行規則をふまえて小島喜孝は，「どのような地域の学校であろうと行き届いた条件整備のもとで教育活動が行われることを原則としている憲法・教育基本法を，それぞれの実情に応じて具体化していく一連の教育条件整備法制を整えていく一環」[2]であったと評価している。

　1959年のへき振法施行規則（昭34年文部省令第21号）によるへき地学校指

定基準の誕生は，へき地手当支給の対象の拡大をもたらしたため，へき地教育振興をめぐる一連の法制化を推し進めてきた教師たちの運動[3]の成果として評価する立場からへき地学校指定基準成立に至る経緯に触れる先行研究も存在する[4]。しかし，へき地における教育条件整備は，へき地学校に勤務する教員の勤務条件はもちろん，そこで生活する子どもの実態や地域社会の実態を踏まえて初めて行われるべきものであるため，へき地学校指定基準の成立がへき地教育振興法制においてどのような意味を持っていたのかを教育条件整備という観点から明らかにする必要がある[5]。そのためには，へき地学校指定基準の制定までに検討された内容や基準項目の内容まで踏み込んだ検討により，へき地学校を捉える条件がどのように構成されようとしていたのかを明らかにすることが求められる[6]。これらを解明する上で手がかりとなるのが，文部省調査局調査課『へき地教育の実態　昭和30年度へき地教育の調査報告書』（1956年３月）（以下，報告書）である[7]。報告書は，へき地における教育の実態を提示することに加えて，それを踏まえた「へき地性」すなわちへき地の度合を示す尺度の検討にまで踏み込んでおり，「そこに勤務する教員の諸条件もさることながら，さらには児童は勿論その地域社会の教育的にみたへき地諸条件をも考慮すべき」とする当時の文部省の企図にも照応するものである[8]。

　以上のことから本稿では，へき地学校指定基準であるへき振法施行規則の成立過程，とりわけへき地学校指定基準の策定に至る基準案における要素の整理・検討を行うことを通じて，1950年代のへき地教育振興法が捉えようとしたへき地性を明らかにすることを目的とする。なお，この作業は，近年の社会的格差による教育機会の不平等の問題に対する教育行政学の課題である，社会的包摂の観点に立った教育条件整備の捉え直し[9]に接続するものである。本研究は，こうした現代的課題や状況を鑑み，子どもの実態や地域社会の実態に応じた教育条件整備のあり方の示唆を得るため，戦後日本におけるへき地学校指定基準の成立の過程に着目して，検討を行うものである。

1．へき地教育振興法制定と1958年改正の経緯

⑴　へき地教育振興法の制定とへき地の教育条件整備

　本項では，制定当初のへき地教育に対する問題認識や，へき地の教育条件整備の射程を確認するために，1954年へき振法の内容を検討する。

　まず，1954年へき振法では，「交通困難で自然的，経済的，文化的諸条件にめぐまれない山間地，離島その他の地域の所在する小学校および中学校」を「へき地学校の定義」としている（2条）。1953年版『教育白書』では，これまでの「へき地教育」は，教員がへき地手当の支給を受けている学校における教育を指しているにすぎないとし，地域の経済的貧困や文化的遅滞なども踏まえた子どもや地域社会の様々な条件を考慮した「教育的にみたへき地」の検討の必要性を述べている[10]。この点が2条に表れていると見ることができる一方で，これに伴う施行令や施行規則では，「へき地学校」を実際に指定する基準は用意されなかった。そのため，制定当初のへき振法制は，先述した久保の指摘の通り倫理的要請に留まるものだったと言わざるを得ない。

　次に，市町村や都道府県の事務である。市町村に対しては，①教材・教具，教員の研修その他教育内容の充実，②教職員住宅その他の福利厚生，③学校教育・社会教育施設の整備が義務づけられ（3条1項），④教職員・児童生徒の健康管理，⑤通学の容易化のための措置が努力義務とされた（3条2項）。都道府県に対しては，⑥学習指導・教材・教具の調査研究および資料整備（4条1項），⑦へき地教員への研修機会の確保（4条1項），⑧へき地教員の養成施設の設置（4条2項），⑨へき地教員への特殊勤務手当の支給（4条3項）や，⑩へき地学校の教職員定員決定に特別の考慮を払うべきこと（4条4項）が規定された。一方，これらのうち国庫補助の対象とされたのは，②教職員住宅その他の福利厚生，③学校教育・社会教育施設の整備，⑧へき地教員の養成施設の設置のみであった。

　以上のように，制定当初のへき振法においては，へき地教育の実態に応じ

た教育条件整備の事業が掲げられ，3条および4条で規定された事務により，へき地教員の勤務条件や福利厚生に加えて，へき地教育の実態に応じた教材・教具の整備や児童生徒の通学の容易化など，へき地に対する幅広い教育条件整備の射程が看取できる。当時のへき地の教員確保の課題に対して，教員の勤務条件や福利厚生が教育条件整備に位置づけられていたことは重要である。しかし，「へき地学校」を実際に指定する基準が用意されず，従来の都道府県ごとのへき地手当支給を目的としたへき地学校指定が引き続き行われたこと，国庫補助とされた項目が少ないという大きな課題を有していた。

(2) 1958年へき地教育振興法改正の主旨と概要

以上の点は制定当時にも課題とされており，へき振法成立時の付帯決議にも現れている。付帯決議では，(1)へき地教育の状況把握と「綜合的恒久的振興策」の樹立，(2)へき地学校の教職員への特殊勤務手当の増額，その他優遇措置の実施，(3)へき地小規模校の統合の際の施設設備費を国庫補助の対象とすること，(4)学校給食，巡回診療，通学支援事業における国庫補助，(5)へき地の状況に応じた校舎寄宿舎施設，設備の速やかな整備と国庫補助，(6)修学旅行等における国による一部負担，が課題として挙げられた。その後も，1954年の中央教育審議会「特殊教育ならびにへき地教育振興に関する答申」（12月6日）や文部省『わが国教育の現状』[11]，1955年の参議院文教委員会「へき地教育振興に関する要望書」（10月）などで繰り返し議論がなされた[12]。特に，「へき地指定については，現在人事院もしくは大蔵省の規定に準拠して各都道府県で定められているが，これを改め，『へき地教育振興法』に規定している教育上のへき地の理念に基づく，統一的，合理的基準を設けるよう国が措置すること」[13]という点は注目すべきである。

その後1956年にへき地学校指定基準案を示す文部省調査局調査課による報告書が出され，翌57年にへき振法改正案が第26国会・第27国会に提出されたが審議未了，1958年の第28国会にてへき振法が改正された。

へき振法改正の第一は，「へき地学校」の定義（2条関係）である。「交通困難で」としていたところを「交通困難および」に改め，「交通困難および自然的，経済的，文化的諸条件にめぐまれない山間地，離島その他の地域の

所在する小学校および中学校」とした。すなわち，旧法では交通困難をへき地学校指定の必要条件としていたのに対して，新法では交通困難でなくても経済・文化等の状況によってはへき地学校に指定できるとした。こうした変更について文部省は，交通条件を「大前提としていては，他の文化的，経済的条件によって大きく影響されるへき地教育の実情に沿い得ないため」[14]と説明している。ただし，後述するように施行規則では経済・文化等について指定基準が定められていないことから，この改正は空白化している。

第二は，市町村および都道府県の任務（3条，4条関係）についてである。まず，市町村の任務について，へき地学校における健康管理の適正な実施を図る措置およびへき地学校の児童生徒の通学の便宜を図る措置を努力規定から義務規定に改めた。次に，都道府県の任務についても，へき地教育の調査・研究・資料整備，へき地教員の養成施設の設置，市町村の任務遂行の指導・助言・援助を努力規定から義務規定に改めた。

第三は，へき地手当（5条2項，5条3項）の創設である。へき地手当という名称とともに5条が新設され，都道府県へのへき地手当の支給義務とそれに伴うへき地学校の級別の指定（へき地学校指定基準）を政令で定めることが明記された。またそれに伴い，へき地手当の支給に対する国庫補助が定められた[15]。

第四は，国の補助（6条関係）についてである。当初は，教職員住宅その他の福利厚生（3条2項），学校教育・社会教育施設の整備（3条3項），へき地教員の養成施設の設置（4条1項の2）のみであった国庫補助の対象が，この改正によって大きく広げられ，市町村の事務である教職員・児童生徒の健康管理（3条4項），通学の容易化のための措置（3条5項）に要する経費に対する国の補助について，従来政令に譲られていた補助率が本法中において二分の一と定められた。これらの補助基準については，1959年へき地教育振興法施行令（昭和34年政令第150号）で定められた。

以上のように，1958年へき振法改正は，付帯決議を踏まえながらより財政支援を拡充させるものであったとともに，へき地手当を明確に位置づけその支給基準を統一的基準として設定することを定めたものであった。また同時

に，「へき地学校」の定義が交通条件だけではなく他の諸条件をも含めたものへと改められたということも重要な点であった。なお，へき地学校指定基準が適用されるのはあくまでもへき地手当（5条）についてのみであり，この時点において，へき地学校指定基準は教員へのへき地手当支給に限定された基準であった。

2．へき地手当の支給基準の変遷と基準に基づく指定方法

⑴　戦後当初のへき地学校教職員への手当支給

　次に，1958年へき振法改正の中心となったへき地手当の成立の経緯をもとに，その支給基準がへき地教員の勤務上の困難性に着目して定められており，へき地における教員確保の側面を強く持つものであったことを示す。

　戦後，へき地にて勤務する教員への所謂へき地手当とその支給のための基準は，大蔵省「へき地所在官公署在勤職員の特殊勤務手当支給準則」（1948年）（以下，大蔵省準則）によって定められており，へき地官公署の指定とともに「官吏」である公立学校教員の手当の支給基準としても全面的に適用された[16]。ただし，大蔵省準則によるへき地指定の条件は，①鉄道駅まで24km以上，②バス停留所まで16km以上，③船舶の定期航行回数が2日以上に1回の島[17]という交通条件によって算定するものであった。

　その後，1950年12月の地方公務員法（昭25年法律第261号）制定に伴う教育公務員特例法（昭24年法律第1号）の改正により，へき地手当は，地方公共団体の条例で定められることとなり，条例のある都道府県では国立学校の教員の給与を基準として当該都道府県の実情に適応した支給が行われ，条例のない都道府県では国立学校の教員の給与の例によって支給されることになった[18]。その後，国家公務員に関して政府職員の特殊手当に関する政令の改正（1952年）により，へき地官署の指定は人事院規則に依ることとなり，上述の大蔵省準則は失効した。その結果，統一の基準も示されないままにへき地の指定は地方公共団体の条例によって定められることとなったため，各都道府県の指定基準には若干の幅ができることとなった[19]。

　1954年へき振法で，都道府県に対して「へき地学校に勤務する教職員に対する特殊勤務手当の支給について特別の考慮を払わなければならない」との規定が設けられため，各都道府県は，旧大蔵省準則や人事院の「遠隔地手当支給官署指定基準」などを参照しながらへき地学校指定や手当の支給を行った。なお，ここで参照された「隔遠地所在官署指定基準」は，国立学校がへき地に所在する例がほとんどないこともあり，「学校所在地の交通条件あるいは文化的，経済的条件等によって大きな影響を受けるへき地学校教職員の勤務の特殊性」が考慮されていないとの理由で，各方面から「へき地学校に勤務する教職員については何らかの形で別の支給基準がつくられるべき」との要望が出された[20]。しかし，この要望もまた，へき地に勤務する教員への手当支給に関するもので，教員の雇用条件の整備による教員確保というへき地が直面する課題に対応するものであったが，へき地における教員確保以外の教育条件整備につながる視点は管見の限りみられない。

(2) 1959年へき地教育振興法施行規則におけるへき地指定方法

　1958年へき振法改正を受け，統一的，合理的基準としてのへき地学校指定基準が，1959年のへき振法施行規則全面改訂によってつくられた。以下では，その基準設定の仕組みを確認し，従来の支給基準からの変更点を確認する。

　基準設定の基本的な仕組みは，「基準点数」と「付加点数」からなる合計点数によって学校を1級から5級までに級指定するというものである。このうち基準点数を測る際の要素は，陸地と島それぞれの別表で定められた。陸地については，①駅または停留所，②医療機関，③高等学校，④郵便局，⑤市町村教育委員会のそれぞれに至る学校からの距離とされた（別表第一）。島については，陸地の②〜⑤に加えて，⑥本土からの月間の定期航行回数，⑦本土からの海上の距離，⑧船着場までの距離，が加わった（別表第二）。さらに，距離のみでは勘案できない交通機関の有無，島の場合は海上を交通する部分の定期航行回数，加えて，急こう配または狭あいである等の自然条件による交通困難がある場合に距離の補正がなされる。

　次に，付加点数である。これは，「基準点数だけでは，へき地学校におけるへき地条件ないしはそれによって生ずる教育条件の特殊性が必ずしも的確

にはあくされえない場合がある」という理由から，「これらの特殊条件を点数の上でカバーする」ものである[21]。具体的には，第一に，「学校における文化的条件」として，電気の供給，電話の設置，飲料水が挙げられている（6条1項）。第二に，「学校の所在する地域の自然的，経済的，文化的諸条件の特殊性に応じて，それが学校教育の運営上困難を伴うと認められる場合」として，不健康地，はしけ・渡船利用地域の特殊事情，児童・生徒の通学距離，教科用図書・学用品の入手困難，生活保護法による教育扶助児童・生徒数が挙げられた（6条2項）。その他，教員が単独あるいは二人で勤務する場合（6条3項），学校教職員の住宅事情（6条4項），分校の場合の本校からの距離（6条5項）が挙げられている[22]。

こうして，1959年へき振法施行規則全面改訂によって成立したへき地学校指定基準は，大蔵省準則と比較すると交通条件のみならず学校のある地域の自然的，経済的，文化的諸条件が考慮されることとなり，指定される要件としてはかなり緩やかになった。駅又は停留場までの距離，医療機関までの距離，郵便局までの距離は項目としては大蔵省準則と同様であるが，「高等学校までの距離」「市町村教育委員会までの距離」が新たに付け加えられたことも，これらの指定の幅を広げることになったと考えられる。ただし，1958年へき振法においてはへき地学校指定基準が適用されるのはへき地手当のみであったことから，へき地学校指定基準はあくまでも，教員確保という限定された教育条件整備に関する基準であったとみられる。

3．調査報告書『へき地教育の実態』における教育条件整備の視点

(1) 報告書の調査内容，対象及びその項目

次に，へき地学校指定基準の作成以前に行われたへき地教育実態調査の調査内容を確認することによって，へき地教育振興法制の射程について検討する。この調査は，「一般にへき地といっても，どのような所をさすかは，各人各様であって，決まった概念をもっていない」「へき地の教育は恵まれないといっても，都会の教育に比べ，どのくらい劣っているのか，その全容の

はあくはじゅうぶんでなかった」とし，「へき地教育の実情を正確に把握することの」「へき地の度合いを客観的に示す尺度を検討すること」を目的として実施された[23]。この課題意識は，1953年版『教育白書』で書かれた「児童は勿論その地域社会の教育的にみたへき地諸条件をも考慮すべきであって，教育的にみたへき地としてはさらに検討の必要があると考える。」[24]とも重なる。

　報告書の調査では，当時（1955年5月）の都道府県ごとの「へき地学校指定基準」の形態を整理している。当時へき地手当支援制度を実施している道府県は41，未実施であるのは東京・神奈川・愛知・大阪・鳥取であった[25]。そして，この実施41道府県の「指定基準」を整理し，「a.『大蔵省準則』と同じもの（12県）」「b.基本的には『大蔵省準則』と同じであるが，特別条件を付加したもの（12県）」「c.『大蔵省準則』よりも条件をゆるやかにしているもの（10県）」「d.『大蔵省準則』とは異なった方式によるもの（5県）」の4つに大別している。

　bは，大蔵省準則の基準を満たしていなくても，「特別の条件がある場合には，へき地学校として認める」というものである。特別の条件として示されている項目としては，「道路の急勾配，悪路，不健康地，積雪，バス1日1便〜2便，県教委地方出張所までの距離，駅までのバス乗車距離32km以上，文化状況，教員人事行政の困難」が挙げられている[26]。cは，決定方式は大蔵省準則と同様だが，やや条件を緩やかに設定しており，おおよそ定期船の運行回数が2日以上に1回，1日以上に1回，鉄道駅までの距離が6〜20km以上，バス停留所までの距離が4〜12km以上となっている。その他，「バス停留所までの距離を条件として採用せず，すべて鉄道駅までの距離をとり，その場合バスを利用する部分の距離は，4分の1に算定」（兵庫県）や「離島はすべてへき地」（北海道）といった条件や，鉄道駅・バス停留所以外の要素として，「役場・郵便局・日用品主食販売店・小中高校のうち，三つ以上の距離が8km以上の地」（北海道），「役場・郵便局・医療機関・小中学校のうち二つ以上の距離が4km以上の地」（長野県）といった項目が条件として付加されている[27]。dは，選定されたいくつかの要素までの距離に

応じて採点を行い，各点数の合計点を，別に定められた点数の基準に照らしてへき地学校を決定する方式である。この方式によれば，「各要素を総合した形で評価がなされ，へき地指定と同時に級別も決定」される。各県共通に取り入れられているのは「役場・郵便局・医療機関・小中学校・鉄道駅・バス停留所までの距離および定期船の運行回数等」であり，一部県では「県教委出張所までの距離，電灯の有無・バスの運行回数，飲料水の利用等」が付加されている。

　次に，本調査では，へき地手当の支給を受けていない学校にも調査対象を拡げ，「(1)現在，へき地手当の支給を受けている学校，及び都道府県教育委員会が，へき地手当の支給を受けている学校に準じて扱っている学校」，「(2)本土にある学校で，鉄道駅またはバス停留場までの距離が4km以上の学校」「(3)島にある学校」「(4)単級の学校，複式学級をもつ学校および単式の学級編成でも全学年揃っていない学校」を取り上げている。このいずれかに該当する小，中，高等学校について，「へき地学校の分布状況」「へき地学校の教育状況」「へき地の文化状況」の調査が行われた。このことは，大蔵省及び都道府県基準から外れる学校の子どもの教育・生活条件に視点を移して，へき地教育の実態を明らかにしてようとしている点で重要である。以下では，へき地学校の教育状況，へき地の文化状況の2点から，どのようにへき地の教育実態を捉えようとしていたのかを見ていく。

　第一に，へき地学校の教育状況では，「学校編成の状況」（児童生徒数・学級編成・教員配置），「生徒の状況」，「教員の状況」，「教材・教具の状況」について調査が行われた。養護教員の配置については，へき地学校の数字は全国平均の小・中学校と比較して「はるかに下廻っている」こと，「1校当りの教員数のきわめて少ないへき地学校であってみれば，やむを得ないというべきかも知れぬが，医療機関，衛生状況などの事情から，かかる状態は決して満足なものということは出来ないであろう」[28]と記されている。また，子どもの実態として「通学距離別生徒数」「疾病罹患状況」「学用品不足状況」「長期欠席者の状況」「上級学校への進学状況」といった項目の調査がなされ，「教員の状況」では「学歴」「免許状」「勤務年数」「住居形態」「指導主事の

巡回状況」といった教育の質に関わる点が調査されている。さらに，「教材・教具の状況」については，「電気設備」「電話設備」「飲料水の利用状況」「給食設備」「図書および教材の所有状況」（図書，ピアノ・オルガン等の教材）の調査結果が記されている。第二に，へき地の文化状況では，電灯，ラジオ，電話，新聞の普及・遅配，飲料水の利用状況，県教委所在地からの郵便の到着日数，社会教育施設の状況が調査された。社会教育施設としては，「公民館，青年学級，自動車文庫，貸出文庫の巡回の有無」が調査された。

　以上の調査項目を整理すると，①生活に関するもの（電灯，飲料水の利用），②通信に関するもの（ラジオ，電話，新聞の普及・遅配，県教委所在地からの郵便の到着日数），③文化施設に関するもの（社会教育施設の状況）に分けることができる。これらの項目から，子どもの生活実態や地域における経済的貧困や文化の立ち遅れに着目しつつへき地における教育の困難性を明らかにしようとしていたことが看取できる。すなわち，へき地における教育条件整備として重要であった教師の確保という点に加えて，そこで行われているへき地教育の実態に基づいた客観的尺度を示し，それによってへき地に対する教育条件整備を行おうとしていたことを想起させる。

(2) 報告書におけるへき地学校指定基準案

　報告書では，上記の調査報告を踏まえた上で，へき地学校指定基準案の作成を行っている[29]。基準案では，「日常生活に影響を与えると考えられる施設までの距離」を「へき地度を示す尺度」として用いており，「生活上の不便度・不安度」を示す指標として医療機関までの距離が，「日常生活上の不便度」の指標として郵便局・役場・中学校までの距離が，「経済的・文化的な発展」の度合いや「進学の機会均等」の指標として高等学校までの距離が用いられた[30]。これらは，へき地学校に勤務する教職員やその家族の生活を条件づけるものとして，手当基準にあたっても参照されるべきものだが，調査の意図するところは，へき地に居住する子どもの教育条件整備に資する尺度を持ってへき地学校を指定し，教育条件整備を推進することにあった。

　次に，距離の算定方法について確認する。交通上の条件も異なるため，「一律に実距離のみで表示するわけには行かない」として，次のa～fの条件

が考慮されなければならないとした。「a　陸上の交通機関（鉄道・バス）の ない部分の距離に対しては，海上の交通機関（定期船）の無い部分の距離」 「b　陸上で，鉄道・バスのない部分の距離に対しては，鉄道・バスのある 部分の距離」「c　海上で，定期船のない部分の距離に対しては，定期船のあ る部分の距離」「d　陸上の鉄道・バスのある部分の距離のうちでは(1)根雪 のある期間における，その部分の距離(2)悪路の部分の距離」「e　陸上の鉄 道・バスのある部分の距離のうちでは/(1)鉄道・バスの運行回数/(2)鉄道・バ スの運行休止期間」「f　海上の定期船のある部分の距離のうちでは/(1)定期 船の運行回数/(2)定期船の運航休止回数」そして，「これらの条件をもつ部分 の実距離に対しては，その条件に関する考慮，すなわち実距離の補正を行う 必要がある」[31]として，それぞれについて算定方式を示している。

　以上のように，報告書にて提案されたへき地学校指定基準案は，当時の都 道府県の状況を踏まえてつくられ，合計距離のみならず距離の補正を行うこ とで，大蔵省準則よりも広くへき地学校の指定をしようとするものであった。 ただし，距離による算定という点においては大蔵省準則の方式を引き継いで おり，前述の調査でみられたようなへき地における教育の困難性は反映され ていない。そのため，このへき地学校指定基準案による効果は，差し当たっ て手当支給を受ける教員の対象を拡大するということにとどまるものであり， 教員確保以外の条件整備につながるものではなかったと考えられる。

　なお，報告書は，上記のへき地学校指定基準案にのっとり，新潟県・奈良 県・長崎県の三県をモデルに，「合計距離」を計算し，その「合計距離」と 教育状況・文化状況の関係について，「多少の例外を除いては，概して合計 距離が増加するにしたがって，文化状況が悪く」なるとして，「合計距離の 方式」が「ある程度妥当する面を持っている」と結論づけている[32]。この点 を踏まえると，報告書は，へき地における教育の困難性を考慮することに よってへき地における教育条件整備のための客観的尺度を明らかにしようと いう課題を持ちつつも，最終的には従来のへき地手当支給基準と同様の地理 的条件からへき地を指定する基準を妥当とするという二面性があったともい える。

(3) へき地教育振興法施行規則と『報告書』における調査項目の相違点

次に，これまで確認してきた実態調査やへき地学校指定基準案で検討された項目のうち，1959年へき振法施行規則に取り入れられたものを確認することによって，成立したへき地学校指定基準の性格を明らかにする。

まず，へき振法施行規則に取り入れられた点は，第一に，距離を基準としつつ自然条件等を考慮して距離の補正をするという形式である。合計距離の補正によって自然条件が考慮され，へき地学校の指定条件が広がったと考えられる。実際に，この間のへき地指定学校数を見ると，1959年に8040校であったものが，60年には9319校と約1300校増加している[33]。第二に，へき地学校指定の方法として距離に加えて付加点数を設けたことである。施行規則における付加点数の項目として，電気，電話，飲料水，不健康地，はしけ・渡船利用地域の特殊事情，児童・生徒の通学距離，教科用図書・学用品の入手困難，生活保護法による教育扶助児童・生徒数，教員数，教員の住宅条件，分校の場合の本校との距離が定められた。これは報告書で調査されていた内容と類似しており，報告書の案が反映されたとみられる。

一方，へき振法施行規則に反映されなかった項目は，「日用品主食販売店」や，「郵便配達回数」「ラジオ普及率」である。それゆえ，これらの項目を設定していた都道府県においてへき地指定学校数は減少し，この間で，三重県が148校から140校に，山梨県が165校から154校になった[34]。また，地域の文化的状況として調査された新聞の普及・遅配やラジオ，社会教育施設の状況，通学区内における劇場・映画館について反映されなかった。

以上のことから，1959年に成立したへき地学校指定基準は，従来の都道府県ごとで実施していたへき地手当基準に適合させ，なおかつ自然条件等も加味することで，従来よりも広くへき地学校を指定する基準であった。その結果，へき地学校指定を受ける学校が増えることとなったため，へき地における教員確保という意味では評価できる点を有している。一方，へき地における子どもの生活実態や教育実態を克服または補償するという意味での教育条件整備には至らなかったことから，へき地学校指定基準の成立はへき地に関する教員給与法制の整備という側面が強かったと考えられる。

おわりに

　本稿では，へき振法をはじめとするへき地教育振興におけるへき地性を明らかにするため，へき地学校指定基準の制定に至るまでの経過を，報告書をもとに検討してきた。以下，本稿を通して明らかになった1950年代におけるへき地教育振興の制度設計の射程を述べる。

　まず，1950年代のへき地教育振興の理念として，文部省は，自然的諸条件のための交通困難性，経済的貧困および文化的に立ち遅れているへき地における教育を振興するために，教材・教具への支援や教育施設の整備なども含めた総合的な教育条件整備を行うという射程を持っていた。これらは，従来，交通条件を必要条件としていたへき振法の「へき地学校の定義」に，交通条件と同等に考慮すべき点として「自然的，経済的，文化的諸条件」が位置づけられたことや，『教育白書』や『報告書』におけるへき地における教育の実態調査に基づいてへき地の教育条件整備のための客観的尺度を明らかにしようとする記述からも看取できた。すなわち，文部省は，上記の理念を実現するために，従来交通条件に重きが置かれていた「へき地」を指定する条件を，子どもの生活実態や地域の経済的・文化的実態を踏まえた教育の固有の「へき地」を捉えるものへと転換させることを検討していたとみられる。

　これらの射程を持ちながら『報告書』では，子どもの実態や文化性等にも着目した丹念な調査を行っており，総合的な教育条件整備を目指す法制化の動きとしては評価できる一方で，へき地学校指定基準案の作成においては項目と距離との相関関係が認められるという結論に基づき地理的条件を基本とする基準設定を採った。すなわち，上述したへき地への教育条件整備に関する理念の拡張の機運が認められるのに対して，実際に整備された1959年へき振法施行規則は，へき地手当の支給基準であった大蔵省準則と同様の距離による算定を基本とする基準となった。そのため，へき地学校指定基準の成立は，へき地手当の支給対象を多少拡大したものの，当初文部省が企図したような総合的なへき地に対する教育条件整備の一部分のみが達成されたものに

過ぎず，単なるへき地に関する教員給与法制の整備であったとも考えられるだろう。なお，1950年代時点ではへき地手当支給のための基準として作成されたへき地学校指定基準が，その後へき地児童生徒援助費の対象を指定する際にも参照されることとなり，この後もへき地の経済的・文化的状況や子どもの生活実態に照らしてへき地性を評価する基準が作られることはなかった。へき地手当のために作成された支給基準が，へき地手当以外の教育条件整備のための基準として用いられることが果たして妥当であったのかは，更なる論究が必要であろう。

　以上，へき地学校指定基準の設定に至るまでの経過の検討に基づき1950年代におけるへき地教育振興法制の射程を明らかにしてきたが，最後に，この作業を通して考えられる課題について述べる。へき地の経済的・文化的状況や子どもの生活実態に照らしてへき地性を評価する基準が作られなかった原因について，それらの実態から客観的尺度を構成していくうえでの技術的な限界があったと言えるのか，もしくは財政上の制約によるものなのかという点については，今後更なる検討が必要である。特に，子どもの生活実態や文化的状況をいかに客観的尺度として構成していくのかという課題は，社会的包摂の観点に立った教育条件整備の捉え直しという現代的課題においても共通する課題となるだろう。へき地における教育の困難性は，地理的条件だけでなく経済的・文化的条件から複雑な影響を受けつつ形成されており，社会的状況の変化に伴ってその実態も大きく変容するものであるため，それらの実態を丹念に調査し，その調査を踏まえた客観的尺度を構成していく教育条件整備行政のあり方を追究していくことが一層求められている。

（和光大学／松本大学／南山大学）

〈註〉

(1)　久保義三「へき地教育振興法の検討」『へき地の教育』講座　教育社会学第9巻，1956年，東洋館出版，296-310頁。

(2)　小島喜孝「へき地教育振興法」『季刊教育法』110号，1997年6月，59頁。一方で，小島は①へき地教育振興の対象を社会教育まで含む教育全体ではなく義務教育段階の学校に限定したこと，②市町村や都道府県の施策を努力規定にとどめたこと，③町村の財政へのしわ寄せが大きい点を指摘している。

(3)　へき振法制定に至る経緯を整理した先行研究として，関根郁恵・新田和幸「『へき地教育振興法』の制定過程に関する一考察」（『へき地教育研究』46号，1992年，103-108頁），生井武久「へき地教育の諸問題（その１）『へき地教育振興法』の成立過程」（『立正大学文学部論叢』33号，1969年，64-88頁）がある。また，全国へき地教育研究連盟『へき地教育30年―その歩み，成果と展望―』（1982年６月）では，全国へき地教育研究連盟の結成やその後のへき振法制定運動の経過が整理されている。

(4)　全国へき地教育研究連盟編『へき地教育の振興』講座　へき地の教育１，東洋館出版，1965年，24頁。

(5)　なお，1950年代時点ではへき地手当支給のための基準として作成されたへき地学校指定基準は，その後へき地児童生徒援助費の対象を指定する際にも参照されるようになる。例えば，1978年の文部大臣裁定「へき地児童生徒援助費等補助金交付要綱」の別表によれば，へき地児童生徒援助費の国庫補助についても，施行規則に定める基準を参照して指定されたへき地学校が対象になっている。これらの詳しい経緯については本稿の課題を超えるものであることから別稿とする。

(6)　へき地教育振興法施行規則に関する先行研究としては，上記「へき地指定規準の設定」の他，齋藤泰雄「へき地教育振興のための政策と取り組み―日本の経験―」（広島大学教育開発国際協力研究センター『国際教育協力論集』第７巻第２号，2004年），玉井康之「「へき地教育振興法施行規則」に見るへき地校のとらえ方の変化とへき地の課題」（北海道教育大学へき地教育研究センター『へき地教育研究』(62)，2007年）が挙げられるが，いずれもへき振法施行規則の制定によってへき地学校の指定基準が設定されたという指摘をするにとどまっている。

(7)　報告書作成の主な担当者は，伊藤良二（調査課長），上田享，笹岡太一，木村茂，村上米子，多田鉄雄である。

(8)　文部省『教育白書』1953年版〈https://warp.ndl.go.jp/info:ndljp/pid/11293659/www.mext.go.jp/b_menu/hakusho/html/hpad195301/index.html〉（最終閲覧2020年６月６日）。

(9)　中嶋哲彦「子育て・教育条件整備の課題と教育行政学」『日本教育行政学会年報』No.36，2010年，232-234頁。

(10)　文部省，前掲『教育白書』1953年版。

(11)　文部省初等中等教育局財務課「へき地教育振興法の一部を改正する法律について」『教育委員会月報』第10巻４号，1958年７月，24-27頁。

⑿　生井，前掲，82-83頁。ここでは，①へき地指定基準の合理化，②へき地手当の増額，③養護教諭の設置について，④へき地における学校給食の普及について，⑤へき地教員の研修についての５点が要望された。

⒀　生井，前掲，82頁。

⒁　文部省初等中等教育局財務課，前掲，25頁。

⒂　義務教育費国庫負担法第二条ただし書及び第三条ただし書の規定に基づき教職員の給与及び報酬等に要する経費の国庫負担額の最高限度を定める政令（昭和28年政令第106号）。

⒃　全国へき地教育研究連盟編『へき地教育の振興』講座　へき地の教育１，東洋館出版，1965年，70頁。

⒄　文部省調査局調査課『へき地教育の実態　昭和30年度へき地教育の調査報告書』1956年３月，５頁。

⒅　全国へき地教育研究連盟編，前掲，71頁。

⒆　同上。

⒇　文部省初等中等教育局財務課，前掲，26頁。

㉑　文部省初等中等教育局財務課「へき地教育振興法施行規則の制定について」『教育委員会月報』第11巻第６号，1959年９月，35頁。

㉒　同上，40-41頁。

㉓　文部省調査局調査課『へき地教育の実態　昭和30年度へき地教育の調査報告書』昭和31（1956）年３月，５頁。

㉔　文部省，前掲『教育白書』1953年版。

㉕　なお，愛知・鳥取は調査以降制度が実施されたと付記されている。

㉖　文部省調査局調査課，前掲，12頁。

㉗　同上書，13頁。

㉘　同上書，49頁。

㉙　同上書，99-129頁。

㉚　同上書，100頁。

㉛　同上書，101頁。

㉜　同上書，129頁。

㉝　昭和35年度学校基本調査「第６表　小学校　へき地指定学校および冬季分校数（公立）」及び「第25表　中学校　へき地指定学校および冬季分校数（公立）」。

㉞　同上。

【付記】本研究はJSPS科研費19K14072の助成を受けたものである。

アメリカ連邦政府・FIPSEの教育財政上の分析枠組みの設定とその初等中等教育における適否の検討

―連邦補助金事業FIRSTを事例として―

吉田　武大

はじめに

　本稿の目的は，アメリカ連邦政府（以下，連邦政府と略）の一組織である中等後教育改善基金（Fund for the Improvement of Postsecondary Education，以下，FIPSEと略）の運営する連邦補助金（以下，補助金と略）事業を教育財政の視点から分析するための枠組みを設定し，その初等中等教育の補助金事業における適否を明らかにすることである。

　連邦政府の一組織であるFIPSEは1972年の創設以降，高等教育の改善や開発を主たる目的とした大学等による事業に対して補助金を支給してきた。予算規模としては高等教育関連予算の多くを占める奨学事業と比べて極めて少額であるにもかかわらず，創設期にはこの補助金獲得をめざして約2000件の申請が大学等からなされ，その後も平均して1500〜2000件の申請がなされていた（Smith et al. 2002）。ここからは，FIPSEによる補助金の支給がアメリカ高等教育に一定のインパクトを及ぼしていたことがうかがえる。

　こうしたFIPSEによる補助金支給のあり方をめぐっては，これまで多くの先行研究が蓄積されてきた。具体的には，FIPSEがどのような経緯のもとで創設され，展開したのかを明らかにしたBunting（1973），Smith et al.（2002）の制度史的な研究や，FIPSEによる補助金支給がどの程度効果的であったのかを検証したD. PelavinとS. Pelavin（1980）の研究がなされてきた。

　以上の研究が蓄積されてきた一方で，FIPSEの運営する補助金事業を教育財政の視点から分析するための枠組みに関する研究自体は，管見の限り，国内外でなされていない。ただ，枠組みの要素の一部を取り上げた唯一の研究として，吉田（2013）のものが挙げられる。吉田は，高等教育における連邦政府の教育機関への財政援助と学生への財政援助という従来の先行研究の図式に対して新たに教育の改善・開発への財政援助との図式を提起し，そうした財政援助を行う連邦政府の一組織としてFIPSEを位置づけた上で，FIPSEによる財政援助を大学等の改善・開発する教育プログラムへの補助金支給，つまりFIPSE型援助として捉えている。

　ただ，ここでは次の問題点を指摘することができる。つまり，FIPSE型援助との文言からも明らかなように，教育財政の配分に関する側面のみを捉えていることである。一般に，教育財政とは「国または地方公共団体が教育目的を達成するために必要な財源を確保し，公教育費を支出配分し，および管理する，連続的かつ秩序的な活動の総体」（市川1990）と定義されている。この定義を踏まえると，教育財政は，第1に財源を確保し，第2に確保した財源から補助金を配分し，そして第3に配分した補助金をモニタリングするという3つの要素から構成されている。これらの要素のうち，FIPSE型援助は補助金の配分という第2の要素に着目したものといえる。しかし，FIPSEは教育の改善・開発を行う大学等に補助金を配分して連邦政府としての役割を完了させているわけではない。配分の後，教育の改善・開発を通じて成果の上がった事業については，その成果を他の大学等に普及する役割等も担っているのである。この役割を上記の要素に当てはめるならば，第3の要素であるモニタリングに位置づけることができる。こうしたFIPSEの役割を考慮して，本稿では，FIPSEの教育財政上の特質をめぐって，補助金の配分という要素に，成果の普及等，つまりモニタリングの要素も加えた活動の総体を連続的に捉える分析枠組を仮説的に設定し，本論において詳細な検討を行うこととする。

　本稿でモニタリングという語句を用いる理由は次の通りである。補助金の管理という語句の場合，補助金の受給者が補助金を補助金事業の用途のため

に使用しているかどうかを補助金支給者が管理する，または，補助金事業で不正，怠慢，その他不適当な行為をしていないかどうか等を補助金支給者が管理するといった意味合いで捉えられることがある[1]。このような語句を用いることによって，以下で取り上げる成果の普及やアカウンタビリティ[2]，とりわけ成果の普及という側面を含めて捉えることが難しいことを考慮し，上記の補助金の一般的な管理，アカウンタビリティ，そして成果の普及の3つをモニタリングと総称する。

　なお，この分析枠組みと関わって，初等中等教育では，連邦政府による補助金事業の多くが教育の改善や開発を主な目的としている。また，連邦政府が補助金を配分するに当たっては，初等中等教育と高等教育とを問わず，連邦政府が公表した補助金の一覧から応募者が内容を確認の上，応募条件に沿って事業計画を策定し，連邦政府に提出して補助金を申請する流れになっている。これらの点を考慮するならば，高等教育のみならず，初等中等教育においても，FIPSEを教育財政の視点から分析するための枠組みによって抽出される要素がみられることが考えられる。

　それにもかかわらず，連邦政府における教育財政の先行研究をめぐっては，初等中等教育と高等教育とでは本論で詳述するように異なる問題関心のもとで研究がなされてきた。

　以上の問題状況を踏まえると，本稿で設定するFIPSEを教育財政の視点から分析するための枠組みを用いて，連邦政府の高等教育財政及び初等中等教育財政を同じ問題関心のもとで分析することが可能になるため，研究上の意義があると考える。

　そこで本稿では，冒頭で設定した研究目的を明らかにするために以下の3つの課題を設定する。第1に，FIPSEにおける補助金の配分とモニタリングに関する要素の特質を先行研究及び関連規定に基づいて整理し，これらを踏まえてFIPSEを教育財政の視点から分析するための枠組みを設定する。第2に，設定した枠組みの観点から，連邦政府の初等中等教育財政をめぐってどのような先行研究が蓄積されてきたのかを検討し，本稿で設定する枠組みとの相違を明らかにする。そして第3に，FIPSEを教育財政の視点から分析す

るための枠組みによって抽出される要素が初等中等教育の補助金事業でもみられるのかについて，学校及び教育方法改善・改革基金（Fund for Improvement and Reform of Schools and Teaching，以下，FIRSTと略）を事例として分析する。FIRSTは，その根拠規定においてFIPSEと関連づけられた補助金事業として1988年に先駆的に設けられた経緯を有する。このような特色を有するFIRSTを分析対象とすることで，FIPSEを教育財政の視点から分析するための枠組みによって抽出される要素が初等中等教育でもみられるのかどうかを検証することが可能になると考える。

　分析に当たっては，アメリカ連邦法令を集録した各種資料や連邦政府の教育財政関連の先行研究を用いて検討を進めていくこととする。

1．FIPSEの教育財政上の分析枠組みの設定

1-1．FIPSEにおける補助金の配分の特質

　FIPSEの補助金配分をめぐっては，吉田（2011）が連邦法令とアメリカの先行研究に基づいて国内外で唯一，その特質に言及している。そこで以下では，吉田の研究を踏まえて検討していくこととする。まず，FIPSEによる補助金配分の理念については，高等教育の刷新と改革を支援するために補助金配分が行われていたことが指摘されている。次に，FIPSEによる補助金配分の法制的特質について，以下の2点が明らかにされている。第1に補助金の使途をめぐって，補助金の受給者に対して限定的裁量性を付与していたことである。具体的には，中等後教育の教育機会を改善することを前提としつつ，連邦政府の示した一定の方向性に即し，かつ申請側の創意工夫を生かした事業に対して補助金を支給する点で，補助金の受給者に対して限定的ながらも裁量性を付与していたことが述べられている。第2に補助金の配分方法が競争的であったことである。この点について，FIPSEは一定の評価基準を満たし，かつ，上位から所定の順位までの評価を得た事業に補助金を支給していることから，配分方法が競争的な性質を有していることが明らかにされている。では，こういった配分方法によって補助金はどのような主体あるいは組

織に配分されていくのか。この点については，1972年教育改正法（Education Amendments of 1972）の検討を通じて，「中等後教育機関，それらの連合体，そして公立私立の教育機関や行政機関」であると指摘されている。

　以上のように，FIPSEの補助金配分については，刷新と改革を促進する最良の事業に補助金配分を行うという理念のもと，高等教育機関を中心とした教育機関と行政機関に対して，限定的な裁量性を付与した上で競争的な補助金を支給していることが特質として整理できる。

1-2. FIPSEにおけるモニタリングの特質

　モニタリングという要素は，補助金の一般的な管理，アカウンタビリティ，そして成果の普及の各要素に細分化される。以下では，これらの諸要素について検討を行うこととする。なお，補助金の一般的な管理とアカウンタビリティについて，関連する先行研究はみられず，連邦法令が唯一の資料であるため，この資料に基づいて分析を行う。また，成果の普及については，連邦法令では規定されておらず，吉田（2008）が現地での聞き取り調査やFIPSEに関するアメリカの先行研究に基づいて国内外で唯一，その特質に言及しているため，この先行研究を踏まえて検討する。

　まず，補助金の一般的な管理である。この要素については，FIPSEのみならず，他の高等教育の補助金事業でも実態として定期的に行われている活動であり，連邦規則ではFIPSEにも他の高等教育の補助金事業にも共通する関連規定が設けられている[3]。これらの点を踏まえると，補助金の一般的な管理がモニタリングの際立った要素とは言いがたい。

　次に，アカウンタビリティについては，補助金受給者が補助金の執行状況と事業の結果を連邦教育省に報告することが連邦規則に規定されており，FIPSEと他の高等教育の補助金事業に共通して適用されている[4]。このことを考慮するならば，補助金の一般的な管理と同様に，アカウンタビリティがモニタリングの主な要素であるとまでは言いがたいことが指摘できる。

　そして成果の普及である。この要素については，前述のようにFIPSEにおいても他の高等教育の補助金事業でも連邦規則が定められているわけではな

い。そのため，実際に成果の普及が行われているかどうかについては，吉田（2008）の分析結果に依拠しながら検討を進めていくこととする。吉田は，成果の普及に関するFIPSEの行動原理として，「プロジェクトで得られた課題や教訓を教育機関等の間で共有すること。」を挙げている。そして，この行動原理を具現化した取り組みとして，第1に補助金を得て行われた事業の成果や課題をFIPSEが報告書にまとめて公表する，第2に事業の成果を他の高等教育機関等に転移する可能性について記述する項目が補助金申請書に設定されている，第3にFIPSEが少額の補助金をより多くの事業に配分している，第4に採択された補助金事業のディレクターが参加する会合において，FIPSEがディレクター同士によるネットワークの構築を奨励している，という4点を指摘している。その上で，これらの取り組みを通じて，FIPSEが他の高等教育機関等への成果の普及を促進していることを明らかにしている。前述のように，FIPSEによる補助金配分は競争的な特質を持つものであった。換言すれば，申請された事業のうち，評価基準をクリアし，上位から所定の順位までの評価を得た事業のみに補助金が支給されていた。したがって，採択された事業は，高い成果を上げることがFIPSEから期待されている，いわば先進的なモデルとなる可能性を秘めているといえる。そのため，FIPSE自らが成果を直接普及することに加えて，補助金を得て実施された事業には，他の高等教育機関等へ成果を普及することが奨励されているのである。このようにFIPSEにおいて，成果の普及は注目すべき対象として詳細な分析がなされていた。これに対して他の高等教育の補助金事業では，そもそも成果の普及を分析の対象として取り上げた先行研究自体がみられない。

　以上の点を考慮すると，FIPSEのモニタリングをめぐっては，成果の普及こそが他の高等教育の補助金事業ではみられない主な要素として指摘できる。

1-3. FIPSEの教育財政上の分析枠組み

　これまで，先行研究及び連邦法令をもとにFIPSEにおける補助金の配分とモニタリングの特質を整理してきた。これらを踏まえ，FIPSEを教育財政の視点から分析するための枠組みは次のように設定することができる。

まず，補助金の配分において，FIPSEは，教育の刷新や改革をねらいとして，限定的裁量性及び競争性という特質を有する補助金を教育機関や行政機関の実施する事業に対して支給している。このように教育の刷新と改革を進める上で優れた可能性を秘めた事業に補助金を支給するため，配分という要素については，学生数に応じて教育機関の運営のために交付される基本的な予算といった性質のものではなく，教育の刷新と改革をねらいとして交付される，いわば加算的な予算として捉えることができる。次に，配分後のモニタリングについては，補助金受給者が補助金を適正に執行しているかどうかをFIPSEが管理する要素と，補助金受給者に対して事業の経過や結果を連邦教育省へ報告するよう求める特質を有するアカウンタビリティという要素がみられる。そしてそれに続いて，補助金を得て行われた事業による成果をFIPSEが他の高等教育機関等に対して直接的及び間接的に普及する特質を有する成果の普及という要素がみられる。こうした分析枠組みは以下の図のように示される。

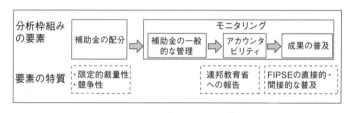

図　FIPSEの教育財政上の分析枠組み

2．FIPSEの教育財政上の分析枠組みの観点からみた連邦政府の初等中等教育財政に関連する先行研究の検討

まず，補助金の配分とモニタリングの関連性を検討した先行研究として，竺沙（2016）の研究が挙げられる。竺沙は学校財政制度における公正の観点から，補助金制度，具体的には1965年に制定された初等中等教育法（Elementary and Secondary Education Act）第Ⅰ編の変遷についての検討

を行っている。本稿と関わっては，1981年に改編された同法によって，補助金の運用をめぐる州や地方学区の裁量が拡大したことを述べるとともに，1988年以降，とりわけ2001年に改定された初等中等教育法ではアカウンタビリティを視野に入れた補助金配分がなされたことを指摘している。これら補助金制度の変遷に関する分析を通じて，補助金配分の際により大きな裁量性が州や地方学区に付与されたこと，補助金配分後のモニタリング，具体的にはアカウンタビリティが求められるようになったことを明らかにしている。

　ただ，竺沙の研究では，補助金の配分とモニタリングが連続する要素として明確に位置づけられているわけではない。また，補助金の配分においては競争性が，モニタリングでは成果の普及が，それぞれ検討されてはいない。したがって，競争的な補助金配分やそれに基づいた成果の普及といった連続的な要素を有する，FIPSEを教育財政の視点から分析するための枠組みとは異なる枠組みのもとでなされた研究であることが指摘できる。

　上記の研究以外では，補助金配分の側面とモニタリングの側面ごとに先行研究が蓄積されてきた。

　そこで次に，補助金の配分に関する先行研究を検討する。この先行研究は3つのタイプの研究に分類できる。第1に，補助金配分をめぐる政府間関係のあり方に関する研究である。ここでは，1994年に定められた2000年の目標：アメリカを教育する法（Goals 2000: Educate America Act）を取り上げ，補助金の使途をめぐる州の裁量性のあり方を論じた本多（1996）の研究，1965年の初等中等教育法の成立過程を対象として，補助金が州等の地方政府の自主性にどこまで配慮しているかを論点の一つとして取り上げ，補助金における裁量性のあり方を指摘した藤本（1985）の研究，そして同じく1965年の初等中等教育法の成立過程を対象として，連邦政府の主導性と地方自治の原則との間でどのようなバランスが取られたのかを明らかにした長嶺（2007）の研究が挙げられる。第2に，補助金の種類と特性に関する研究である。この点についてBarro（1983）は，補助金の受給者，支給期間，使途の有無，支給額などといった観点から補助金を分類している。また，Levin（1982）は補助金の種類を列挙した上で，教育における公正の観点からこれら補助金

の配分方式の妥当性について検討を行っている。そしてBassett（2015）は，補助金の配分方式を検討し，それに加えて配分方式と児童生徒の成績との関係を分析している。これらの他，近年の補助金政策，具体的には，「頂点への競争」（Race to the Top）事業を対象として，補助金が競争性を帯びていることを指摘した篠原（2010）と高橋（2016）の研究がみられる。第3に，補助金がどのような学区と学校に配分され，いかなる事業に活用されたのかに関する研究である。この点について，Chambers et al.（2000）は180学区720校を対象とした調査結果から，補助金がどの学区と学校に配分され，いかなる事業に使われたのか等の検討を行っている。以上のように補助金の配分では，配分の際の政府間関係のあり方，とりわけ補助金の使途をめぐる裁量性のあり方について論じたもの，補助金の種類や配分方式などの特性を検討したもの，そして補助金の支給対象と活用のあり方を分析したものが挙げられるが，FIPSEにおける補助金配分の特質と同じ観点から研究を行ったものはみられない。

そして，モニタリングに関する先行研究である。ここでは，成果の普及やアカウンタビリティを連邦政府レベルの教育財政制度の一環として位置づけた研究は管見の限りみられず，学力スタンダードに関する連邦政府の教育政策の一環としてアカウンタビリティが構築されたことを指摘した赤星(2005)や酒井（2006）の研究がみられる程度である。

これらのことから，FIPSEを教育財政の視点から分析するための枠組みは，初等中等教育の先行研究にはみられないものであることが指摘できる。

3．FIPSEの教育財政上の分析枠組みの初等中等教育における適否

本節で取り上げるFIRSTはアウグストゥス・ホーキンス及びロバート・スタッフォード1988年初等中等教育学校改善法（Augustus F. Hawkins - Robert T. Stafford Elementary and Secondary School Improvement Amendments of 1988, 以下，1988年法と略）の制定に伴って制度化された

補助金事業であり，連邦教育省教育研究・改善局（Office of Educational Research and Improvement）によって運営されていた。1988年法の第3231条（b）(2)ではFIRSTを統括するディレクターの役割が規定されており，FIPSEとの関連性も明記されている。つまり，FIRSTの業務とFIPSEの業務を調整することがFIRSTのディレクターの役割の一つとして挙げられている[5]。このことを具体的に規定したのが同法第3233条である。同条においては，「FIRSTとFIPSEとの調整を促進するために，FIRSTのディレクターは定期的にFIPSEのディレクターと協議を行う。」[6]とされており，FIRSTのディレクターに対してFIPSEのディレクターと業務の調整を行うことを求めている。また，この条文では，FIRSTのディレクターのみならず，FIRSTの諮問機関である理事会にもFIPSEとの調整を求めている。具体的には，「FIRSTの理事会は，政策上の優先順位と補助金を支給すべき事業について協議するために，少なくとも年に１回はFIPSEの理事会と会合を持つ。」[7]と規定されている。このように業務上，FIRSTにはFIPSEと調整することが求められているのである。そこでFIPSEを教育財政の視点から分析するための枠組みによって抽出される要素がFIRSTでもみられるのかどうかについて，以下，1988年法の規定をもとに検討していく。なお，FIRSTは「学校と教師への補助金（Grants for Schools and Teachers)」と「家庭・学校の連携（Family - School Partnership)」という２つの補助金事業に細分化されるが，管理運営上は同じ規定が適用される。

　まず，補助金配分のうち，限定的裁量性についてである。1988年法第3211条（a）では，「学校と教師への補助金」事業の目的が規定されている。つまり，「連邦教育省長官には，州・地方教育委員会，高等教育機関，非営利組織，個々の公立私立学校，個々の学校の連合体等に対して，以下のような事業によって初等中等教育の児童生徒や教師の教育機会とパフォーマンスを改善することを目的として，補助金を支給し，または契約を締結する権限が授権されている。」[8]と記載されている。ここでいう「以下のような事業」として示されている事項は次の11点である。

⑴ 教育上不利な立場にある，または，危機にある子どもがより高い教育上のスタンダードに適応することを支援すること。

⑵ 改善されたパフォーマンスに対する動機づけを提供すること。

⑶ 学校のリーダーシップと教育方法を強化すること。

⑷ 教師，管理者，その他の教育職員，家庭そして地域社会間のより緊密なつながりを促進すること。

⑸ 教師の力量向上に関する機会を提供するとともに，教師の専門性を改善するための他の手段を提供すること。

⑹ 優先順位を再検討し，子どもによりよく奉仕するために，既存の（人的・財的）資源を再配分する事業を奨励すること。

⑺ 教育上の達成度を改善するために高等教育機関とのより緊密な連携を構築することを学校に認めること。

⑻ マイノリティの教師の量と質を向上させること。

⑼ 新任の教師と管理者に対する支援を提供すること。

⑽ 深刻な教師不足に直面している学校，学区あるいは州に対して特に教師の認定手続きを改善すること。

⑾ 教室での配慮と秩序維持に児童生徒を巻き込みながら，また，市民活動における個々の責任と関与を促進しながら，学校の環境に対する責任感を児童生徒に育むことによって学校への誇りを持つよう奨励すること。

このように，どの事業に補助金を配分するのかをめぐっては，おおまかな枠づけがなされてはいるものの，特定的かつ具体的な使途が定められているわけではない。したがって，FIRSTがおおまかに枠づけた範囲内で補助金申請者は創意工夫を生かした事業を実施できるという点で，FIRSTは補助金申請者に対して限定的ながらも裁量を与えていることが指摘できる。

次に補助金配分のうち，競争性について検討していく。1988年法第3231条（b）⑶ではFIRSTのディレクターの役割が7項目定められており，その中で，「補助金の獲得競争を計画する。」及び「補助金の獲得競争を管理する。」[9]と示されていることから，補助金配分が競争性を帯びていることがうかがえ

る。また，補助金申請書の審査について，第3231条（e）で「申請書の審査の際，ディレクターは，提案されたプロジェクトの必要性，その運営計画，教育的価値，予算と経費の効果性，評価に関する計画，提案内容のインパクト，期待される結果，他の環境への潜在的移転可能性，そしてFIRSTの目標と優先順位と関わって適切と思われるその他の要因を考慮する。」[10]と規定されている。ここからは，この条文で示された条件を満たしていなければ採択されない場合があること，つまり，全ての申請書が無条件に採択されるわけではないことが指摘できる。実際，FIRSTが制度化された初年度の1989年には，例えば「家庭・学校の連携」事業に414件の申請があり，その中で14件が採択され，翌1990年には436件の申請があり，その中で31件が採択されている（Levine1991）ことから，極めて競争性の高い補助金事業であったことは明らかである。

　そしてモニタリングについて分析を行うこととする。

　まず，補助金の一般的な管理である。この要素については，連邦規則第74.60条等で補助金の適正な管理に係る事項が定められており，FIRSTと他の補助金事業に共通して適用されている[11]。

　次にアカウンタビリティである。この点，補助金受給者が補助金を得て行った事業の実施状況を連邦教育省に報告することを定めた連邦規則がFIPSEのみならずFIRSTにも共通して適用されていた[12]。また，1988年法第3232条（b）において，「連邦教育省長官は1990年１月より遅くならないうちに，連邦議会に対して最終報告書を提出する。この報告書には，本規定によって支援を受けた事業を記載し，教育の改善という観点から当該事業の成功を記述し，そして連邦教育省長官が適切と思うような推薦を行う。」[13]と規定されていた。これらのことから，FIRSTでもアカウンタビリティがモニタリングに組み込まれていることが指摘できる。

　そして，主たる要素である成果の普及をめぐっては，1988年法第3231条（b）（3）において，FIRSTのディレクターの役割の１つに「成功的な事業の結果を普及する。」[14]ことが明記されていることから，成果の直接的な普及が義務づけられていることが指摘できる。また，同法第3232条では「普及と

報告」という題目の条文が記載されており，このうち「(a) 模範的な事業」においては，FIRSTのもとで補助金支給を受けて行われた模範的な事業が高等教育機関や州・地方教育委員会にとって利用可能となることを保障するために適切な措置を取ることを連邦教育省長官に求めている。具体的には，模範的な事業が「全米普及ネットワーク（National Diffusion Network）」という補助金事業を通じて間接的に普及していくことを連邦教育省長官とFIRSTのディレクターが保証するものと規定されている[15]。このように連邦教育省長官とFIRSTディレクターには，FIRSTによって補助金支給を受けた事業のなかでも成果を上げた模範的な事業を高等教育機関や州・地方教育委員会に普及させていくことが求められているのである。もっとも，FIPSEの場合は，補助金を支給された事業の担当者等を対象とした会合を開催すること等を通じて成果の普及を促進してもいた。このことを考慮するならば，FIRSTとFIPSEで具体的な手法が異なる場合もみられるものの，成果の普及を直接的及び間接的に促進している点では共通しているといえよう。

　以上の検討結果から，FIPSEを教育財政の視点から分析するための枠組みによって抽出される要素は高等教育のみならず，初等中等教育にもみられるものであることが指摘できる。

おわりに

　これまでに検討を行ってきた結果は以下の2点に整理できる。

　まず，FIPSEを教育財政の視点から分析するための枠組みの設定である。この枠組みは連邦政府の初等中等教育財政に関する先行研究ではみられないものであり，補助金の配分と，モニタリングつまり補助金の一般的な管理，アカウンタビリティ，そして成果の普及という連続した要素から構成されるものとして設定された。補助金の配分においては，限定的裁量性及び競争性を有する補助金を教育機関や行政機関に支給する活動が展開され，モニタリングでは一般的な管理，アカウンタビリティに加え，主な要素である他の教育機関等への成果の普及が行われていた。これらを連続した要素として捉え

ることによって，補助金の配分から成果の普及に至るまでの補助金をめぐる一連の要素を抽出することが可能になったと指摘できる。

次に，FIPSEを教育財政の視点から分析するための枠組みによって抽出される要素が初等中等教育の補助金事業でもみられるかどうかである。この枠組みはそもそも高等教育でみられるものであった。それに加えて，この枠組みによって抽出される要素は，1988年法によってFIPSEと業務上の調整を行うことが求められたFIRSTの規定に示されていたように，初等中等教育でもみられるものであった。したがって，この枠組みによって抽出される要素は高等教育のみならず，初等中等教育でもみられるという，いわば学校教育全体に存在するものであることが明らかとなった。

さて，1980年代以降の連邦政府の補助金制度は，全ての子どもの高い教育成果の達成を実現する教育への支援をねらいとして展開してきたことが指摘されている（竺沙2016）。その中で，アカウンタビリティのような学業成績の向上を求める仕組み等が制度化されていった。こうした展開過程に対して，本稿を出発点として，補助金の配分とモニタリングという教育財政における活動の連続性と，初等中等教育から高等教育に至る学校教育の全体性の観点から，全ての子どもに対して質の高い教育成果の達成を保障していく上で果たすべき連邦政府の新たな役割を分析しうる可能性があると考えられる。

最後に，本稿に残された課題は次の通りである。

第1に，FIRSTの制定及び展開過程を分析することである。本稿では，補助金の配分とモニタリングの観点からFIRSTの規定を検討したにとどまり，FIRSTがどのような経緯のもとで初等中等教育において制度化され，その後，いかなる展開過程をたどったのかを分析するには至らなかった。この点を分析することで，FIPSEがいかなる影響をFIRSTに及ぼしたのかが明らかとなる。

第2に，FIPSEを教育財政の視点から分析するための枠組みによって抽出される要素がFIRST以外の初等中等教育の補助金事業でもみられるのかを検討することである。本稿では，FIRSTという限られた事例を分析するにとどまった。そこで初等中等教育における他の補助金事業の特質を検討する

ことで，連邦政府の初等中等教育財政でのFIRSTの位置づけを提示することが可能となる。

　第3に，高等教育におけるFIPSE以外の補助金事業の教育財政上の特質を検討することである。この点を分析することにより，連邦政府の高等教育財政におけるFIPSEの位置づけを明らかにしうると考える。

（関西国際大学）

〈註〉
⑴　例えば，文部科学省のホームページ「学校教育設備整備費等補助金（教育用コンピュータ）交付要綱の一部改正について」を参照。(http://warp.ndl.go.jp/info:ndljp/pid/11152990/www.mext.go.jp/b_menu/hakusho/nc/t19930527001/t19930527001.html ※アクセス日：2020年3月1日)
⑵　周知のように，アカウンタビリティの概念は論者によって異なるなど多義的であり，一定の定義が存在するわけではない。そこで本研究では，「教育に投じられた経費が所期の目的どおりに使われていることを「説明できる」」（新井1996）ことと広義に捉えることとする。
⑶　The Office of the Federal Register National Archives and Records Administration (1989a) *Code of Federal Regulations*, 34 Parts 1 to 299, U.S. Government Printing Office, pp.125-126.
⑷　*Ibid*, pp.126-130.
⑸　United States Congress (1988) *United States Statutes at Large containing the laws and concurrent resolutions enacted during the second session of the one-hundredth congress of the United States of America*, Volume 102 Part 1, p.342.
⑹　*Ibid*, p.343.
⑺　*Ibid*.
⑻　*Ibid*, p.338.
⑼　*Ibid*, p.342.
⑽　*Ibid*.
⑾　The Office of the Federal Register National Archives and Records Administration (1989a) *op. cit.*, pp.125-126., The Office of the Federal Register National Archives and Records Administration (1989b) *Code of Federal Regulations*, 34 Parts 400 to end, U.S. Government Printing Office, p.311, 769, 773.

⑿　*Ibid*（1989a），pp.126-130., *Ibid*（1989b），p.311, 769, 773.

⒀　United States Congress, *op. cit.,* p.343.

⒁　*Ibid*, p.342.

⒂　*Ibid*, p.343.

〈引用文献〉

赤星晋作（2005）「NCLB法における学力テストとアカウンタビリティ」『アメリカ教育学会紀要』第16号, 66-74頁。

新井郁男（1996）「アカウンタビリティ」東洋, 梅本堯夫, 芝祐順, 梶田叡一『現代教育評価事典』金子書房, 5-6頁。

市川昭午（1990）「教育財政」細谷俊夫, 奥田真丈, 河野重男, 今野喜清『新教育学大事典』第2巻, 第一法規, 252頁。

酒井研作（2006）「米国におけるアカウンタビリティ・システム構築の動向―「落ちこぼれを作らないための初等中等教育法」を中心に―」『広島大学教育学研究科紀要 第三部』第55号, 77-82頁。

篠原岳司（2010）「オバマ政権の教育改革」『教育政策学会年報』第17号, 189-195頁。

髙橋哲（2016）「アメリカの教育財政制度改革―2000年代以降の連邦補助金政策の展開―」『教育制度学研究』第23号, 111-115頁。

竺沙知章（2016）『アメリカ学校財政制度の公正化』東信堂。

長嶺宏作（2007）「アメリカの連邦制度構造下におけるESEAによる補助金の意義―1965年の初等中等教育法の成立過程の考察を中心として―」『教育学雑誌』第42号, 29-41頁。

藤本典裕（1985）「初等中等教育法成立過程の研究―アメリカ連邦政府教育補助金の教育的意義―」『東京大学教育学部紀要』第25号, 273-282頁。

本多正人（1996）「アメリカの教育財政政策と法制度」小川正人編著『教育財政の政策と法制度―教育財政入門―』エイデル研究所, 207-234頁。

吉田武大（2008）「アメリカ連邦政府による高等教育政策の普及に関する方策―FIPSEを一事例として―」『教育制度学研究』第15号, 146-160頁。

吉田武大（2011）「アメリカ連邦政府における創設期中等後教育改善基金の法制的特質―1972年教育改正法と連邦規則集を手がかりとして―」『関西国際大学紀要』第12号, 75-87頁。

吉田武大（2013）「1970年代アメリカ連邦政府における高等教育財政援助政策の変容―機関援助とFIPSE型援助に焦点を当てて―」『日本教育行政学会年報』第39号, 150-166頁。

Charles Bunting（1973）*The Process of Program Initiation at the Federal Level: Papers on the National Foundation for Postsecondary Education*, Harvard University.

Daniel Levine（1991）The FIRST Grants: Federal Leadership to Advance School and Family Partnerships, in *Phi Delta Kappan*, volume72 number5, pp.383-388.

Diane Pelavin and Sol Pelavin（1980）*The Fund for the Improvement of Postsecondary Education: A Second Look*, Pelavin Associates, Inc.

Henry Levin（1982）Federal Grants and Educational Equity, in *Harvard Educational Review*, volume52 number4, pp.444-459.

Jay Chambers, Joanne Lieberman, Tom Parrish, Daniel Kaleba, James Van Campen, Stephanie Stullich（2000）*Study of education resources and federal funding: final report*, U.S. Department of Education.

Stephanie Diane Bassett（2015）*Examining the Use of Federal School Improvement Grant Funds and Academic Outcomes in Schools Denied Accreditation and Priority Schools within the Commonwealth of Virginia*, Dissertation submitted to the faculty of the Virginia Polytechnic Institute and State University.

Stephen Barro（1983）*Federalism, Equity, and the Distribution of Federal Education Grants*, Stanford University.

Virginia Smith, John Immerwahr, Charles Bunting, Lynn DeMeester, Russell Garth, Richard Hendrix, David Justice, Ray Lewis, Grady McGonagill, Carol Stoel（2002）*Fund for the Improvement of Postsecondary Education: The Early Years*, The National Center for Public Policy and Higher Education.

【付記】本研究は，JSPS科研費による研究成果の一部である。

Ⅲ　大会報告

地方分権改革20年と自治体発の教育条件整備行政

髙橋　哲（埼玉大学）

【趣旨】

　1999年の地方分権推進一括法の制定から20年が経過した。近年では「地方創生」が政策課題として掲げられ，地方自治体の役割は，益々注目されるようになっている。1947年成立の教育基本法は，第10条2項において，教育行政の使命としての「教育条件整備」を掲げていた。そこでは，子どもの教育を受ける権利を保障するための教育条件整備が，教育行政固有の責任として示されていたのである。他方，同法は2006年の法改正によってその内容を変え，新16条1項において，教育行政は「国と地方公共団体との適切な役割分担及び相互の協力の下，公正かつ適正に行われなければならない」と定められることになった。この国と地方の「適切な役割分担」は，教育の条件整備という観点からみた場合，いかに実施されているのか？　また，教育において地方分権改革とは如何なる意味をもったのか？　これらの問題を検討することが本シンポジウム開催の趣旨である。

　具体的には，教育条件整備という観点からみて，国の施策が十分に実施されておらず自治体の自己努力に委ねられている3つの領域をとりあげ，これらの領域において独自施策を展開する埼玉県内の3つの自治体を事例に検討することとした。

　第1に，「義務教育の無償」をめぐる教育条件整備の問題である。現政権の目玉政策として就学前教育，高等教育の「無償化」が進められる一方で，「義務教育の無償」の範囲は，従来から授業料と教科書が対象とされるにとどまっている。このため，学用品費，給食費，修学旅行費などの費用は，保護者の私費負担，あるいは，自治体裁量による公費支出に委ねられている。

本シンポジウムでは，公立義務教育諸学校の給食費を無償化し，さらに，県外の特別支援学校や，私立学校在籍者にも給食費補助を行っている神川町の取り組みを同町教育委員会の多田陽一氏よりご紹介いただいた。

　第2に，提供される義務教育の「質」を左右する学級規模をめぐる問題である。いわゆる「義務標準法」にもとづく学級規模の改善は，2011年の法改正により小学校第1学年の標準学級規模が35人に改善されて以降，加配定数等による配慮はなされているものの，抜本的な基礎定数改善はなされていない。こうした法状況のもと，少人数学級の実現は，各自治体の裁量に委ねられる余地が大きくなっている。本シンポジウムでは，公立小学校全学年の「35人以下学級」を市費負担によって実現する蕨市の取り組みを，同市教育委員会の小林純志氏にご報告いただいた。

　第3に，2016年12月に成立した「教育機会確保法」に伴う公立夜間中学校の各都道府県設置をめぐる課題である。いわば，それは義務教育の「射程」をめぐる問題であるといえる。「教育機会確保法」は，「学齢期を経過した者」への夜間中学設置による就学機会の拡大を促すが，それら必要な措置は地方公共団体によって行われるものとされている（14条）。本シンポジウムでは，同法制定に伴い，全国でもいち早く2019年4月に公立夜間中学を新設した川口市の取り組みに着目し，同市教育委員会の中野直之氏にご報告いただいた。

　さらに，これら3つの自治体による報告をもとに，教育における地方分権改革，および，国の責任について，大桃敏行会員より総括的なご報告をいただいた。そこでは，義務教育を保障する責任主体は，本来，国なのか自治体なのか，あるいは，教育における平等の実現は，すべての子どもを対象にした教育条件整備によって行われるべきなのか，それとも不利な条件にある子どもに優先的に行われるべきなのかなど，重要な論点が示された。

　本シンポジウムを通じて，各自治体の取り組みの到達点と課題を共有するともとに，教育における地方分権改革，あるいは，国家責任をめぐる論議が学会内においてさらに活性化されることに期待したい。

■公開シンポジウム■
《報告1》

神川町小中学校給食費完全無償化について

多田　陽一（神川町教育委員会）

　最初に，神川町について紹介させていただく。神川町は，埼玉県の北西部に位置しており，群馬県の藤岡市と隣接している。「人を育てて　まちが育つ　未来につなぐ　住みよい神川」の町のスローガンのもと，子育てをしたくなるまちを目指して町行政に取り組んでいる。町の平均所得額は，約262万円で，埼玉県内63市町村のうち60位と財政的にはとても厳しいまちである。

　神川町は，平成29年から約17億円をかけ新庁舎を建設し，平成31年1月から新庁舎において業務をスタートしている。

　人口の推移であるが，平成12年の15,197人をピークして減少している。平成18年度に神泉村と合併し人口も増加したが，やはりその後は減り続け，現在では，ピーク時から2,000人以上減少している。また，以前は一年間に100人を超えていた出生数も，平成23年度からは100人を下回り，昨年は55人と大きく減少した。人口減については，出生数の減少・晩婚化・転出人口の増加等の原因があるが，近年では転入人口の増加もみられている。

　現在町内には4つの小学校と1つの中学校を設置しているが，小学校の児童数は，令和6年度までに84人減少する見込みである。これは全小学生の13％以上にあたり，この人口減少は喫緊の課題である。

　この課題に対して，神川町では次の対応をしている。①子供医療費の無償化（18歳までに拡大），②幼児教育・保育料の無償化に伴う補足事業（第3子以降の副食費の免除（第1子，2子の年齢制限なし），③公立幼稚園の主食費・副食費の免除，④就学援助，⑤ランリュック（神川町ではランドセル

は使用していない）全額補助を行っている。

　平成30年度までの補助については，①第3子以降学校給食費無償化（平成25年4月から施行）を実施していた。昨年度の対象者は，小学生85人，中学生11人の合計96人であり，予算としては400万円を計上していた。②給食費の就学援助を実施していた。昨年度の対象者は，小学生63人，中学生49人の合計112人であり，予算としては400万円を超える金額を計上していた。

　神川町の学校給食費の無償化事業の目的としては，①子育て世代の経済的負担の軽減，②子育て環境の向上，③少子化対策，④転入・定住の促進，⑤転出の抑制である。

　この給食費無償化は，埼玉県内では，滑川町・小鹿野町についで3番目の取組である。全国に目を向けると，1,740自治体中76の自治体で何かしらの給食費の無償化を実施している。その中の多くは，1万人未満の町村である。

　給食費無償化の予算は一般財源として約4,000万円を見込んでいる。町内在住で，町内の小中学校の児童生徒に提供される給食の対象人数は約950人である。町内の在住者であるが町外の小中学校に在籍している小学生の保護者には40,000円，中学生の保護者には50,000円を上限に補助している。なお，この給食費の無償化は，平成31年4月からの実施しているため，平成31年3月までの給食費の未収金は引き続き徴収している。

　子育て支援は町の主要施策として位置付けているため，給食費の無償化についての財源は歳出全体を見直して確保に努めた。

　給食費補助金の活用方法は，さまざまである。例えば，現在小学1年生の児童は，9年間で407,880円の補助を受けることになるため保護者にとっては大きな負担軽減につながる。町内の家庭によっては，経済困窮のため，中学3年で進路選択時に，大学進学は想定することができず就職しやすい高等学校を選択する生徒もいる。しかし，この補助金を貯金にまわし，奨学金等も合わせて活用すれば大学進学などの進路選択の視野も広がってくる。自分の進路や将来の夢に目標を持つことができれば，学習意欲も高まっていくことが考えられる。子供の夢も膨らませることのできる給食費無償化については，今後も発信をしていきたい。

小学校全学年の35人学級の実現

小林 　純志（蕨市教育委員会）

　蕨市は，市制をひく自治体としては日本一小さな市であり，日本一の人口密度をもつ，大変にぎわいのある町である。広さは約5.11km^2，羽田空港の約1／3であり，人口が約75,000人，本年は市制60周年を迎えたが，古くから中山道の宿場町として栄え，昔ながらの機まつりや宿場まつりが，今でも開催されている。

　蕨市と言えば，いくつかの日本一があるが，成人式発祥の地としても有名である。蕨市では，この成人式を，当初の名称を使って，成年式とよんでいる。

　蕨市の公立学校は，小学校7校，中学校3校，児童生徒数は合計約4,500人である。

　蕨市が少人数学級編制を取り入れたのは，市長マニフェストをきっかけとしている。現在の頼髙英雄市長が，学級担任の目が行きとどいた，きめ細かな教育を目指して，小学校の35人程度学級編制の導入を掲げ，それを受けて，本制度が誕生した。事業開始年度の平成22年度には国や県が実施する，小学校1，2年生に引き続く，3，4年生に35人学級を導入し，続く平成23年度には，それを5年生に拡大し，さらに平成24年度に6年生に拡大したことをもって，小学校全学年での少人数学級編制を実現した。

　平成22年度当初は4名の教員を採用し，配置した。配置の対象となるのは，標準学級編制によって35人を超えてしまう学年であり，対象となった学年に1名の教員を配置した。

　学級増については，教員の採用者の確定の必要性も併せて，12月10日の次年度児童生徒在籍見込調査をもとに，決定している。

　採用までのスケジュールは，事務がスタートするのが5月程度で，ポスター，募集要項等を作成し，8月頃に，近隣約60の大学等に送付している。令和元年度は，10月を応募期間とし，11月に集団討論と面接による採用選考を行い，内定者を決定した。昨年の応募者数は，本年度配置予定が6人に対し13人と，約2倍を確保できる状態であった。

　給与は，地域手当を含み，月額305,439円である。これは，県費による格付けをあてはめると，大学卒の27歳程度の給与と同等であり，単純にその面だけをあてはめれば，27歳までならば，蕨市で教員をしたほうが，給与が高いことになる。資格は，年度末まで有効な小学校教員免許状所持者となる。

　仕事内容については，県費の臨任と同等で，教員として採用し，担任や校務分掌も他の教員と分け隔てなく行う。また，宿泊行事等への引率についても，別途市の規程に則って特別旅費を支払うことができるので，対応可能となっている。ただし，年次休暇については，労働基準法の規程どおり15日間，病気休暇は無給となっており，各種特別休暇については，あくまでも，市の臨時職員の規程に準じている。

　なお，令和元年度の予算は，一般財源で約3,300万円となっている。

　文科省・国立教育政策研究所等，学級規模の適正に関する研究では，蕨市が導入した平成23年〜24年度に国立教育政策研究所において，標準規模で学級編制するよりも標準規模を下回る規模で学級を編制することが，学習の定着には効果的であり，同時にこのような取組は複数年継続することで，さらに効果が出るといった結果が示されていた。また，同様に，米英の研究においては，概ね学級規模の縮小は教育効果が高い，とした内容の効果研究が多いようである。しかしながら，これらの研究結果の中には，「必ずしも効果が出ない」という発表もある。なぜこのように同様の取組の中でも，効果が出たり出なかったりという相違があるのかという点についても，若干言及されており，仮に学級の規模を縮小しても，それに伴って指導方法を少人数に

適した方法に改善しない限り，効果が出づらく，その点こそが，効果の違いを生んでいるようである。結論として，効果が期待できるのは，あくまでも適切な指導法を用いた場合，というのが前提になるようである。

　埼玉県においては，国の標準学級編制に伴った教員の配当基準について，2つの学年で特例を実施している。まず，小学校1年の国の学級規模35人に引き続き，2年生において，標準の学級編制で，学級規模が35人を超える学級が出た場合，その学校に1名の基準外教員を加配するというものである。小学校2年生以外では，中学校1年生においても対応している。中学校では，1学級の規模が標準で38人を超える学級がある場合に，1名の基準外配当教員が加配される。

　義務標準法では，平成24年度に，学級編制の権限が市町村に移譲され，協議なしで，市町村が独自に，学級編制を行えることになったが，これ以前の段階で，先ほど説明した2つの学年については，県の基準外配当教員を活用して，県の研究指定を受けるという手続きのもと，少人数学級編制を実施することが可能となっていた。現在では，市町村が独自に学級編制を行うことが容易になっているが，それ以前には，小学校2年生と中学校1年生の特例編制は，大きな意味を持っていたと言ってよいだろう。

　次に埼玉県内の市町村独自の少人数学級編制の実施状況とその取組について初めに，平成24年4月埼玉県全63市町村の中で，少人数学級を自治体として推進しているのは，本市を含めて，13市町村であった。そのうちで，全く財政措置を伴わないものが1つあったので，12市町村において，財政措置を伴っていることになる。それらの13自治体が，どの学年で少人数学級編制を実施しているかを，グラフ化すると小3と中2が多いことがわかった。

　やはり，国や県の行う事業に引き続いて，円滑な接続を試みようとする自治体の意図が見受けられると推察している。

　これらを実施しての効果と課題についてまとめると，効果については，多方面から好評であり，特に小学校では，1学級当たりの児童数が少なくなった場合，教員から見れば，児童によく目が届き，個別の対応がしやすくなる。また，教職員からは，負担軽減につながるといった声もある。さらに保護者

からは，いじめや生徒指導上の課題にも細かに対応してもらえ，同時に学習指導も手厚くなったという声が届いている。

　次に，課題であるが，当然のごとく，予算が挙げられる。特に，有資格者の教員で，県費臨任として活躍できるような人材を任用すべきとなれば，県費と遜色ない賃金が必要になる。また，予算面をクリアできれば十分な教員が確保できるかというと，任用できるのは単年度であることから，本採用教員と比べ，教員の質・量ともに課題が残る。

　以上のことを踏まえ，本研究をまとめると，事業効果については，社会的な要請が高まる中，目に見える施策として，理解しやすいことから，誰もが施策を実感できる点で，優れた取組であると言える。

　しかしながら，財政負担と教員の確保については課題があり，資質の高い教員を確保しようとすればするほど，財政負担が大きくなると同時に，条例立ち上げ等の事務手続きも複雑化する。また，負担増に見合うだけの資質を持つ教員を必ず確保できるわけでもないので，ハードルの高い取組と言える。

　蕨市の場合は，市長のマニフェスト等の後ろ盾があるので，それなりの効果が期待できることが実証されている。今後も，少人数学級推進事業を継続し，効果について検証を続けるとともに，どの程度の学級規模が，総合的に見て適正であるのかという点についても，研究を進めていく所存である。

県内初の公立夜間中学の設置

中野　直之（川口市教育委員会）

　まず，本市の特徴を知っていただきたい。川口市の特徴は「あ・い・う・え・お」で表すことができる。「あ」は豊かな水量を誇る荒川が流れる町，「い」は鋳物産業で発展した町，「う」は植木・緑化産業が盛んな町，「え」は映像の町として最先端の映像技術を学ぶことができる町，「お」は歴史ある御成道街道が通る町ということで，本市の特徴を「あいうえお」で覚えていただければと思う。

　川口市は，平成30年から中核市となり，人口も60万人を超え中核市としては全国3位の人口となっている。また，外国人住民は約3万5千人で，人口の5％が外国人であり，これも政令市を除くと全国3位の多さとなっている。そのような本市の実態を踏まえ，夜間中学が開設される運びとなった。

　以下に，夜間中学の開校に向けての経緯，開校後の様子，そして今後の予定について説明する。

　まず，開校までの経緯については，平成28年12月にいわゆる「教育機会確保法」が成立し，少なくとも各都道府県に1つの夜間中学を作る方針が打ち出された。そうした流れを受け，本市奥ノ木市長が本市の実態等を鑑み，全国に先駆けて夜間中学を作る決断をした。その後，平成29年度中には，先進地への視察やニーズ調査を実施し，開校に向けた諸準備と情報収集を行い，平成30年度には，市民を対象とした夜間中学説明会や，入学希望者を対象とした入学説明会を実施し，入学希望者の募集を行った。

　今年度に入り，4月16日に入学式，4月23日には開校記念式典を行った。

　本市の夜間中学開設に向けたコンセプトを，「これまでの夜間中学から新時代の夜間中学への転換」，そして，「市民県民の学ぶ意欲に応える夜間中学」と設定して準備を進めてきた。「新時代の夜間中学」とは，教育機会確保法の趣旨に基づき，先進校の取組をベースにしながら，川口市または埼玉県の実態に応じたスタイルを築いていくことである。

　続いて，4月の開校後の様子について紹介する。今年度入学した生徒は，10月1日現在で72人となっている。これは，全国33校中7番目に多い在籍数である。内訳としては，男性が24人，女性が48人で約67％が女性である。また，市町村別人数については，本市を含め17市町からそれぞれ生徒が通っている。関係の市町とは，情報交換等の連携を図りながら執り進めているところである。国籍別人数については，日本国籍が27人，外国籍の方が45人となっており，全体の62.5％が外国籍の方である。本市の夜間中学では「中国」の方が21名と最も多くなっており，その他ベトナムや韓国なども含め13カ国の方が入学している。

　続いて年齢別人数については，10代から80代まで幅広い年齢層の方がおり，どの方も非常に意欲的で，積極的に日々学習を進めている。10代には，比較的外国籍の方が多く，高校受験や資格の取得などを目的とした学びのニーズをもっている一方で，40代以降の方については，不登校を経験したり，何らかの事情で学生時代十分に学習できなかった方がいる。

　次に，学校の様子について紹介する。

　開校直後，教科書を配布したときには，どの生徒も入学式のときに比べて「勉強するぞ」というやる気に満ち溢れていた。基本的には，中学1年生の教科書が配布されたが，算数・数学に関しては，習熟度に大きな差があるため，小学校段階の教科書を選択している生徒もいる。

　理科の授業は顕微鏡などの実験器具を初めて扱う生徒もおり，「おー」という感動の声が出ていた。また，数学の授業は習熟度や日本語の習得状況等も加味しながらクラスを分け，少人数での指導を行い理解が深まるよう工夫しているほか，授業がない教員がサポートに入るなどして，個別指導ができる体制をとっている。体育の授業は，年齢や体力に応じてできる種目を設定

しながら行っている。生徒同士のコミュニケーションも国籍を問わず深まってきており，始業前や休み時間を使って教え合いをする場面も見られた。総合的な学習の時間では，日本のマナーについて学習した。講師の先生を招いて，日本の所作の意味や正しい礼の仕方など実践を交えて丁寧に教わり，文化やマナーの違いをしっかりと学ぶことができた。また，先日は絵手紙の描き方についても学ぶ機会があり，生徒は日本の文化に触れて楽しそうに作業をしていた。

避難訓練も実施し，避難経路の確認や避難の仕方を体験した。訓練の後には，川口市の防災課の職員を講師に招聘し，防災講座として地震の仕組みなどを学習した。校外学習では，「埼玉県立歴史と民俗の博物館」に行き，日中にも関わらず，多くの方が参加した。展示物を見たり，ものづくりにチャレンジしたりして体験的に日本の歴史を学んだ。生徒は，夢中になって作業したり，説明を聞いたりしてとても楽しい思い出ができたようである。

運動会も，本校の生徒と一緒に実施することができた。生徒会長挨拶の際には本校と夜間中学の生徒会長が2人で行った。夜間中学の生徒は，年齢や体力差が大きいため参加可能な種目（大なわとび，障害物競走，玉入れ等）を設定し，できるだけ多くの生徒が参加できる工夫をしたことで，生徒にとって思い出に残る行事となった。

2学期直前の1週間に，2学期のスタートを楽しく迎えることができるようにすることを目的に「サマースクール」を開催した。手話やフラダンス，フラワーアレンジメント，南京玉すだれ，折り紙など様々なテーマを設定しそれぞれが活動を楽しんでいた。

授業や教育課程の工夫としては，年齢も国籍も学習の習得状況も異なる生徒に対して，実物で示したりICT機器を活用したりして視覚的に説明できるようにしている。また，1学期は集中講座として「美術」の授業を行い，篆刻や自画像の作成をした。こうした技能中心の教科では，一人一人の個性が発揮され大変すばらしい作品ができていた。

その他，進路指導については，高校入試までのスケジュールを掲示し生徒が意識しやすい環境を整えていたり，日本語が不十分な生徒については，授

業から取り出し，丁寧に日本語指導を行うなどしていた。

　また，生徒が自ら工夫をし，掲示物を多言語化したり，挨拶運動や校内清掃活動を行ったりしていた。

　台風の影響で中止になったが，水上自然教室で実施する予定のキャンドルファイヤーの練習にも取り組んだ。生徒は，様々な学校行事に積極的に参加し，外国籍の生徒は日本での初めての経験に一生懸命取り組んでいた。

　最後に今後の課題としては，大きく3点ある。1点目は，生徒募集や受入についてで，夜間中学としての適正な人数や，公立の義務教育扱いの学校について市町村をまたぐ受入をするということでの煩雑さについては，今後整理していく必要がある。

　2点目は，応分負担について他市生徒を受け入れる際に生徒数に応じた負担をいただく仕組で，奈良県の夜間中学が取り入れているものを参考にした。川口市立の学校でありながら，他市町村の意見も取り入れた予算のあり方を検討しなくてはいけないと言う点において，1つの変更でも大変手間と時間を要することから，県教育委員会とも連携を密にとりながら調整を図っているところである。

　最後に3点目は，教育環境の整備についてである。今後建設される新校舎によりハード面の環境は大きく改善されていくものと期待しているが，多様な学力や学びのニーズに応えるための人員の確保や，日本語の学び自体が必要な外国籍の方への通訳や言葉の支援など，十分な対応が難しい部分も多く残されている。教育機会確保法の主旨を踏まえて進めていくが，本市も含めこれからできる夜間中学に対して，公立の中学とは別の「夜間中学」としての枠組みで支援があると大変ありがたいと考えている。

　本市の夜間中学は，生徒も教員も学校として歩みだしたばかりである。学校運営を進める中でこのほかにも様々な課題も見えてきており，今後も，他市町村自治体，そして，教育委員会のみなさまの御理解・御協力なしには進められない。本日の説明が夜間中学を少しでも知っていただくきっかけになれば幸いである。希望があれば，現地の視察等にも対応するので，本市教育委員会担当までご一報いただきたい。

■公開シンポジウム■
《報告4》

教育の条件整備に向けた
自治体の取り組みと国の役割

大桃　敏行（学習院女子大学）

1．地方分権改革と地方発の教育改革

　地方分権一括法に通ずる検討において，「中央省庁主導の縦割りの画一行政システム」を「住民主導の個性的で総合的な行政システム」に変革することが目的・理念に掲げられ，その期待される効果として知事や市町村長の「地域住民の代表」としての立場の徹底や，地域住民の意向や多様なニーズへの応答，自治への住民参画の促進などがあげられていた（地方分権推進委員会 1996：22-24）。集権的な縦割り行政から，地方段階での代表性や参加，住民の要求への応答性を重視するシステムへの転換である。

　地方分権一括法から20年を経て，教育の領域でも制度改革が進められるとともに，学校教育の内容面でも条件整備面でも地方独自の取り組みがみられるようになった。内容面では，特定の自治体ではあるが独自の教科が開発され，地域素材を活用した取り組みや地域の多様な関係に開かれた実践が行われている（大桃・押田2014）。これは「社会に開かれた教育課程」という今次の国レベルの改革理念と通じるところがある。条件整備面では，今回のシンポジウムの報告の3つの取り組みがその例となる。

　このような地方独自の取り組みの検討では，分権改革の理念に照らした検討，それと関わって国と地方との役割分担や相互関係の再検討が必要となろう。加えて，ここ20年の分権改革の場の条件の変容との関係からみた分析も

必要となろう。具体的には，格差・貧困問題の深刻化，学校教育で育成が求められる資質・能力の変化，そして内なるグローバル化の進展などである。

2．教育の条件整備に向けた3つの取り組み

第一報告は学校給食費の無償化である。学校教育の無償制については，国の法律により高等学校段階の授業料の無償化や軽減が進められ，近年では格差・貧困問題が深刻化するなかで，高等教育や就学前教育・保育の無償化への取り組みが国によってなされている。しかし，その一方で，授業料と教科用図書を越えた義務教育段階での無償制の横の拡大は地方に任されてきた。

無償制の横の拡大で一定の進展をみせているのが給食費である。給食費の無償化は小規模自治体で多く，保護者の負担軽減を通じて住民の転出の抑制や転入の促進を図ることにより，自治体の地方創生戦略とも結びつき得る。神川町の給食費の無償化は首長の公約に基づき進められ（「神川町総合教育会議議事録」平成30年7月26日），町の総合戦略の基本目標の一つである「若い世代の結婚・出産・子育ての希望をかなえる」の施策に位置づけられている（「神川町総合戦略」2019年，3頁）。

第二報告の蕨市の35人学級の実現にも，同様の点をとらえることができる。35人学級は市長のマニフェストにより進められ（「市長タウンミーティング」平成20年7月27日，4頁），地方創生戦略の一環の「子育て世代の定住を促進」の取り組みに小学校全学年での「35人程度学級」の実施が位置づけられた（「わらびシティプロモーション指針」平成29年，11頁）。

義務標準法の2011年の改正で小学校1年生の学級編制標準の35人への引き下げが行われるが，あわせて市町村における「地域や学校の実情」に応じた柔軟な学級編制の仕組みの構築がめざされた（文科省2011）。国による教職員定数の改善が進まないなかで，首長のイニシアティブにより地方創生戦略の一環として実施されているのである。

第三報告の川口市の公立夜間中学の設置も首長の判断によっており，そこには「学校に通えず学ぶ機会を得られなかった人たちへの支援」とともに，

「中小製造業が集積する本市において，アジア方面からの技能実習生などが集まり，3万人を超える外国籍の方が在住しております」との認識があった（「川口市総合教育会議会議録」平成29年4月28日，2-3頁）。公立夜間中学は，公立学校であることの規制を受ける一方で，人件費などで従来の制度を用いることができる。内なるグローバル化が進展するなかで，夜間中学で学ぶ人には日本国籍を有しない人が多い（文科省2017）。川口市の事例でも，首長のリーダーシップと当該自治体の課題への対応が読み取れる。

地方段階での代表性を具現する首長のリーダーシップ，自治体の課題や住民ニーズへの応答は，前述の地方分権改革の理念に沿うものと言える。また，川口市の事例では首長の判断を受けて教育委員会で具体的な制度設計が行われており，首長の代表性と教育委員会の専門性に基づく取り組みが進められ，総合教育会議が両者の協議の場となっている。

3．国の役割の再定位とその選択肢

このように地方分権改革の観点から3事例をとらえつつ，国の役割を再定位しようとすれば，まずは平等や公正といった公教育の制度原理を確認していくことが考えられる。本人の責任に帰せられない要因による教育機会の制約をできる限り軽減することは，公教育の基本原理である。地方分権改革の観点から自治体の独自性やそれに対する自己責任が主張されても，子どもは基本的にその意思決定に関わっていない。どの自治体に生まれたかで教育の機会や内容に大きな不平等が生じることは避けなければならない。また，学校教育の無償制を義務教育法制下の権利保障の一環に位置づければ，自治体戦略の枠を超えて国のより大きな役割が求められることになろう。その場合，厳しい財政状況のなかで，対象を広く設定する平等施策と，個の多様なニーズへの支援との関係についての検討の深化が課題となる。

それとともに，今日の改革課題のなかに国の役割を再定位していくことが考えられる。つまり，国の目標として広い資質・能力の育成，探究的で協働的な学びが示されるなかで，それを可能にするような教師・子ども比の保障

（条件整備）を国の役割に位置づけることである。先述のように地方での多様な関係に開かれた実践には国の改革課題と呼応するところがあり，蕨市では35人学級の成果が報告されている（「平成30年度教育要覧」10頁）。地方でのこのような実践を支える国の役割を位置づけていくにあたり，特に数値化が困難な非認知的な能力の育成については，事例やナラティブを含めた，具体的な子どもの事実に即した「固有名のアカウンタビリティ」（石井 2018:208）によるデータ蓄積が有効となろう。国の政策策定に資する，地方からの積み上げ型のアカウンタビリティ・データの構築である。

　夜間中学は外国籍の人たちや一条校の枠から離れた人たちなどへの教育保障の問題と直接関わり，日本の公教育の射程をどうとらえ直すのかという根源的な問いにつながる。これは地方的な課題を越えており，国の役割として財政面だけでなく法整備面の検討が必要である。加えて，川口市の事例がそうであるように，公立夜間中学で学ぶ人は当該市の住民に限られず，基礎自治体間の共同設置や広域自治体での設置など設置単位の検討が課題となる。

　国の役割遂行の選択肢として，以上のような法整備や財政支援に加えて，相互参照の促進に向けた条件整備（研究と情報提供）をあげることができよう。地方発の改革は自治体間の相互参照による例がみられる。しかし，相互参照による政策選択も平等や公正，新たな能力観に基づく実践といったものとの整合性の吟味が必要となる。

〈参考・引用〉

石井英真（2018）「エビデンスに基づく教育を飼い慣らす視座―教育目標と評価の新しい形の構想へ―」『日本教育行政学会年報』第44号。

大桃敏行・押田貴久編著（2014）『教育現場に革新をもたらす自治体発カリキュラム改革』学事出版。

地方分権推進委員会（1996）「中間報告―分権型社会の創造―」地方自治制度研究会編『地方分権推進委員会中間報告関係資料集』ぎょうせい。

文部科学省（2011）「公立義務教育諸学校の学級編制及び教職員定数の標準に関する法律及び地方教育行政の組織及び運営に関する法律の一部を改正する法律の概要」。

文部科学省（2017）「平成29年度夜間中学等に関する実態調査」。

■公開シンポジウム■
《総括》

教育条件整備をめぐる自治体の役割と国家責任

末冨　　芳（日本大学）

髙橋　　哲（埼玉大学）

1．各報告の概要

　多田氏による神川町の報告では，少子化と人口流出という自治体課題に対応するため，「子育てをしたくなるまち」を目指す施策として，給食費無償化が位置付けられていることが示された。また，神川町の平均所得額は埼玉県内でも下位にあり，財政的に厳しい家庭が多くある中で，給食費無償化は，貧困対策の一環にも位置付けられていることが指摘された。さらに，町外の小中学校，特別支援学校に通う子どもたちにも，給食費補助金が支給されており，多くの家庭に好意的に受け入れられていることが報告された。

　小学校全学年の35人学級を実現する蕨市の取り組みを紹介する小林氏の報告では，国の施策が小学校第1学年のみ35人を標準としているのに対して，埼玉県全域では小学校第2学年を35人，中学校第1学年を38人とする加配が行われており，この制度的枠組みのもとで，県内では少人数学級を推進する自治体の手法にバリエーションのあることが報告された。その上で，蕨市はオリジナルの施策として小学校全学年の35人学級を実施し，12月10日を基準とする在籍見込調査をもとに市費負担による教員配置を行っていること，また，これらの教員の待遇については県費負担教職員を上回る条件によって採用していることなど，制度実施に関わる独自の工夫が示された。

　中野氏による川口市の公立夜間中学に関する報告では，同施策が，教育機

会確保法制定のもと，市長のリーダーシップによってもたらされた施策であることが示された。2019年4月に開校された市内の公立夜間中学では，同市を含め県内17の自治体から生徒が通っており，また年齢層では10代から80代までの生徒が在籍し，さらには，在籍生徒の62.5％が外国籍であることなど，埼玉県全域の多様な教育ニーズに対応していることが示された。それゆえ，公立夜間中学設置にあたっては，市町村を越えた生徒募集の難しさや，市外から通う生徒の費用負担をめぐる問題，さらに，夜間中学であっても一般の公立中学校と同じ教員配置基準が適用されるため人員の確保が課題となっていることが示された。

　大桃会員の報告においては，3つの自治体の事例報告をうけて，これらの背景となっている地方分権改革の経緯，ならびに，各自治体の教育条件整備施策の社会的背景についての分析が行われた。いずれの自治体においても，各地域の事情に応じた教育施策が展開され，また，共通して首長のリーダーシップが発揮されているという点において，地方分権改革の帰結とみることができるとされた。これに加えて，教育の「平等と公正」という観点から国の役割についての言及がなされた。子どもの生まれた家庭や地域などの属性に関わらず教育機会の制約をできる限り軽減することは国の役割であり，法整備や財政支援に加えて，自治体が独自施策を実施するための調査研究と情報提供もまた国の責任として行われるべきことが提示された。

2．討論で示された課題

　フロアに開かれた質疑においては，まず川口市の公立夜間中学に関して，従前から市民を中心に開講されてきた自主夜間中学との関係についての質問がなされた。また，公立夜間中学校において成績評価や卒業判定はどのように行われているのか，さらには一定のカリキュラムや教育計画が存在しているのかという質問がなされた。中野氏からの回答では，自主夜間中学との関係について，それぞれまったく別機関であり，両者では役割が違うことが強調された。自主夜間中学は，民間ボランティアによって担われており，週2

日程度の提供となっている。これに対し，公立夜間中学では，週5日間，生徒が学校に通うことが前提となっており，免許を所持する教員が学習指導要領にある程度沿って教育を提供しており，それぞれニーズの異なることが説明された。卒業判定については，校長の判断によって行われており，実質的には生徒自らが「学び終えた」と思ったところで卒業となっていることから，生徒が3年課程を2サイクルまで在籍できるような制度的条件を整えていることが示された。

　また，全自治体への共通質問としては，各施策を実施するにあたり，他の自治体の情報収集や政策の「相互参照」は行われたのか，さらには，改革の実施や政策参照の主体は，首長，教育委員会のいずれであったのかという政策過程とアクターに関する質問が行われた。これに対し，神川町の多田氏からは，給食費無償化施策の実施にあたり，すでに同様の施策を実施していた県内の近隣自治体に町長自らが視察を行ったとの回答がなされた。また，同施策は町長と同町内の企画調整会議のリーダーシップによって実現されたことが示された。蕨市の小林氏からは，少人数学級への取り組みは，2010年より段階的に実施されており，他市町村への電話による情報収集が当時から現在に至るまで行われていることが示された。小学校第3〜6学年の35人学級はこれらの情報収集を前提としつつも，アレンジされた独自施策であり，市長のリーダーシップがありながらも，教育委員会内の学校教育課が舵取りをする形で継続的に実施できるよう取り組まれていることが指摘された。川口市の公立夜間中学設置に関して，政策参照としては，昼間の公立中学校の分校スタイルをとる神戸の夜間中学，ならびに生徒数の多い大阪，他市町村からの負担金方式を採り入れている奈良県などを参照したことが説明された。さらに，政策の実施にあたっては，市長によるリーダーシップのもと，総合教育会議などを通して，教育委員会事務局が対応したことが示された。

　本シンポジウム全体に関わる論点として，フロアからは第一に，教育予算の制限がある中で，全員を対象とする「面の平等」ではなく，不利な状況にある子どもに重点をおいた予算配分が必要なのではないかとの観点から，「個の平等」がどこまで実現されているのかとの質問がなされた。これに対

し，神川町では，就学援助との関係において，給食費が無償となった分，それ以外の費用負担をしてほしいとの声が貧困家庭から寄せられているとの実態が報告された。蕨市からは，少人数学級の実施により担任教員の目が子どもたちに行き届くようになり，課題のある児童についても個別に時間をかけられるようになったことが報告された。川口市においては，生活保護を受けている要保護者のなかには，交通費が負担できないことで就学をあきらめるというケースのあることが紹介された。これらに対し，大桃会員からは，経済格差，貧困による教育機会の制約にあたっては，本来，「個の平等」に対しても国が応ずべき施策であるとの見解が示された。

　これらをもとに第二の論点として示されたのが，国と地方の役割分担をめぐる問題である。フロアからの発言では，義務教育の無償に関する憲法的要請は授業料不徴収に限られており，給食費等の無償については，自治体の政治プロセスに委ねられていると考えるのが憲法論的把握であるとの指摘がなされた。これに対し，大桃会員からは，給食費の無償措置についても，また，公教育の「質」に関わる学級規模の改善についても，本来的に国の責任と捉えるべきでないかとの回答がなされた。内なるグローバル化に対して，米国と比べて，日本は十分に対応してこなかったのであり，多様なニーズへの対応を義務教育としてどう保障するか，これらは国が果たすべき責任として把握する必要が指摘された。川口市からは，多様なニーズに応えるための教員数の確保が課題となっている点，また，蕨市からも市費負担の制約から義務標準法による加配の充実，さらには，基礎定数の改善が必要であることが指摘され，国の政策対応が不可避であることが示された。

　最後に，このような教育条件整備を実施するにあたり，自治体内の政治的コンフリクトをどのように乗り越えるのかという課題が示された。そこでは，政策実施の同意調達を重視する「手続的公共性」から「理論基底的公共性」への転換が必要ではないかとの見解が示された。各自治体施策の成果に学びながらも，これらの施策の正当性を根拠づける規範理論を如何に構築するか，それが本学会全体の課題でもあることが示された。

公教育ガバナンスにおける『協議』の制度化と民主主義
—公教育制度の変容と教育行政(3)—

佐藤　智子（東北大学）

【趣旨】

　課題研究Ⅰでは，3年間の共通テーマとして「公教育制度の変容と教育行政」を掲げ，現代の公教育制度において進む市場化と多様化の諸相に迫ってきた。市場化が学習環境としての公共空間を同質で階層的なコミュニティに分断し学習者を孤立させる危険性がある反面，市場化を通してバーチャルな領域にまで拡張される公教育「空間」が学習コミュニティを創発し媒介することで，その分断を再び繋ぎ直す可能性もある。

　「選択」を原理とした市場化により公教育が分断されるのか，それとも包摂に向かうのかは，公教育ガバナンスの基盤となる民主主義の在り方，いわば「参加」の装置をどのように構想するかに依存する。多様性を前提とした「選択」が正しく機能するためには，人々が自らの利益と選好を正確に把握して判断することが前提となるからである。その判断を政治家や専門家に委任するとしても，政治家や専門家が常に正しい判断をするとは限らないため，誰に対して・何を・どのように委任するかが重要となる。選好を正確に理解し正しい判断や委任を行うためには，自らを取り巻く多様な他者を認知・承認することも必要である。この問題を乗り越えるためには，形式的な「参加」に留まらない，「熟議」（deliberation）を保障する仕組みが必要となる。

　地方教育行政では，教育委員会制度改革に伴う「総合教育会議」の設置等により，首長と教育長（教育委員会）の関係性がどう変化しうるのかに関心が寄せられている。これによって，教育委員会制度の議論は，首長か教育委員会かの二者択一論よりもむしろ，両者の関係論や分担・協働論として語ら

れるようになってきた。「総合教育会議」を通して，「対等」な執行機関同士
の協議・調整がなされる中で，両者の関係や相互の影響力はどのように変化
しているのだろうか。

　学校に目を向けると，「学校の自律性」が強調されて久しい。学校運営に
おける意思決定を誰がどのように行っており，そして，誰がどのように行う
べきなのだろうか。教職の専門性に依拠した自律的な学校運営を基本としな
がらも，昨今の学校ガバナンスでは，学校運営協議会を通した学校・家庭・
地域の共同的意思形成を重視し，様々な「参加」の仕組みが制度化されてい
る。学校は保護者や地域住民に対して十分な説明責任を果たすだけに留まら
ず，地域学校協働本部が設置されるなど，学校・家庭・地域による連携・協
働が「公教育」の前提に据えられるようになっている。心理や福祉の専門ス
タッフを含めた「チーム学校」も推奨されている。しかし，このような多元
的ないし多層的な「協議」の制度化の実態には課題もある。地域住民や保護
者の学校運営に対する関与が強まることへの学校教職員の「警戒感」が根強
い点や，学校運営協議会が真に「協議」の場になっておらず，委員構成の社
会的属性による偏りや，会議の場における発言量・影響力の不均衡が生じて
いるなど，様々な問題も指摘されている。

　公教育をめぐる民主主義の問題は，社会教育と不可分である。とりわけ日
本の社会教育制度は，日本国民の中に民主主義の文化と能力を醸成するため
のものであった。「公民館」は，農村社会を前提とした地域コミュニティに
おける複合的な施設及び組織として構想されたが，一義的には，成人を主な
対象とした民主主義の訓練の場としてデザインされたはずであった。地方分
権や行財政改革を背景としつつ，「公民館」の役割がいま改めて問われてい
る。実際に，全国の各自治体において，条例設置された「公民館」の役割を
見直し，組織的に再編する動きが進んでいる。

　以上のような，教育制度下での様々な協議の場の制度設計と運用の現状を
踏まえ，「熟議」を通した学習と民主主義の実現という観点から，公教育ガ
バナンスにおける「協議」の制度化の意義と限界，そこでの課題とその解決
策等について検討したい。

総合教育会議における熟議の可能性

本田　哲也（金沢大学）

1．総合教育会議の位置づけと熟議の定義

　本報告の目的は，教育委員会制度における総合教育会議の位置づけを確認し，総合教育会議での協議が熟議として成立する可能性を検討することである。首長と教育委員会は理論的には異なる利益を追求する主体であり，両者の間には情報の非対称性が生ずる。そのためエージェンシースラックの発生は免れ得ないものであり，教育委員会制度は様々な政策手段を首長に付与している（本田2016）。本報告で取り上げる総合教育会議はその政策手段の一つで，異なる利益を追求する首長と教育委員会が協議・調整を行う場である。

　総合教育会議での協議は，両アクターが異なる利益に基づく主張を行い，合意可能な場合もあれば，合意に至らない場合もあるだろう。本報告では熟議の定義として，「熟慮し議論しながら，各自が自らの考えを少しずつ変えること（選好の変容）」（田村2008）を用いる。この定義に基づき，熟議は総合教育会議での協議により「選好の変容」が実現した場合に成立すると考える。そして，協議が平行線をたどり，互いの主張を一方的に述べるに終始した場合を区別して考える。

　以下では，首長と教育委員会はそれぞれどのような利益を追求する主体であるのかについて理論的に検討したうえで，異なる利益を追求する主体間での協議が熟議として成立する可能性やその条件について検討する。

2．異なる利益の追求主体による協議

　教育委員会制度は民主性と専門性との調和を理念とするが，近年では首長を民主性の体現者，教育委員会を専門性の体現者として両アクターを対立させて理解する見解も存在する。

　政治家としての首長の行動原理は，再選，昇進，政策実現に求められる。小選挙区制度により選出される首長は有権者の幅広い支持を調達するために「個別利益」ではなく「全体利益」[注1]を追求すると考えられる（砂原2011）。教育委員会は教育の専門性の見地から異なる利益を追求することが考えられる。これを「専門性の利益」と呼ぶ。

　「全体利益」と「専門性の利益」は，個別の教育政策過程では対立するとは限らず，異なる目的であるにせよ合致することがある。例えば小・中学校へのクーラーの導入が挙げられる。首長の立場からは，児童・生徒の学習環境の改善に取り組むことは自らの利益にもなりうるが，財政健全化という「全体利益」に制約をされる。教育委員会の立場からは「専門性の利益」として児童・生徒の学習環境の改善を行いつつ，あわせて学力向上政策の一環として授業日数の確保も求めたい。京都市ではこれらを一律に行うのではなく，教育委員会が計画する授業日数の確保を実現した学校からクーラーの導入を優先的に行い実現した（金子2008）。

　互いの選好を変容させることなく，政策過程において2つの異なる利益を実現する場合には，協議が熟議として成立せずとも首長と教育委員会の双方にとって有益なものとなろう。村上他（2019）が示すように現時点において首長，教育長ともに総合教育会議への評価が高い理由は利害対立が顕著な場面に遭遇する可能性が低いからだと考えられる。

　この異なる利益という視点から，首長による教育行政への関与という現象も説明可能である。首長は教育委員会が追求する「専門性の利益」よりも自らが追求する「全体利益」を実現したほうが再選に有利だと考えられた場合に教育行政への関与を試みていると考えられる。

3．熟議の可能性とその条件

　総合教育会議での協議はただちに熟議となるとは限らない。異なる利益を追求する両アクターによる協議において「熟慮し議論しながら，各自が自らの考えを少しずつ変える」プロセスが必要だからである。

　以下では協議を熟議とするための条件について考えてみたい。その前提として首長による教育委員会への統制の程度が鍵となる。統制が弱い場合にはその可能性が高まると考えられる。

　第1に専門家の活用である。総合教育会議では関係者または学識経験者からの意見聴取が可能である（地教行法第1条の4第5項）。専門家の活用は，教育政策過程において専門知の活用を促す。関係者からの意見聴取は，実施欠損を最小限とするための政策実施上の改善に加えて，企画・立案のアイディアの発見にもつながる。その上，専門家の人選を教育委員会が主導する場合には，首長に対して政策知識を伝達する場にもなりうる。この観点から総合教育会議の事務局の担い手が重要になる。エビデンスに基づく政策形成やデータに基づく議論には留保が必要なものの，総合教育会議の運用において，関係者や学識経験者からの意見聴取はもっと検討されて良い。

　第2に総合教育会議の開催回数を確保し両アクターの接触機会を増やすことである。協議を重ねることは互いの認識の違いを浮き彫りにすることもあるが，互いに合意可能な論点を見つけ出すことにもつながる。総合教育会議の開催回数の実態は，1回，2回，3回以上という3つのグループに分かれつつある（村上他2019）。次年度予算の編成前に年間1回開催する総合教育会議と年間3回以上開催する総合教育会議ではそこで行われる協議内容にも大きな差が生ずることは容易に推察される。

　また，総合教育会議において首長と教育委員との接触も重要であることを指摘しておきたい。教育長を対象とした調査では教育委員の果たす役割として，「教育長や事務局の行政運営のチェック」の他に，「政策のアイディア」や「地域住民のニーズ」の伝達が強く認識されている（村上他2019）。首長

に対しても教育委員は同様の役割を担うと考えられる。首長と教育長だけでなく，教育委員との接触機会が確保されることが必要だと考える。

　参考になるのは滋賀県の取り組みである。総合教育会議にゲストとして招聘された関係者や学識経験者はこれまでに40名を数え，県内市町村，他県，文部科学省と地域を超え，企業，保育・幼稚園，文化芸術関係者と領域も多岐にわたる。また総合教育会議をこれまでに27回（2020年4月時点）開催し，より多くの接触機会の確保を図っている。滋賀県の総合教育会議における協議が熟議として成立するか，そしてどのような政策帰結に結びつくのかについては今後の検証が必要であるが，参考になるのではないか。

　本報告では総合教育会議における熟議の可能性とその条件について検討した。首長と教育委員会は異なる利益を追求する主体であり，利害対立は不可避である。新しい教育委員会制度は制度施行から5年が経過した。両アクターによる協議を熟議とするためにどのような実践的工夫が可能であるのかについて，さらなる検討が必要である。

注1）砂原は小選挙区制度により選出される首長は，組織化されない利益を志向することを指摘し，それを本稿では「全体利益」と呼ぶ。

〈参考文献〉
金子郁容（2008）『日本で「一番いい」学校』岩波書店

砂原庸介（2011）『地方政府の民主主義』有斐閣

田村哲樹（2008）『熟議の理由』勁草書房

本田哲也（2016）「新教育委員会制度下での首長による教育委員会の統制」『東京大学大学院教育学研究科教育行政学論叢』第36号，181-190頁

村上祐介・本田哲也・小川正人（2019）「新教育委員会制度とその運用実態に関する首長・教育長の意識と評価」『東京大学大学院教育学研究科紀要』第58巻，535-562頁

学校ガバナンスの課題と今後の展望
—学校運営協議会等での熟議における公的機関の役割—

柏木　智子（立命館大学）

　学校ガバナンスは，保護者・地域住民・教師等の多様なアクターによる学校の共同統治である。これらアクターの協議制度を整え，学校ガバナンスを具現化したものが学校運営協議会であるといえる。本報告では，主に学校運営協議会を対象として，学校ガバナンスの課題と今後の展望について議論をする。

　学校ガバナンスにおける主要な課題として，学校運営協議会の委員として選任されたアクターの階層性，そこで取り上げられる議題の偏り，特に論争的な問題における意見採択の基準，決定される事項における責任の所在といったものを指摘することができる（大桃2019）。こうした課題が浮上する背景に，すべての人々が市民として成熟しているわけでも，政策論議をすることができるほど専門的知識をもっているわけでもない点が指摘されている（松田2011）。前者に関して述べると，地域には，排他的で統制的な人々もいれば，伝統的共同体の拘束を回避して自らの資源で望む選択をする脱領域的（バウマン2001＝2017）な人々もいる。脱領域的な人々は，サイレントマジョリティを含むもので，ものを言えないというよりも，ものを言わない戦略をもって，地域における煩雑なつながりから撤退し，無関心を貫く傾向をもつ。一方で，貧困・低所得者層やマイノリティの人々は，そもそも周縁化されつつあり，ガバナンスという統治の場にも参加できない場合が多い。そうした人々は，「言説の資源」（齋藤2000）をはじめとして，さまざまな資源をもたずに，そもそも選任されないか，あるいは選任されたとしても議論に

加われなかったりする。ガバナンスにかかわるアクターをめぐるこうした課題は，学校ガバナンスを論じる際に，浜田（2012）がすでに示唆していたところである。

　これらは，ガバニング・プロセスの民主化の問題と通底するところであるため，ガバナンスの正当性を担保し，民主化を図るものとして熟議が重視されている（岩崎2011）。その中でも宮本（2006）は，困難を抱える当事者のニーズ表出を熟議の要として求める。学校運営協議会においても熟議が重視されているが，その背景にはこうした動向があると考えられる。しかしながら，これまでの研究知見を踏まえると，多くの学校運営協議会において，上記課題を取り上げないままに協議を進めているのではないかと推察される。そのため，学校ガバナンスにおいて，多様な保護者・地域住民の参加による幅広い議論や，妥当な結論の導出が必ずしもなされているわけではないのではないかと思われる。

　こうした状況を踏まえた現行の学校ガバナンスの帰結として，以下の四点が考えられる。

　一つ目は，協議制度を通じて熟議がなされた結果，学校と地域における多様な価値の普及と寛容な社会（コミュニティ）の創出が可能となるという，ガバナンス論の追求する理想像の実現である。

　二つ目は，協議制度におけるアクターと議題の偏りの結果，生活困難層の子どもと保護者に対するさらなる排除が生み出されるというものである。学校が生活困難層の子どもに対して排除的な場であるという指摘はこれまでもなされている。それに加えて，ガバナンスにおいても排除された結果，生活困難層の子どもは，二重の排除を引き受けることとなる。

　三つ目は，協議制度における恣意的な意見採択の結果，当該地域において国家統制よりも直接的な管理統制が生みだされ，それが固定的規範と相まって（仲田2019），困難を抱える子どもと保護者を「通常のものにあわせる」好ましからざる包摂（リスター2004＝2011）が推進されるというものである。そのような状況下では，サイレントマジョリティを含む脱領域的な人々の撤退はより促進される（柏木・武井2020）。

四つ目は，協議制度における曖昧な責任の所在の結果（あるいは新自由主義のツールとしての協議制度の使用の結果），アウトソーシングされた活動を遂行したかどうかの責任のみを引き受ける慈善的な地域ボランティアの動員によって，活動主義の蔓延と疲労の蓄積のみが発生し，統治へのさらなる失望をもたらすというものである。これには，フロアの先生方からのご質問にもあったように，市民の意思決定場面への参加チャネルの広がりと自身の参加チャンスの広がりとが合致せず，結局一部の市民のみがチャネルを利用できる問題とも重なる。

　これらの帰結のうち，二〜四を回避するために，本報告では，学校ガバナンスにおける公的機関（学校と教育行政）の役割を重視したい。ガバナンスに期待される内容が，多様な価値を尊重する共生社会の実現であれば，そこでなされる協議は，公正な社会の創出に向けたものとなる必要がある。社会における力のバランスを変え，排除や二極化を解消し，すべての市民の生活の質を持続可能な形で改善しようとする志向性を有するガバナンス（テイラー2011＝2017）に向けた協議は，熟議へと発展するであろう。その際に，以下の点を公的機関の役割として提示したい。

　一つ目は，学校ガバナンスを新自由主義のツールではなく，社会民主主義のツールとして位置づけることである。ガバナンスを教員削減のための安価な代替要員の派遣システムとして使用しないことに加え，教員削減や教育費削減に対する熟議を行ってもよいのではないか。

　二つ目は，社会的公正やソーシャル・ジャスティスにもとづく意見提示と採択基準の方針提供である。人権保障をする上で，他者の抑圧も，他者への無関心もどちらも採用できない。ガバナンスにおける教師の専門性は，ここで活かされ，人々の暴力的な言動を弱めたり，かれらを無関心から引き戻したりするために，公正や正義の価値の提示と方法の模索を教師が人々とともに行うことが求められるのではないか。

　三つ目は，保護者や地域住民のケアする能力の育成を通して，困難層の声の拾い上げとそれへの応答の裾野を広げることである。言説の支配的なコードを相対化しながら困難層の声にならない声を拾い上げる親密圏の創出から

かれらの声を公共圏へと誘う方法が求められる。そこで担われる保護者や地域住民の役割は，いくつもの親密圏を創る働きかけと声を流通させることである。さらに，専門家ですらとまどう困難層のケアへの限界を示した上で，公的機関に責任を投げ返すところにもあるのではないか。公的機関の役割には，熟議を通して提出された自らへの批判の受け入れも含まれよう。

　四つ目は，ガバナンスによって議論の俎上にあがった，多様なニーズに通底するメタニーズの分析・把握と，困難層にも中間層にもメリットのある応答方法を見つけ出すためのマネジメントである。

〈文献〉

Bauman, Z.（2001）*Community:Seeking Safety in an Insecure World*, Cambridge: Polity Press.（＝2008，奥井智之訳『コミュニティ—安全と自由の戦場』筑摩書房。）

浜田博文（2012）「「学校ガバナンス」改革の現状と課題」『日本教育経営学会紀要』第54号，23-34頁。

岩崎正洋（2011）『ガバナンス論の現在』勁草書房。

柏木智子・武井哲郎（2020）『貧困・外国人世帯の子どもへの包括的支援—地域・学校・行政の挑戦』晃洋書房。

Lister, R.（2004）*Poverty*, Policy Press.（＝2011，松本伊智朗監訳・立木勝訳『貧困とはなにか—概念・言説・ポリティクス』明石書店。）

松田憲忠（2011）「ガバナンスの主体としての市民」岩崎正洋（2011）『ガバナンス論の現在—国家をめぐる公共性と民主主義』勁草書房，93-116頁。

宮本太郎（2006）「ポスト福祉国家のガバナンス　新しい政治大綱」『思想』第3号，27-47頁。

仲田康一（2019）「コミュニティ・スクールことはじめ」『たのしい学校』大日本図書，2-9頁。

大桃敏行（2019）「グローバル化と教育の質保証とガバナンス改革」東京大学教育学部教育ガバナンス研究会『グローバル化時代の教育改革—教育の質保証とガバナンス』1-13頁。

齋藤純一（2000）『公共性』岩波書店。

Taylor, M.（2011）*Public Policy in the Community*, Palgrave Macmillan.（＝2017，牧里毎治・金川幸司監訳『コミュニティをエンパワメントするには何が必要か—行政との権力・公共性の共有』ミネルヴァ書房。）

熟議の学習機会はいかに保障されるのか？
―コミュニティ・ガバナンスの再編と社会教育制度の課題―

佐藤　智子（東北大学）

1.「熟議」の重要性と課題

　公教育における民主主義の問題は，社会教育の問題でもある。日本の社会教育制度下での中心施設である「公民館」は，国民に民主主義の文化と能力を醸成するために構想された。そして現代，地方分権や行財政改革を背景としつつ，その「公民館」の役割が改めて問われている。実際に，全国の各自治体において，条例設置された「公民館」の役割を見直し，組織的に再編する動きが進んでいる。

　そこで本報告では，社会教育・生涯学習の領域に焦点を当てながら，公教育における（公式・非公式の）制度的な協議の場の実態と，そこにおける「熟議」の課題および可能性について検討する。

　現代世界の複雑性や多様性に起因し「熟議」や「対話」が重視されるようになってきた。「熟議」（deliberation）は民主主義の条件の1つとされる（上田1996：217）が，コミュニティが多様性を内包すればするほど，内部でのコミュニケーションは複雑化・高度化する。同時にコミュニティが多元化すればするほど，コミュニティ間のコミュニケーションもより困難となる。このような現代においては，コミュニティの内部で，あるいは複数のコミュニティが共同して何らかの意思形成をするためには，「熟議」のための公正な手続きと「熟議」の質保証がより重要となっている。

　昨今，「熟議」は教育のあり方を決める政治的意思決定過程でその重要性

を増しているが，現実には，共同的意思決定のための協議の場すべてで理想的な「熟議」が成立しているわけではない。ゆえに「熟議」は，その主体となるべき市民として生涯学習の過程で習得すべき能力としても重要である。

2．参加と熟議

「参加」概念と「熟議」概念の関係性は，必ずしも明確ではない。かつて民主主義理論の支配的なモデルであった参加民主主義を拡張，再構成，あるいは改良したものとして熟議民主主義を見る，様々なアプローチがある（Jackson, 2015：72）。ただし，「参加」と「熟議」それぞれの要素や概念に焦点を当てると，両者は必ずしも重なり合うものではない。

参加民主主義においては政治的な平等と参加の組み合わせを積極的に評価し，その参加にゆがみがある場合には欠陥と見なす。しかし熟議民主主義には多くの場合，社会階層に影響を受けた参加のゆがみが見られる（Fishkin, 2009=2011：128）。熟議民主主義とは「政治的に対等な立場にある人々」の間で成立する話し合いを意味し，政治的平等と熟議を組み合わせるためには，熟議が直接対話の可能な範囲で行われる必要がある。エリートによる熟議は「人民のための熟議」であって，熟議民主主義が求める「人民による熟議」ではないとされる（Fishkin, 2009=2011：129）。このような参加のゆがみはテクノロジーによっても解決できないが，しかしバーチャルな空間によってローカルな直接対話による偏向を取り除き，地理的な制約を受けずにサブグループ内での真の熟議を可能にすると言われている（Fishkin, 2009=2011：130）。

柏木報告にて言及されたように，現代では「煩わしい親密さ」から距離を置く「脱領域化」した新しいエリートが，コミュニティを「消失」させる。このようなコミュニティからの「逃走」は，安心感の失われた「リスク社会」を招く（Bauman, 2001）。バウマンによれば，文化的な多様性を承認することは政治的過程の出発点に過ぎず，社会における本当の価値は「長い対話を通じてのみ定まる」ものであり，その中ですべての声に耳が傾けられ，誠意と善意に満ちた比較が行われる必要がある（Bauman, 2001）。

本田報告にあるように，熟議の要件として「選好の変容」を据えることは有効である。熟議には複数の構成要素があるとされるが，その中で，戦略的な課題設定や関係者の協働等の他，生成的な学習が必要とされている（Robert, 1997）。つまり，協議に参加する関係者の事前の選好がどれほど多様であっても，熟議を目指す過程では，他の参加者に向けて，自らが前提に置いている価値や理解を開示していく必要に迫られる。この過程が，参加者間に仲間意識を醸成し，熟議の基盤となる信頼と安心を生み出す。

3．熟議民主主義を実現する公教育の在り方と課題

　教育の変革を通して民主主義を再興しようとしたデューイは，民主主義の理想的な側面を焦点化し，社会的な不平等や非民主主義的な権威構造による影響が自治を歪めることを危惧し，政治的なものと社会的なものとの相互作用を強調していた（Jackson, 2015：75-81）。熟議の学習を公教育が保障するには，社会教育を媒介・手段として，社会と公教育の結び直しが必要となる。

　「社会教育」という概念それ自体が多義的であり，その概念に含まれうる領域は広範囲に及ぶ。そのような社会教育の中で「公教育」として保障されている教育機会は一部に過ぎない。これまでの社会教育制度においても，教育委員会制度をはじめとして，社会教育委員会議，公民館運営審議会等，多層的に民主的な意志決定を可能にしていくための装置が設けられてきた。しかし残念ながら，公民館運営審議会はすでに1970年にはその大部分が形骸化の状況に陥っていると指摘され（岡本他1970），度重なる制度変更により任意設置化されている（大田1987）。つまり，「熟議」を実質化していく上で，「公式」の装置だけに頼るには限界がある。

　地域コミュニティではエリート層だけが「脱領域化」（Bauman, 2001）していく中で，地縁的な関係性を基盤とするコミュニティの再建は益々困難となっている。そこに埋め込まれている「抑圧」や「沈黙」をどう乗り越えていくかが課題である。一方で，昨今の動向として，全国各地で脱地縁化した新型の生涯学習ネットワークが出現している。報告では尼崎市の事例を紹介したが，それらは地縁的なコミュニティを越境し，形式として任意団体（実

行委員会など）の形を取りつつも，「公式」の制度（自治体の施策）として
のプラットフォームに組み込まれている。事務局を自治体の担当部署が担う
が，運営の大半は市民ボランティアに支えられている。その「市民として」，
自治体職員を含む多職種の人々が集っている。直接集って話し合いをする限
り地理的な制約は受けるが，少なくとも地縁的な制約を取り除き，より実質
的な「熟議」を目指して，コミュニケーションの機会を具体化している。

　今後ますます，バーチャルな空間への公教育の「拡張」が進み，ローカル
な直接対話による偏向を取り除き，さらに経験の蓄積を通して熟議の方法を
学ぶこととなれば，「参加」と「熟議」を両立できる可能性は高まる。実践
上の課題は多いが，公共圏と親密圏をいかに結び直すかという点が，熟議の
具体化において重要である。

〈参考文献〉

Bauman, Z.（2001）Community: Seeking Safety in an Insecure World, Polity Press.（＝2008, 奥井智之訳『コミュニティ：安全と自由の戦場』筑摩書房）

Fishkin, J. S.（2009）When the People Speak: Deliberative Democracy and Public Consultation, Oxford University Press.（=2011, 曽根泰教監修『人々の声が響き合うとき：熟議空間と民主主義』早川書房）

Jackson, J.（2015）"Dividing Deliberative and Participatory Democracy through John Dewey", Democratic Theory, vol.2, No.1, pp.63-84. Doi: 10.3167/dt.2015.020105

大田高輝（1987）「公民館運営審議会論：社会教育における住民自治を求めて」，小川利夫編『社会教育の法と行政』亜紀書房，319-349.

岡本包治・中島俊教・近藤春雄・林部一二（1970）「座談会：これからの公民館の運営」，『社会教育』1970年3月号，pp.2-16.

Robert, N.（1997）Public Deliberation: An Alternative Approach to Crafting Policy and Setting Direction, Public Administration Review, vol.57, No.2, pp.124-132.

上田道明（1996）「デモクラシーにおける『参加』と『熟慮』」，日本政治学会『年報政治学』47巻，pp.215-231.

公教育ガバナンスにおける
『協議』の制度化と今後の展望

前原　健二（東京学芸大学）

滝沢　　潤（広 島 大 学）

1．各報告の概要

　課題研究Ⅰでは，3年間の継続テーマとして「公教育制度の変容と教育行政」を掲げてきた。最終年度の今年度は，「公教育ガバナンスにおける『協議』の制度化と民主主義」をテーマに，3名から報告をいただいた。

　本田哲也氏は，最近の教育委員会制度改革で導入され，その運用実態に大きな関心が向けられている総合教育会議を対象として，異なる利益を追求する主体間（首長，教育委員会）での協議が熟議として成立する可能性について理論的な検討を行った。本田氏は，熟議を「熟慮し議論しながら，各自が自らの考えを少しずつ変えること（選好の変容）」と定義し，選好の変容が起こった場合に熟議が成立したと捉えた。そして，総合教育会議において熟議が成立する諸条件とは，①総合教育会議の開催による接触機会の確保，②教育長に加えて教育委員との接触，③外部の専門家からの専門知の調達，④大綱策定へのエネルギーの注力（既存計画で代替しない），であるとした。

　柏木智子氏は，学校ガバナンスを多様なアクターによる学校の共同統治であると捉え，学校運営協議会を教職員，保護者，地域住民，NPO団体，子どもなどのアクターによる協議制度として位置付けた。そして，学校運営協議会における熟議は，ガバナンスの正統性を担保するものであり，困難を抱える当事者が，自明でないニーズを周囲の人々や専門家らとのコミュニケーションを通じて表出することであるとした。しかし，現実の学校運営協議会

による学校ガバナンスには，保護者・地域住民の市民としての成熟性を背景とした民主的正統性の問題があるとした。そのため，学校運営協議会での協議を通じた，⑴学校と地域における多様な価値の普及と寛容な社会（コミュニティ）の創出（熟議の成立）というガバナンス論が追求する理想像の実現だけではなく，熟議が成立しないことで，⑵生活困難層の子どもと保護者に対する排除の発生，⑶国家統制よりも直接的な管理統制と「お仕着せの包摂」および脱領域的な人々の撤退の促進，⑷活動主義の蔓延と疲労の蓄積による統治に対する失望のさらなる高まり，が予想されるとした。これら⑵〜⑷の帰結を回避するために，学校ガバナンスにおける公的機関（学校と教育行政）の役割に着目すべきであり，その役割として①学校ガバナンスを新自由主義ではなく，社会民主主義のツールとして位置づけること，②社会的公正やソーシャル・ジャスティスにもとづく意見提示と採択基準の方針提供，③保護者や地域住民のケアする能力の育成と困難層の声の拾い上げ，④メタニーズの洗い出し，⑤下・中位層（全層）にメリットのあるニーズ応答方法を見つけ出すマネジメントが求められるとした。

　佐藤智子氏は，社会教育・生涯学習の領域に焦点を当て，コミュニティ・ガバナンスの再編を視野に入れた公教育における（公式・非公式の）制度的な協議の場の実態と，そこにおける「熟議」の課題および可能性について検討した。公民館の理念や制度の歴史的変遷を踏まえ，近年の尼崎市における新たな取り組みを現代版・総合社会教育の取り組みと位置づけた上で，社会教育における「熟議」に関して，⑴公民館運営審議会のような「代表」による定型的な（公式の）協議の場の限界と挫折，⑵地域コミュニティにおけるエリート層の「脱領域化」，⑶非定型的で公開性の高い「熟議」の場づくり（「熟議システム」）を指摘した。⑶については，「脱地縁化」した，地域づくりの新型ネットワークの出現（よそ者による地域づくり）や「越境」する公務員たち（公私混合の働き方，「飛び出す公務員」）の持つ可能性，非定型な協議の普及と「熟議」のための学習（教育）（例：アクティブラーニング）の実質化が求められるとした。

2. 討議の展開と論点

　3名の報告を受け，まず論点となったのは，そもそも「熟議」とは何か，それを公教育ガバナンスのなかで（として）どのように意義づけるべきか，であった。これに関して，本田氏は，Learn, think, talkの三つの要素を公教育（ガバナンス）の中でいかに実現すべきかが，それぞれの次元，領域で問われており，総合教育会議において，そのような意味での熟議が成立する条件を考察する必要があると述べた。柏木氏は，熟議の結論（結果）を倫理的道義的側面から検討する必要性があるのではないかとの問いに答える形で次のように述べた。「子どもの貧困」という問題意識からすると，統治の質は，「社会の分断」ではなく「社会の連帯」を導くものとして評価されるべきであり，「社会の連帯」を「社会の統合」として捉えるのではなく，一人ひとりの違いを認め，違いのある他者に関心を持ち，そのニーズを見出し応答していこうとする関わりのある社会が，熟議の先に目指す社会のあり方であるとした。そのため，熟議の結論（結果）として，それぞれの違いに応じたケアのあるソーシャル・ジャスティスを追求していきたいとした。また，その際に，ソーシャル・ジャスティスの理念，内実を明確にするのは，教育行政の役割，責任であるとした。そして，教員は，学校運営協議会において困難を抱える児童生徒に対する理解や支援に関する専門性を持つものとして，管理職には，学校支援団体等（例：「おやじクラブ」）の階層性と活動への階層文化の反映について問題提起するものとして，それぞれ役割があるとした。佐藤氏は，「社会教育的な手法」の可能性を指摘しつつ，その二つの要素として，①Learning by Doing（J.デューイ），②自己教育と共同学習（＝対話的な話し合い）があり，その意味からすれば熟議はあらゆる場面で成立するものであるが，それを制度的に保障するものとしての公教育（学校教育，社会教育）を意義づけることができるとした。

　次に論点となったのが，学校における熟議民主主義への子どもの参加をどのように保障すべきかであった。柏木氏は，「子ども会議」のような取り組みとともに，自身の報告で提起した「いくつもの親密圏から熟議を通じて公

共圏へ」が，「子どもの声の拾い上げ」を想定したものであるとした。その一例として，子ども食堂における子どもの声（自分の問題を認識，言語化できていない場合も含む）を学校へ伝えることで学校の取り組みや問題の改善が図られた例もあるとした。そのため，教育委員会（事務局）が政策執行の場（学校，子ども食堂など）に出かけ，子どもの声を拾い上げ，政策形成（評価）につなげることが重要であるとした。本田氏は，親密圏からの意見の吸い上げは，本来教育委員会制度に期待されているものであり，教育委員それぞれが多様な意見を拾い上げ，問題を提起する役割が改めて重要であるとした。一方，様々な協議体が多元的に多数設置された場合，熟議の当事者として恒常的な参加が難しくなったり，公的な協議体として熟議が制度化されると参加資格が設定され，広範で多様な参加が困難となったりするのではないかとの問題提起もあった。これに関して佐藤氏は，協議体のネットワーク化が求められ，各協議体を「横串」で結びつけるような場・コミュニティ（ソーシャル・ビジネス，NPO等）が重要であり，また，インフォーマルな場，機会が公的な協議体を補う機能を持ちうるとした。

　最後に，司会から3年間の課題研究Iをトータルで捉えた場合，（公）教育の市場化（私事化）が促進される中で，熟議がどのような意義，機能を持ちうるのか，言い換えれば，脱領域化している階層が，公教育からの退出や積極的な選択によって，公教育全体の動向に影響を与える状況をどのように考えるのか，そして，その一方で，そうした階層がそれほど賢い選択ができていないのではないか，との問題提起がなされた。これに関して柏木氏は，Z.バウマンが指摘するように，こうした階層も，不安を抱えつつ，（統制の弱い）入退出可能なコミュニティを求めているとした。そのため，佐藤報告の尼崎市のような入退出自由な場，居場所を整えていくことや，学校のカリキュラムの中で，無関心から子どもが脱することを意図した実践（例：ホームレスの実態についての学習）を積極的に位置付けることが重要であると述べた。これに関して佐藤氏は，尼崎の取り組みは，異質な人と出会う場を設定することであり，（階層化され，分断化された状況を脱し）新しい関係を作る思考力（創造性）を育む可能性があるとした。

合理的配慮と教育行政研究の課題

雪丸　武彦（西南学院大学）
石井　拓児（名古屋大学）

【趣旨】

　2011年の障害者基本法の改正，2013年の障害を理由とする差別の解消の推進に関する法律（以下，障害者差別解消法）の成立により，国内法において合理的配慮の提供が規定された。障害者差別解消法では合理的配慮の不提供は差別となることが明記された。こうして，障害者の合理的配慮の権利が確認され，当事者による表明と合意形成の手続きが保障されることになった。公立学校においても，この一連の手続きを経て，障害児に対する合理的配慮の提供はなされなければならないものとなっている。

　一方，合理的配慮は，変更・調整の対象となる通常の教育の側が「過重な負担」のない場合に提供されるとの条件があり，その「過重な負担」の捉え方次第では，合理的配慮の権利としての意義が薄まる危険性を伴っている。すなわち，通常の教育の側が「過重な負担」を強調することによって，当事者にとって望ましいとは言えない合意形成がなされ，結果，十分な配慮を得られない可能性がある。特に，教育の機会均等の理念のもと，教育における一定の共通性を法的次元において規定し，さらに学校文化的次元においても実現してきたこれまでの日本の歴史に鑑みると，その可能性はにわかには否定できない。

　この点，注意したいのは，通常の教育の側，すなわち教育委員会や学校にとって合理的配慮の提供や合意形成に関する経験は多くはない，ということである。合理的配慮の概念は海外由来のものであり，これまで実務上検討さ

れることはなかった。それゆえ，教育委員会や学校にとっても，いかに判断すべきか「困り」があると言え，「共生の技法」とも言われる合理的配慮について学ばなければならない状況がある。この学びの質によって合理的配慮の提供の質が規定されると言っても過言ではなかろう。

これらの点を踏まえると，公教育における障害児・者への合理的配慮の提供の水準やそのための手続きのあり方をどのように考えるべきかについて指針をもたらすような学問的追究がなされる必要がある。

本課題研究では，以上のような問題意識のもと，合理的配慮の提供義務の範囲をめぐる紛争の実例を用いて教育行政における合理的配慮の提供に関する課題を浮き彫りにしつつ，合理的配慮の提供の水準やそのための手続きのあり方について検討することとした。

髙森裕司氏（弁護士）には，愛知県内の医療的ケア児に対する合理的配慮の提供をめぐる裁判の原告側弁護士として，紛争の経緯や教育委員会，学校との話し合いにおける双方の主張の対立点等を具体的にお話しいただくこととした。課題研究での報告依頼時，また報告時においても裁判は継続中であったのにもかかわらず，快く報告を引き受けていただいた髙森氏に，そして本課題研究における実例の報告を認めていただいた児童及びそのご家族に対し，記して感謝申し上げたい。

松原信継会員には，アメリカにおける訴訟とは異なる紛争解決手段であるADR（代替的紛争解決）について研究を重ねてきた立場から，また日本国内においてもメディエーションの実践，普及を進めてきた立場から，アメリカにおけるADRの仕組み，手続きや運用実態，そして日本における合理的配慮の提供のプロセスにおけるメディエーションの導入の可能性について報告していただいた。

近年個別法領域として新しく確立しつつある障害法分野の専門家として川島聡氏をお呼びした。障害者政策委員会差別禁止部会委員としても活躍された同氏に，合理的配慮をめぐる要素，その提供における対話の必要性，不当な差別的取扱いに関する２つの学説を報告いただくとともに，それぞれの学説の立場を踏まえての裁判事例の検討をしていただいた。

医療的ケア児の教育保障をめぐる差別解消をめざす裁判について

髙森　裕司（弁護士・弁護士法人名古屋南部法律事務所平針事務所）

１．はじめに

　本件訴訟は，公立小中学校（普通学級）における医療的ケア（喀痰吸引）を要する障害児の教育保障，学校及び教育委員会（以下「学校側」という。）の対応のあり方を問う裁判である。

　本件事例を紹介し，本件事例における学校側の対応を通じて，医療的ケア児に対する合理的配慮のあり方について問題提起してみたい。

２．事案の概要

　愛知県内の公立小学校（現在は公立中学校）に通学している本児は，出生後まもなく声門下狭窄症の診断を受け，現在は気管にチューブが挿入された状態で生活している。そのため成長とともに頻度は少なくなっているものの，学校にいる間も痰吸引が必要となる。

　小学校入学時，教育委員会は，医療的ケア実施に関する要綱等を制定するとともに，支援員１名を配置した。しかし，①支援員は１名のままで，②支援員の配置以外の喀痰吸引器具等の経費負担は保護者であり，③喀痰吸引器や連絡票は保護者が毎日持ち運びせねばならず，④支援員が不在の場合や器具の持参がない場合は医療的ケアを実施しない，すなわち授業が受けられな

いといった様々な問題があった（A）。

　また，校外学習に親の付き添いが要求されたり（B），水泳授業への参加を認めない（C）など，障害を理由とした他の児童には付さない条件を付すなどの差別的取扱いがなされたり，通学団保護者から親の付き添いを入団の条件とされる差別を受けているのに学校側はそれを放置する（D）など合理的配慮の提供がなされない状態であった。

３．交渉及び訴訟の経過

　本児と両親は，学校側と粘り強く交渉し続けた。５年生の２学期も終わるころになってようやく，保護者が準備した喀痰吸引器を学校に置くこと，連絡票は本児が提出すればよいことが「特別の措置」として認められた。また，６年生になってようやく支援員が２名の交代制になった。

　しかし，喀痰吸引器を学校側で準備することは「前例がない」という理由で認めず，器具や支援員の問題で医療的ケアを実施できない場合は当然に授業が受けられないという態度は変わらず（A），校外学習への付き添い要求は６年生になっても続けられ（B），水泳授業は４年生になってようやく実施されたものの６年生の途中まで低学年用プールであり（C），登下校については学校側としても保護者の付き添いが必要とし，当初は医療的ケアが必要なことを理由としていたが，「落ち着きがない」という理由を追加してまで付き添いが必要という見解を変えることがなかった（D）。

　学校側との直接交渉（５年次２学期から代理人弁護士も加わり，月に１回のペースで計８回話し合いをした）では埒が開かず，県教委からの指導を求めたところ，県教委は両親の話は聴いたものの，市町村の教育委員会に指導できる立場にないと積極的には動かなかった。

　そこで障害者差別解消推進条例のある愛知県の担当部署に相談したが，市町村の教育委員会との間の紛争は対応できないと門前払いであった。

　他に有効なADRも見当たらず，やむを得ず提訴することとなった。

　2018年７月，学校の設置者である地方自治体を被告として，喀痰吸引器の

取得・管理の義務付け訴訟と上記A〜Dを主な違法事由とする国家賠償請求を名古屋地方裁判所に提訴した。同年9月の第1回弁論期日以降，現在も係属中であるが，年内にも尋問が行われ，年度内には判決となる見込みである（付記：その後，校長，教育長の尋問を終え，長い和解協議は決裂し，判決期日は2020年8月19日と指定されている）。

4．合理的配慮についての共通理解の必要性

　喀痰吸引器の取得・管理の義務付け訴訟については，主に障害者差別解消法上の合理的配慮として学校側に喀痰吸引器の取得・管理の法的義務があるかどうかが争われている。学校側は請求の特定を争うとともに，障害者差別解消法から具体的請求権が発生するものではないなど，訴訟要件や法律の解釈の部分で争っており，「過重な負担」の主張はしないと明言している。

　喀痰吸引器の取得には他の備品を含めても10万円以内で収まることから，「過重な負担」を財政面の問題だけから主張できないと判断していると思われる。一方，裁判の中で学校側は，これを認めれば将来補聴器やメガネまで学校で購入せよという意見が出かねないことを危惧して喀痰吸引器も学校側で準備できないと述べている。その意味では，まさに「特別の措置を差別と解してはならない」（障害者権利条約5条4項）という合理的配慮の本質に関わる部分が問題となっていると言え，この点について共通の理解があれば，交渉において違う展開があったかもしれない。（付記：その後，不特定多数の障害者を前提とした努力義務である事前的改善措置の問題と，特定の本児を前提とした法的義務である合理的配慮の提供を混同すべきでないことも主張した。）

5．不当な差別的取扱いと合理的配慮の不提供の関係

　校外学習（B）や登下校（D）の付き添い要求は，他の児童には付さない条件を障害のある本児にだけ付すもので不当な差別的取扱いと言え，かつ，

保護者に付添いを求めないで医療的ケアを実施することを保障しない点で合理的配慮の不提供とも言える。水泳授業（C）も，障害を理由に参加させないのは不当な差別的取扱いと言えるが，本児の成長発達に応じた教育プログラムを提供しなかった点で合理的配慮の不提供と言える。喀痰吸引器の取得・管理（A）も，合理的配慮の不提供であり，かつ，本児だけそれを就学条件とする点で不当な差別的取扱いと言える。

これに対し学校側は，校外学習に付き添いを求める正当な理由として，医療的ケアを行うための人的体制の問題を主張しており，合理的配慮の過重な負担の主張とも言える。

このように具体的事案で検討してみると，障害者差別解消法の不当な差別的取扱い（7条1項）の問題か，合理的配慮の不提供（7条2項）の問題かというのは，単純な二者択一の関係にないことが分かり，正当な理由の有無と，過重な負担といえるかどうかという点も，検討内容が重なる部分が出てくることが分かる。

6．「できない」ではなく「どうやったらできるか」

いずれにせよ，目的は，本児に教育を受ける権利が実効的に保障されねばならないということである。本児の成長発達のため，他の児童が享受している教育体制・環境を，本児に対してもどうすれば実質的に保障できるかが問題の核心である。「できない」ではなく，「どうやったらできるか，具体的に何をすればいいか」を考えるのが，教育者の使命であり，大人の役割なのではなかろうか。学校側，保護者だけでなく，医療，福祉，研究者をはじめ社会全体で考える必要がある。

本件訴訟で，国家賠償法上違法との判決を得られても，「しない，できないではだめ」とされただけであり，そこでようやく「どうやって保障するか」という議論が，学校側と保護者が同じテーブルについてスタートすると言えよう。一日も早く保障内容の具体的な方法論を考えるレベルに進む必要がある。

「合理的配慮」をめぐる紛争解決に ADRを活用することの意義と課題
―米国のIDEAにおけるメディエーション（mediation）に注目して―

松原　信継（清泉女学院大学）

１．はじめに

　2013年に制定された『障害者差別解消法』第14条には「国及び地方公共団体は，…障害を理由とする差別に関する紛争の防止又は解決を図ることができるよう必要な体制の整備を図るものとする」とある。障害や合理的配慮をめぐる今後の紛争の増大を念頭に早急に紛争解決のための体制づくりを進める必要があるが，先行する米国においてはADA（The Americans with Disabilities Act of 1990, P.L.101–336）が施行された1992年と翌年1993年とを比較すると，EEOC（アメリカ平等雇用機会委員会）の障害に関わる苦情受理件数はなんと15倍にまで膨れ上がった経緯がある。同国ではこれを受け，障害をめぐる紛争解決方法に関してメディエーションの採用へと大きく舵を切った。本報告はこのメディエーションという方法に注目し，わが国の合理的配慮をめぐる問題にこれを採り入れる意義と課題を論ずるものである。

２．合理的配慮に関わる紛争解決にメディエーションが適する理由

　障害に関わる合理的配慮の問題について，なぜメディエーションが適しているのか，３点に絞って記しておきたい。

(1)　障害法を専門とする川島聡が「合理的配慮を提供するプロセス（合理的

配慮の手続）は…事後的性格，個別的性格，対話的性格を有する」もので
あると指摘する通り，その個人が必要とする合理的配慮が何であるかは千
差万別であり，基本的に「対話」を通して確定していく他はない。これは
メディエーションという解決方法がもつ基本的な特徴と合致している。

(2)　障害に関わる紛争解決手続においては完全な参加が与えられてきたとい
う当事者の感覚を満足させることが大切であり，こうした感情の側面は，
その勝ち負けに関わらず，きわめて重要な要素となり得る。当事者の満足
感の高さはメディエーションのもつ最も大きなメリットの一つでもある。

(3)　親と学校・教師の敵対的な関係―信頼関係の毀損―は子ども自身の教育
や発達に深刻な影響を及ぼす。教育紛争は継続性をもち，子どもは目の前に
存在し続ける。「対話」をベースとしたメディエーションは，親と学校の間の
敵対的な関係を弱め，子どものエンパワメントを可能にする方法と言える。

3．メディエーションと1997年IDEA

メディエーションとは「紛争当事者が相互に合意し得る解決に到達するこ
とを助ける中立的第三者が関与する非拘束的な紛争解決の方法」（Black's
Law Dictionary）と定義され，紛争当事者が長期にわたる関係性のなかにあ
りながら合意に達することができないような状況において有効であるとされ
る。米国でこの方法が正式に教育関係の連邦法の中にとり込まれたのは，
1997年IDEA（the Individuals with Disabilities Education Act
Amendments of 1997: IDEA1997, P.L.105-17）が最初であった。先行する全
障 害 児 教 育 法（Education for All Handicapped Children Act of 1975 :
EAHCA, P.L. 94-14）が厳格なデュープロセス・ヒアリングという紛争解決
手続を定めていたにも関わらず，なぜメディエーションが導入されることに
なったのか。これに関して，同法制定時の連邦議会の議事録（S.717 法案・
上院委員会レポート）は，「メディエーションが用いられている諸州におい
ては，訴訟が減少し，子どもの最善の利益を念頭においた決定をしながら，
親と学校が互いの相違を友好的に解決している」と指摘し，「今後はメディ

エーションがIDEAの下での紛争解決にとって"標準"となるだろう」と記している。

　実際のところ，メディエーションは，この1997年に至るまでに，マサチューセッツ州を皮切りに次々に諸州によって採用され，先行実施されていた。その事実の中にもこの紛争解決方法の使い易さが見てとれるだろう。

４．メディエーションの効果

　IDEAにおけるメディエーションの実施数は州によって大きく異なるが，その解決率は全米レベルで概ね70％に達している。興味深い事実は，デュープロセス手続に伴うメディエーションの解決率が平均63.0％であるのに対して〔図１〕，デュープロセスに関連しないメディエーションの解決率は平均で76.5％と13.5％も高くなっていることである〔図２〕。これは，後者の方が当事者が敵対的になっていないからだと考えられる。つまり，メディエーションはより早期に行った方が効果が高いということである。メディエーションの解決に要する

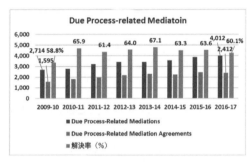

図１　デュープロセス関連のメディエーション数と解決率の推移（全米レベル）

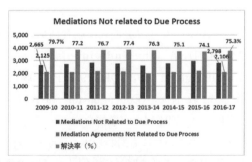

図２　デュープロセスに関連しないメディエーション数と解決率の推移（全米レベル）

両図はThe Center for Appropriate Dispute Resolution in Special Education（CADRE）のData Resourcesに基づき報告者が作成したもの

日数もきわめて短く，実際1日で終了することもある。また，メディエーションの経費は州が負担し―F. R.§300.506(b)(3)―当事者の経済力にも左右されない。

さらに，EEOCの障害差別に関わるメディエーションの効果を示したものが〔図3〕である。ここでも

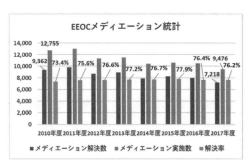

図3
EEOC Mediation Statistics FY 1999 through FY 2017 に基づき報告者が作成したもの

その解決率は平均で76.3％と高い数値を示しており，CADREの2018年度統計によれば，メディエーション手続に当事者の97.2％が満足し，将来再びこれを利用したいと答えている。

5．日本における課題

「合理的配慮」という言葉はThe Rehabilitation Act of 1973（P.L. 93–112）や前述のADAで使われている用語であり，IDEAでは「適切な教育」という語句が使用されている。いずれにせよ，これらの法にはメディエーション規定が存在しており，日本の合理的配慮に関わる紛争にこの方法を利用すれば，必ずや大きな成果が期待できよう。以下，そのための課題を示しておきたい。

一点目は，何よりも質の高い教育メディエーターが養成され，配備されることである。これに関しては，2018 年度から愛知教育大学の教育ガバナンスコースにおいて教育メディエーターの養成が始まり，間もなく（2020年度末に）大学認定資格による教育メディエーターが誕生する予定であることを報告しておきたい。

二点目は，この教育メディエーターと，導入が進められつつあるスクールロイヤーとの協働関係の確立である。後者の仕事は，基本的に紛争予防であり，実際に紛争が生じた際の調停的な行為は想定されていないことに注意す

べきであろう。

　三点目は，メディエーションにあたって親のリソース不足を補強すべく，日本においても米国のような親へのアドボケート体制を整える必要があることである。

　最後に，四点目として，秘密性を重視するメディエーションといえども，公的なアカウンタビリティに応える必要はあり，日本でも合意の結果を活用するシステムの構築が考えられてよい。

〈主な参考文献〉

川島聡・飯野由里子・西倉実季・星加良司（著）『合理的配慮―対話を開く，対話が拓く』有斐閣，2016年。

Steven S.Goldberg, "Schools Versus Student's Right: Can Alternative Dispute Resolution Build Community ?," *Journal for a Just and Caring Education*, Vol.1, No.2, April 1995.

Jacqueline M. Nolan-Haley, *Alternative Dispute Resolution*, St. Paul, Minn., West Publishing Co., second ed., 2001.

合理的配慮と不当な差別的取扱い

川島　　聡（岡山理科大学）

　１．障害者差別解消法は，不当な差別的取扱いと合理的配慮の不提供とを禁止する。本報告では，(2)ある医療的ケア児の就学裁判を紹介した上で，(3)不当な差別的取扱いに関する２つの説（制限差別除外説と制限差別包含説）の比較検討を通じて，不当な差別的取扱いと合理的配慮との関係を明らかにする。そして，(4)制限差別包含説をとった場合には，差別的取扱いを正当化する理由（「正当な理由」）の存否が判断される際に，合理的配慮のみならず，これとは別の措置も考慮に入れられうる，ということを指摘する。

　２．大谷恭子「保護者の意向に反して特別支援学校を就学強制できるか――川崎医療的ケア児の就学裁判から」『福祉労働』161号（2018年）は，医療的ケア児の就学裁判について論じている。大谷によれば，本件は，人工呼吸器を使用し医療的ケアを必要とする男児（６歳）と両親が原告となって，川崎市（教委）と神奈川県（教委）を相手取って訴えた裁判である。両親はこの児童が地元小学校に就学することを強く希望したが，市教委はこの男児の就学先は特別支援学校が適すると判断し，県教委からは県立特別支援学校の学校指定がなされた。本件では，障害児の教育ニーズに応じた「専門的教育」（専門性）や，医療的ケア児の「安全な学校生活」（安全性）を理由として，本人・保護者の意向に反して特別支援学校就学を強制するのは，障害に基づく不当な差別的取扱いになるかどうかが，最大の争点となった。つまり，ここでは専門性や安全性が，インクルーシブ教育を制限する「正当な理由」

となるかが問題となったのである。

　大谷は，専門性や安全性は抽象的に判断されてはならず，また特別支援学校でなければ当該児童の教育を実現することができない，という「具体的かつ明白な理由」がなければならず，この具体的な理由を説明・主張・立証する責任は市教委にある，と述べる。そして大谷は，特別支援学校への就学強制が「不当な」差別的取扱いにあたらない場合というのは，「合理的配慮義務を尽くしてもなお，分離しなければ当該児童の生命身体に具体的・現実的な危険が生じる場合，あるいは，分離しなければ当該児童の教育が実現できないような，極めて例外的な場合に限定されるというべきである」と主張する。ところが，本件では合理的配慮が尽くされたかどうかが全く考慮されていないし，検討すらされていないとして，大谷は，市教委の判断・県教委の処分に「正当な理由」は存在せず，それは不当な差別的取扱いにあたり，違憲・違法であると結論付ける。

　3．このような医療的ケア児の就学裁判そのものについて，本報告は詳しく検討するものではない。本報告で指摘したいのは，より基本的な論点として，不当な差別的取扱いについては制限差別除外説と制限差別包含説があり，前者をとると不当な差別的取扱いと合理的配慮は重ならないが，後者（大谷も依拠していると思われる説）では両者が重なりうる，ということである。

　制限差別除外説は，法の禁止する不当な差別的取扱いには，障害者の抱える「制限」を理由とする差別的取扱いは一切含まれない，とする説である。制限差別除外説では，障害者が，普通学校の入学を認められなかった場合に，どのような者が比較対象者に据えられるかと言えば，それは実際の「制限」を持つ者である。「制限」の典型例は，能力の「制限」である。たとえば「機能障害」があり移動面の「制限」もある障害者(X)が，その障害（特に「制限」）を理由として入学が認められなかった場合，制限差別除外説では，その比較対象者となるのは，Xと同様の「制限」を抱えている非障害者となる。そしてこの説では，Xは比較対象者と比べてより不利に取り扱われていないことになる。なぜなら，移動面の「制限」を抱えているXのみならず，

移動面の「制限」を抱えている比較対象者（非障害者）も，その「制限」を理由に入学をひとしく認められないはずであり，この意味で，Xが比較対象者と比べて差別的取扱い（より不利な取扱い）を受けている，ということにはならないからである。ここでは，そもそもXが差別的取扱いを受けているわけではないため，「正当な理由」の有無を問う前提を欠く。よって，「正当な理由」の有無を判断する際に合理的配慮を考慮に入れるか否か，という問題自体も生じない。制限差別除外説の下では，実際の「制限」ゆえにではなく，障害者への偏見やステレオタイプや嫌悪ゆえに，Xが比較対象者と比べてより不利に取り扱われるのであれば，そのことは不当な差別的取扱いの問題を惹起させる。

　この制限差別除外説の抱える難点は，障害者の法的概念と関係する。この概念が示すように，障害者は，基本的に「機能障害」とともに，何らかの「制限」を抱えた者である。「制限」は，障害者・障害者差別の重要な特徴をなすものだといってよい。にもかかわらず，実際の「制限」の有無について，同様の状況にある者を比較対象者とする制限差別除外説は，障害者がその「制限」を理由に入学が認められないことを，差別的取扱い（より不利な取扱い）として観念しない。この意味で，制限差別除外説は，法の下で禁止される「障害者に対する不当な差別的取扱い」の射程を狭くし過ぎている，という問題がある。

　これに対して，制限差別包含説は，不当な差別的取扱いは，障害者の抱える「制限」を理由とする差別的取扱いを含む，とする説である。この説は，比較対象者を「制限」がない者とする。すなわち，障害者が何らかの「制限」を抱えていた場合は，比較対象者は同様の「制限」を抱えていない者となる。この説では，たとえばXが普通学校の入学を認められなかった場合は，その比較対象者は，Xと同様の機能障害を持たず，かつXと同様の「制限」がない非障害者となる。「制限」を抱えるXは，その「制限」ゆえに普通学校への入学を認められず，同様の「制限」を抱えていない非障害者（比較対象者）と比べて差別的取扱い（より不利な取扱い）を受けていることになる。やむを得ない事情がなければ「正当な理由」は認められず，法の下で禁止さ

れる「不当な」差別的取扱いが発生する。そして，やむを得ない事情の有無が判断される際には，合理的配慮などによって「制限」を実際に取り除くことができるか否かが問題となりうる。

4．医療的ケア児の就学裁判に関する大谷論文は，「正当な理由」の判断に際して，合理的配慮を尽くしたかどうかを問題にしている。このことは，大谷論文が，本報告でいうところの制限差別包含説に立っているからだと思われる。ただし，実のところ，制限差別包含説に立てば，合理的配慮のみならず，それとは別の措置が講じられたか否かも問題にしうる。すなわち，合理的配慮は，本来業務付随性（たとえば特定行為以外の医療的ケアが普通学校の本来の業務に付随するか否か）などの要件を満たすものであるが，制限差別包含説では，当該要件を外した措置が講じられたか否かも問題にしうる。さらに，「正当な理由」の存否を判断する際には，個別的・事後的な性格をもつ合理的配慮が尽くされた否かのみではなく，集団的・事前的な性格をもつ事前的改善措置が講じられたか否かも問題にしうるであろう。

（付記：本学会の報告後，高松高等裁判所に提出した意見書（2019年12月3日付）の中で，制限差別包含説の問題点に関する検討を含め，不当な差別的取扱いの概念を包括的に検討する機会を得た。）

「合理的配慮」の観点から戦後日本の 「学校と教育行政」を問い直す

石井　拓児（名古屋大学）
雪丸　武彦（西南学院大学）

　本課題研究では，障害者権利条約に示されるような障害者の人権規定をめぐる国際法の新しい水準をふまえつつ，さらには，わが国における法制定状況（2011年の障害者基本法，2013年の障害者差別解消法）にもとづき，学校その他の教育機関における合理的配慮の提供・実施にかかわる具体的な問題や課題をとりあげ検討をすすめ，さらには合理的配慮をめぐる当事者間の調整方法として注目されるADR（代替的紛争解決）の仕組みや考え方などを参照に，今後の教育行政のあり方および教育行政学の研究課題について検討を行った。

　こうした課題の設定にあたり，課題研究推進員会の大きな関心は，障害者・児童への合理的配慮のあり方は，従来（戦後日本）の学校と教育行政をめぐる特殊な教育制度的・学校文化的な問題を問い直すことにつながるのではないか，という点にあった。「合理的配慮」の観点から一斉授業方式や一斉学力競争試験方式といった諸制度を問い直すことは，とりもなおさず，成長発達にさまざまな困難さやしんどさを抱えて生きているすべての子どもたちにとっても，重要な課題となるのではなかろうか。以下，こうした観点から本課題研究の報告ならびに論点について取り上げ，考察を加えることとしたい。なお，紙幅の都合上，敬称は省略させていただいた。

　髙森裕司（弁護士）は，愛知県内の公立小学校の普通学級に通う医療的ケア児に対する学校と教育委員会の合理的配慮の提供義務の範囲を問う裁判を担当してきた観点から，本件訴訟に至った経緯として，当事者による合理的

配慮の要請の具体的内容とこれに対する学校・教育委員会の対応はどのようなものであったかについて検証し，本件訴訟での論点と課題をあげた。

　なかでも髙森が指摘するように，障害者権利条約5条4項にかかわる「特別の措置を差別と解してはならない」という点について，学校・教育委員会との間で十分な共通理解を得ることが難しかったことは，今日の「教育における機会均等」あるいは「教育の平等原則」をとらえ返すうえでは重要な論点であったと思われる。もとより子どもの成長発達には，障害の有無にかかわらず，教育的にも支援的にもそれぞれにニーズの違いが存在することが，科学的にも客観的にも次第に明確になってきている。それぞれに独自のニーズが存在していることが明確である以上，これに具体的に応答する措置が必要であることは言うまでもないことであろう。

　ひるがえってわが国の教育行政にあっては，「形式的な平等」，例えば「授業時間数の確保」や「均質な教科書・教材の提供」さえ行っていれば「平等性」は確保されているとみなす傾向が強くないか。しかも，この「形式的な平等機会の提供」さえ行っていれば，最終的な「出口」としての「高校入試・大学入試」の段階で実施される「学力」測定によって生じる差異（見方によっては差別的取扱い）は，すべては「本人の努力の結果」として受容され，社会的に受容されるという結果を招いてはいないであろうか。このことは，学力・能力概念の再検討という課題に加え，今日の子どもの貧困支援のあり方（貧困と学力格差）といった問題についても再検討を促すものであろう。

　本会会員の松原信継は，アメリカの「メディエーション（mediation）」の実践に着目し，訴訟とは異なる紛争解決制度であるADRの仕組みと手続きについて報告を行った。松原によれば，メディエーションとは，「紛争当事者が相互に合意し得る解決に到達することを助ける中立的第三者が関与する非拘束的な紛争解決の方法」のことであり，当事者間の関係性が長く続く場合には，裁判・訴訟等による関係悪化を回避し，当事者間での合意形成を導くプロセスとして有効なものと認識されているという。

　松原は，こうした紛争解決制度の導入が，わが国の学校・教育行政において，さまざまな面で大いに効果を発揮しうるものとなるであろうと提起する。

この課題提起の含意は，おそらく「合理的配慮」の要請とその提供・実施にあたっての合意形成の可能性や対立的関係の回避という制度的・手続き的な側面における効果のみにあるのではなく，子どもの成長発達に即した教育課程プログラムの提供のあり方を問い，そこでの子ども・（両）親・保護者の意見表明機会を設けるとともにこれをより原則的なものととらえる点で，まさに子どもの参加と権利（親・保護者の権利）を位置付けた根源的な権利義務関係に理念的なモデル構築という効果をもたらすものと言えよう。

これまでわが国の教育行政学研究において，（両）親・住民の学校参加・教育行政参加をめぐる研究的な関心と課題，あるいは学校で提供される教育内容・教育課程の地域単位での合意形成といった理論的課題は，広く共有されさまざまな観点から追究されてきたものであるが，先の髙森報告にみられた裁判事例をとってみても，今日の学校と教育行政をめぐる制度実態は，まだこれらの研究課題の追究がその途上にあることを示しているのではなかろうか。また，あるいは，子ども・（両）親・保護者の学校参加・教育行政参加を阻んでいるものは，いったい何の，どのような意識や状況が生み出しているものなのかをじつは示唆しているのかもしれない。

最後に，新しい個別法研究の領域として定着してきた，障害法分野で研究をすすめている川島聡は，国際法・国内法における障害者への合理的配慮と不当な差別的取扱いに関する基本的な考え方を整理検討したうえで，合理的配慮をめぐる7つの要素（①個々のニーズ，②社会的障壁の除去，③非過重負担，④意向の尊重，⑤本来業務の付随性，⑥機会平等，⑦本質変更不可）を示しつつ，なかでも「意向の尊重」の原則の観点から当事者間での対話の重要性を指摘した。

また，川島は，医療的ケア児の就学指定をめぐる裁判事例を素材として検討し，制限差別除外説が障害者に対する不当な差別的取扱いの範囲を狭くし過ぎているという難点を抱えているのに対し，制限差別包含説が合理的配慮が尽くされたかどうかについて，さらには個別的・事後的措置のみではなく，集団的・事前的措置を含めた施策が講じられたかどうかについても問題としうる点で有効であるとした。

こうした観点に立てば，学校および教育行政は，合理的配慮の要請があった場合には，現実の制度的条件を前提としたうえで個別的配慮の限界を理由として（これを「正当な理由」として）差別的な取扱いをすることはできないということになる。

　このことは，障害者差別解消法5条の「基礎的環境整備」義務とつながってくる。報告者間の討論では，この「基礎的環境整備」のなかには，とうぜんのことながら施設設備等の改善といった教育行政の条件整備義務が含まれ，さらには合意形成手続きにおけるミディエイターやスクールロイヤー，アドボケイターといった専門家の配置もその一環に組み込まれるであろうことが確かめられた。また，学校は，地域における障害に対する理解を深め，障害者差別に対する偏見や無知を除去するよう努める義務がある。そのためには，研修を通じた教職員間の理解を促進することが必要不可欠であるが，さらには，各家庭との協力を通じ，子どもたちとともに障害について学ぶ機会をつくりだしていく契機となるものであろう。

　以上，本課題研究の成果を総括的に表現するならば，「合理的配慮」をめぐる要請と提供・措置をめぐる問題は，学校・教育委員会，子ども，（両）親・保護者の関係者間での「対話」を通じた合意形成の重要性について，実践的にも理論的にもあらためて問い直すものになるということである。逆に，こうした合意形成手続きが日本の学校・教育行政のなかに広がり定着することによって，これまでの学校内部や教育行政における意思決定のあり方そのものが変革されていくのかどうかが問われていると言えよう。その変革可能性が，特殊な日本の学校組織文化（制服・校則，勝利至上主義の部活動，一斉授業モデル，そして管理主義教育）や教育システム（過度に競争的な受験競争など）にもたらすインパクトは決して小さくないであろう。

　最後に，本課題研究にご協力いただいた登壇者にあらためて感謝と御礼を申し上げたい。ここに記した報告・質疑・討論のまとめは，石井・雪丸の両名によるものであり，力量不足ゆえ内容を十分に汲みつくすことはできていない。文章責任はもちろん我々にある。登壇者ならびにフロア参加者の皆様にはぜひご批判とご批正をお願いしたい。

学校教育の質の向上への
教育委員会の支援施策

大桃　敏行（学習院女子大学）

【趣旨】

　地方分権一括法の制定から20年が経ち，教育の領域でも独自の取り組みが行われるようになってきている。埼玉大学で開催された2019年大会のシンポジウムでは教育の条件整備面に焦点が当てられて，埼玉県内の３つの自治体から報告がなされ，地方分権改革の意義や国の責任などについて検討が行われた。特別企画は教育の内容や方法面を対象として，「学校教育の質の向上への教育委員会の支援施策」をテーマに，大阪府教育センターの植木信博カリキュラム開発部長とさいたま市教育委員会の細田眞由美教育長をお招きして実施した。特別企画の趣旨として「本学会と行政現場との交流や対話」の積極的推進があげられてきたが，2019年大会はシンポジウムと特別企画でこの趣旨を共有しての開催であった。

　今次の学習指導要領の改訂では，知識や技能だけでなく思考力，判断力，表現力，さらに学びに向かう力や人間性など広い能力や資質の育成が求められている。そのために，主体的・対話的で深い学びの視点からの授業改善，カリキュラム・マネジメントによる教育活動の質の向上や学習の効果の最大化を図ることとされている。総じて，学校教育の質の向上が求められているといえよう。これに対して教育委員会はどのような支援施策を行い，そこにはどのような意義や課題がみられるのか。

　大阪府は，大阪の子どもたちの学力をはじめとした様々な教育課題を踏まえ，平成21年１月に「大阪の教育力」向上プランを策定した。そこでは，「教育の拠点は学校である」という基本に立ち返り，「『学校力』を高める」

を目標の一つに掲げている。大阪府教育センターにおいては，府内小中学校における授業改善の推進をめざした「大阪の授業STANDARD」の策定とそれを活用した研修や，府立高校全体の「学校力」向上をめざした教育センター附属高等学校との協同による教育実践とその成果の発信・普及などに取り組んでいる。さいたま市では，児童生徒が社会の変化に積極的に向き合い，他者と協働して課題を解決しながら新たな価値を創造する力などをはぐくむことが求められるなかで，ICTを活用した「アクティブ・ラーニング」型授業研究や「『よい授業』集計システム」の活用，また「全国学力・学習状況調査」と「さいたま市学習状況調査」を「学びの向上アクションマップ」のPDCAサイクルに位置付けての「学力向上ポートフォリオ」の作成など，授業改善のための独自の取組を推進している。（本段落は「大会プログラム」で報告者に執筆していただいた文章を大桃が常体に揃えたもの。また「大阪の授業Standard」を「大阪の授業STANDARD」とした。）

　「大阪の授業STANDARD」は「子ども主体の授業づくり」を掲げ，学校教育の質の向上にむけた支援を行おうとするものである。背景に，教員の大量退職・大量採用による若手教員への支援，若手教員の育成を担う中堅教員への支援の必要性の認識がある。大阪府は広域自治体であるが，このような施策の実施にあたり，府教育委員会（教育センター）は市町村教育委員会とどのような連携をはかり，各学校への支援を行っているのか。また，教育センター附属高等学校の設置は独自性の高い取り組みであるが，センターと高等学校でどのような連携がなされ，その成果は他の府立学校にどのように発信されているのか。さいたま市は「アクティブ・ラーニング」型の授業研究や「学力向上ポートフォリオ」の作成，自然体験活動などにより，数値化できる学力の向上だけでなく非認知的能力の育成に取り組んでいるが，両者の関係はどのようにとらえることができるのか。さらに，大きな都市では地域間の格差も想定されるが，それに対して首長部局との連携を含めてどのような施策をとることができるのか。

　大阪府とさいたま市の取り組みに学びつつ，学校教育の質の向上にむけた教育委員会の役割について検討を深めていきたい。

授業改善や学校改革による
「学校力」を高める大阪府の取組

植木　信博（大阪府教育センターカリキュラム開発部長）

１．はじめに

　大阪府教育委員会が平成21年１月に策定した「大阪の教育力」向上プランにおいて目標の一つに掲げた「『学校力』を高める」ことをめざし取り組んできた，「大阪の授業 STANDARD」による府内小中学校における授業改善の推進，及び，大阪府教育センター附属高等学校における教育実践と府立学校全体に向けた成果の発信・普及について報告する。

２．「大阪の授業 STANDARD」による授業改善の推進

　平成19年には大量退職・大量採用が始まっており，新規採用教員の指導・育成と将来を担うミドルリーダーの養成が喫緊の課題であった。その方策として考えていたのが２つ，一部の教員を集めた研修だけではなく，指導主事等が学校に出向いて研修を行うことと，これまで蓄積してきた知見とこれからの教育に求められる新たな理念を融合させ「見える化」することであった。

　その考えに基づき，指導主事等が学校現場で示範授業を実施するとともに，その授業の様子を録画した動画を用いて授業改善に関する理念を伝えるなど，「出かける指導主事」の取組を実践した。また，こうした取組の趣旨と内容を広く発信するため，「学習指導ツール」として，学習指導案と授業の動画に加え，単元別テストやワークブックなどをあわせてWeb配信するとともに，それらのツールを効果的に使うためのリーフレット「学びを創る10のア

イデア」を作成し，府内すべての小・中学校に配付した。

　こうした取組を通じて各学校に伝えてきたことは，「子どもを大切にする」「子どもの力を信じる」「子どもの力を引き出す」の３つのキーワードを柱とする「子ども主体の授業づくり」であり，そのノウハウや授業改善の理念などを取りまとめたのが「大阪の授業STANDARD」である。

　府内すべての小中学校における「大阪の授業STANDARD」の具現化をめざし，平成24年度，「校内研究支援プロジェクト」を立ち上げた。府内を４地区に分け，府教育センターと市町村教育委員会が協力して，校種・教科別に年間６回のワーキング会議を実施し，その成果を「校内研究の栞」として取りまとめた。また，平成28年度からは，府教育庁，府教育センター及び市町村教育委員会の指導主事が互いに研鑽する指導主事学習会を実施している。

　「大阪の授業STANDARD」では，授業づくりのポイントとして「出合う」「結び付ける」「向き合う」「つなげる」「振り返る」の５つの段階にまとめている。平成24年に作成したものだが，その理念はまさに今言われている「主体的・対話的で深い学び」に通じるものであり，研修では現在も受講者に対して，「大阪の授業STANDARD」を活用しながら，子どもたちが主体的に取り組むことや，子どもたちが熟考し，さらにその考えを深める場面を効果的

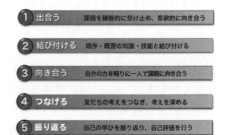

に設定すること，自己の学びを振り返ることなどの大切さを伝えるとともに，毎時間の授業や各単元において，この5つの段階について自らの授業を振り返っているか問いかけている。

3. 教育センター附属高校における実践とその成果の発信・普及

府立大和川高校を改編し，平成23年度，全国初の教育センターの附属高校として「大阪府教育センター附属高校」を開校した。その大きな理念は，大阪の教育を先導する「ナビゲーションスクール」である。

附属高校のシンボルマークは「学びのクローバー」で，「発見」「探究」「感動」「自信」，こうした活動や経験を何度も繰り返すことで，「主体的に自己を確立し，夢の実現に向け努力する生徒」を育みたいという思いが込められている。

府教育センターと附属高校との連携した主な取組は，以下のとおりである。

(1) 府教育センターとしての附属高校の学校運営への参画

互いの緊密な関係の維持と連携した取組の円滑な推進に重要な役割を果たすのが附属高校の管理職である。校長は府教育センター参事を兼務し，府教育センターで毎週開催する会議にも出席する。また，府教育センターとして，附属高校の運営に関する会議を管理職・首席・指導教諭と毎月行うほか，附属高校が行う学校運営協議会や学校行事にも参加している。

(2) 府教育センターの資源（施設・人・情報など）を活用した教育活動

多くの指導主事が，附属高校が行う公開授業や授業改善に向けた校内研修のほか，教科会議などにも参加し指導・助言を行っている。附属高校であり，府教育センターの隣に立地する利点を活かし，府教育センターの大ホールで探究発表会を開催したり，天体観測室でサイエンス部が活動したりしている。

(3) 附属高校における実践的調査研究

教育センターの研究・研修機能を活かし，附属高校を実践の場として，独立行政法人教員研修センターの指定を受けた「演劇活動を通じてコミュニケーション能力を育むプログラム」や，「博物館と連携したPISA型学力養成

に関する実証的研究」「タブレット端末を利用した授業方法の開発及び授業実践」などを実施した。また，文部科学省委託事業である「多様な学習成果の評価手法に関する調査研究（平成25～27年度）」「高校生の基礎学力の定着に向けた学習改善のための調査研究（平成28～30年度）」にも取り組んだ。

(4) **大阪府の教育課題に対する新たな学びの実践**

「教科横断的・探究的な学び」を展開するカリキュラムを開発するため，開校当初から教育課程特例校の指定を受け，学校設定科目「探究ナビ」を設置した。演劇を取り入れたプログラムの開発や指導主事が授業に入り込むなどの支援を行いながら，協働して教育内容の充実を図ってきた。各学年でのテーマ，身に付けさせたい力や評価の観点を明確にした取組が高く評価され，平成30年度，時事通信社「教育奨励賞」の優秀賞を受賞した。

また，平成25～27年度には前述の文部科学省委託事業を受け，評価の観点・評価規準を明記したシラバスの作成，「思考・判断・表現」の観点で評価する定期考査問題の作成やパフォーマンス課題の実施などに取り組んだ。

(5) **府立学校等への成果の発信**

取組の成果については，附属高校の首席などが毎年，府教育センターが主催する「研究フォーラム」で発信している。また，平成27年度の「大阪府高等学校教育課程協議会」において，前述の評価にかかる実践を報告したり，平成28，29年度の府教育センターが行う初任者研修において，附属高校の各教科の教員が「生徒主体の授業づくりを学ぶ」をテーマに研究授業を実施するなど，様々な機会を通じて広く発信している。

4．おわりに

求められる「よりよい授業」は時代とともに変化するため，授業改善は教員にとって永遠の課題である。今後も府教育センターとして，授業に関する現状の課題を把握し，課題に対する新たな方策を検討していく必要がある。

附属高校は今年度，設立10周年を迎えた。これまでの連携した取組の成果と課題を取りまとめるとともに，今後も「ナビゲーションスクール」として，大阪府の教育課題に対する先行的な実践を進めていくことが求められる。

未来社会を生きる子どもたちに必要な「真の学力」を育成するためのさいたま市の取組

細田　眞由美（さいたま市教育委員会教育長）

１．さいたま市教育の“今”

(1)　子育て世帯に選ばれるさいたま市

　さいたま市は，合併後18年，政令指定都市になってから16年目を迎える若い自治体である。交通の要衝，災害に強いという２つの優位性と，教育，環境，健康・スポーツの４つの強みを掲げ順調な発展を見せている。特に人口は，合併後毎年約１万人ずつ増加し，本年１月131万5,000人となった。人口増加の要因を詳細に見ていくと，自然増ではなく子育て世代の人口流入という社会増であることがわかる。また，民間不動産関連企業の調査（2018）によると，子育て世代が本市を選択した理由は，本市の特徴である「通勤アクセスの良いエリア」（立地の優位性）よりも，教育環境の良さを挙げている。

　このことからも，より多くの子育て世代から選ばれ続け，住みたくなるさいたま市であるためには，魅力ある質の高い教育活動を提供することが大切であり，市の発展に対する「教育」の果たす役割が大きいことがわかる。

(2)　なぜさいたま市の子どもたちは学力が高いのか

　平成19年度から実施している「全国学力・学習状況調査」において，過去12回，小学校，中学校，全教科において全国平均を上回る好成績を残している。平成29年度から公開された，指定都市別の学力調査結果においても小・中学校共に，毎回全国トップクラスの成績であった。特に本年度実施された，中学英語においては，都道府県・指定都市67自治体のうちトップの成績を収

めた。今回の英語力に関する調査結果は，国に先駆けて，英語によるコミュニケーション能力を育むとともに多様性を理解し，繋いでいくための新たな英語教育「グローバル・スタディ」によるものであると考える。

「グローバル・スタディ」は，平成27年度，英語教育研究開発モデル校での実践からスタートし，平成28年度より全市立小中学校で実施し本年度で4年目を迎える。現在，小学校1年34時間，2年35時間，3・4年各70時間，5・6年各105時間，中学校では学習指導要領で示されている140時間より16時間多い各学年156時間の授業時間を確保し，発達段階に合わせ「聞く」「話す」「読む」「書く」4技能をバランスよく学んでいる。一番の特徴は，英語は世界の様々な価値観を知る窓であり同時に自分の考えを伝える便利な道具であるという考えに基づいた，本市独自の一貫したカリキュラムによる英語教育である。

私は，教育長就任以来，本市の児童生徒の学力における好成績の要因を分析してきたが，特に本市児童生徒の自己肯定感の高さに注目している。同調査の質問紙調査の「自分にはよいところがある」において，肯定的に答えた小学6年の割合は全国平均81.2％，県平均82.1％に対して，本市は89.9％，中学3年では全国74.1％，県76.4％に対して，全国平均を11ポイント上回る85.8％だった。日々の教育活動における自己肯定感を高め他者を認め合う学びの環境づくりや，一見学力向上とは関係がない「非認知能力」を育む自然体験活動や食育等の様々な教育活動が学びの下支えとなり，いわゆる「認知能力」である学力調査にも好影響を与えていると考える。

2. さいたま市教育の"未来"

(1) 「未来を拓くさいたま教育」推進プロジェクト

本市教育最大の課題は，「学校規模の不均衡」である。学校の適正規模化を進めさらに教育の質の向上・質的転換を図るため，義務教育学校の設置を検討している。他自治体で実施している過小規模校の再編ではなく，過大規模校が存在する中学校区全体を学園とみなし，学区全体で4-3-2年制，4-5年制など自由な学年編制により過大規模校の解消と教育の質の向上・

質的転換を目指すものである。さらにその中で，STEAMS教育やICTを活用したPBLや異年齢・異学年など多様な協働学習を充実させ，個別最適化された学習を実践する。

⑵ 地域コミュニティの核となる学校づくり

市民開放型体育施設等の設置や既存施設の地域開放により，市民満足度の向上を図り，地域コミュニティの核となる学校づくりを実現していく。市民開放型体育施設については，指定管理者制度によるプールや体育館等の体育施設を学校に設置し，学校や市民が活用することで，健康維持・体力向上を図るとともに，収益を生み出す。また，これまで以上に，例えばコンピュータ室や家庭科室など学校施設を地域に開放し，地域に住む多様な世代がつながることができる学校づくりを実現する。

3. 教育委員会の新時代

⑴ 先見性と戦略を持った政策決定をするために

さいたま市教育の"未来"を担う様々なプロジェクトは，教育長直轄の教育政策室を中心に管理部・学校教育部・生涯学習部が連携し，「チーム教育委員会」として教育委員会の総力を挙げて取り組んでいる。また，教育長直轄の組織である教育政策室が窓口となり，市の最高意思決定の場である都市経営戦略会議への付議を求めて交渉を続けると共に，市長部局との連携・協働も強めている。

⑵ 教育長と首長の連携・協働による教育行政の新たな展開

新教育委員会制度となり，教育委員会の代表者と統括者が教育長に一本化され，教育行政の責任体制の明確化や教育委員会の審議の活性化，迅速な危機管理体制の構築などが図られるようになった。したがって，教育長がリーダーシップを発揮し，様々な施策をダイナミックに実現していくためには，教育委員会内の組織力を向上させることが重要でありそのための計画的な人事戦略が求められる。多くの教育委員会では，指導主事も行政職員も数年で異動し，教育委員会をメインのキャリアとして職務経験を積む人材は多くない。そのため，施策の継続性や内容の精査に期待ができないばかりでなく，

首長部局などとの連携がスムーズに進まないという事態が生じてしまう。

　教育行政の遂行には，専門的な知識と経験が求められる。本市は，一般行政職として採用した後，教育委員会に配置した人材のうち教育行政に向いていると思われる職員を他部局に異動させずに，そのまま教育行政の経験を積ませるという方法を採っている。ただし，明文化されたシステムではないため，市長部局との人事案の協議の際に理解をいただきながら通常の人事として実施し成り立っているものである。教員出身の教育長である私は，行政や財政に精通した人材を補佐役として配置し，予算獲得のために，財政部局を納得させる材料をそろえ，論理的に説得することを得意とする人材に大いに助けられている。短期間の異動を繰り返す人事では，組織にも経験が積み上がっていかない。時間はかかるが，計画的に組織と人事を考えることが，長期的には教育行政をうまく進めることになると考える 。

4．まとめ

　新教育委員会制度となって4年が経ち，教育長会議等にて教育長に現在の様子を尋ねると，「首長の権限が強まり意向が反映されやすくなった」という声が多数聞かれる。教育は市民にとって関心の高い分野であるばかりでなく，自治体の発展に対して重要な役割を果たすことから，首長が高い関心を持って教育施策に関与する傾向が強まってきているものと考える。さらに，各自治体の課題解決のみならず，文部科学省等より矢継ぎ早に打ち出される教育改革への対応を具現化していくために，教育長が首長とのより良い連携を図っていくことが大変重要になっている。

　これからも，未来社会を生きる子どもたちに必要な「真の学力」を育成するために，首長との連携を図りながら，教育長としてのリーダーシップを発揮し「日本一の教育都市」を目指していく。

学校教育の質の向上への教育委員会の支援施策

勝野　正章（東京大学）

内山絵美子（小田原短期大学）

　本特別企画では，「学校教育の質の向上に対する教育委員会の支援施策」と題し，大阪府教育センターカリキュラム開発部部長・植木信博氏，さいたま市教育委員会教育長・細田眞由美氏より，各自治体の先進的な取り組みをご報告いただいたのち，フロアの参加者と質疑応答，意見交換を行った。

　学校教育の質の向上に対する支援として，大阪府では「大阪の授業STANDARD」による授業改善の支援として，教員に対しては研修コーディネートや情報の集約・発信を行う教職員の研究・研修支援（「カリキュラムNAViプラザ」），学校に対しては学校改善ガイドライン，校内研修のための栞の作成など，教員一人ひとりの資質能力の向上と学校力の向上の両面からの取り組みをご報告いただいた。中でも教育センター附属高等学校（以下，附属高校）を設置し，ナビゲーションスクールとして教育センターの資源を活用した実践研究やその成果を発信する取り組みが注目された。さいたま市では，ポートフォリオや学習状況調査等を活用し，データ分析を基に課題の把握と改善を目指すエビデンスに基づく授業改善の取り組みが紹介された。また，戦略的に教育施策を実現していくための教育委員会の組織づくりや首長との連携・協働の取り組みや，教育長直属で各部署の状況把握や論点整理を行う「教育政策室」の設置と教育政策推進戦略会議（教育長と教育委員会事務局各部長級職による政策決定会議）の実施など，新教育委員会制度下における教育政策決定についても報告いただいた。

　フロアからは様々な質問がなされたが，大きく2つに分けることができる。

ひとつは政策実施過程，いまひとつは政策決定過程に関するものである。

　まず，政策の実施・展開過程に関する質問がいくつかあった。大阪府の取り組みについては，附属高校での実践を広めていく際，各学校が持つ条件が異なる中で，どのような難しさや苦労があるか，という質問や，高校においては「学校教育の質」が一口ではいいがたく，府の教育委員会としては「質」をどう考えているのか，附属高校の実践が160校の目指す教育やニーズと合致するのかどうか，といった質問である。

　これに対し，植木氏からは，苦労した取り組みとして，観点別学習状況評価の導入が挙げられた。3年間かけてじっくりと実践を積み上げ，教育運営協議会などで随時発信を続けていく中でなんとか広めることができたという。各校にシラバスの提出を求めることで浸透を図る取り組みも行っているが効果はまだわからないとのお話があった。また，各高校の目指す教育やニーズと合致するかという点については，教育力向上プランの中でも進学校を中心としたグローバルリーダーズハイスクールと，学び直しを中心としたエンパワメントスクールを指定して異なる支援を行ったり，普通科における専門コースを設置したりなど，学校の特色を生かした施策を行っているという。そうした個別の施策と，観点別評価や主体的で深い学びの推進などの全体的な施策とは分けて考えているとのことである。

　また，さいたま市の取り組みに対しては，すべての施策が同様にインパクトを持って学力向上に寄与しているのか，施策の効き方にも濃淡があるのではないか，学力向上には家庭の経済力が最も影響するとのデータもあるように，子育て世帯の流入を考えると結局のところ経済力に起因しているのでないか，との質問がなされた。

　細田氏からは，学力が高い背景には，地域の高い教育力が土台にあり，市町村合併後も財政が健全であるため，指導主事の数（1006人）を減らさずに，全校への学校訪問，全教員約6500人の授業研究が年1回以上できていること，そして所得の高い子育て世帯がさいたま市を選んで来てくれていることが下支えとなっているとの応答があった。

　こうした質疑の中で，両市の取り組みにおける指導主事の重要性が再認識

されたが，指導主事の働き方が過酷で，疲弊している現状があり，指導主事の健康面への配慮，働き方が話題となった。植木氏からは，指導主事の残業時間が60～70時間だった頃もあったことや，現在センターでは早く帰宅するように指導がされていること，やはり人手がほしいとのお話があった。細田氏からも，特に本庁の指導主事が激務であり，働き方改革は進んできてはいるが，学校に戻りたい方が多いとの現状が共有された。

他に，政策実施過程に関しては教育委員会や教育センターにより推進される施策に対して，各学校が主体的に取り組んでいくための支援や工夫があるかという質問もなされた。この点について，細田氏は教育長として学校の取り組みをパッケージ化することに取り組んでこられたという。校長に3つのG（Grid，Global，Growthというさいたま市の教育の柱）を示して学校経営の取り組みを分析し，当てはめてもらうことで，校長のマネジメント，リーダーシップにつなげることができたという例を紹介いただいた。

次に，政策決定過程に関する質問もいくつか挙げられた。まず，大阪府の取り組みに対しては，附属高校の設置について，構想はどこから生まれてきたのか，新設校か既存の高校の改編なのか，また構想において中高一貫校など別のコンセプトはなかったのかどうかなどの質問があった。これに対し，構想は，センター長の発案で，教育センターに隣接していた学校を利用して設置したこと，府立の一貫校をつくる際に抵抗があったこともあり，当初から一貫校の発想はなかったとの応答がなされた。

また，さいたま市について，新しい教育委員会制度の下で，首長と教育長の関係が密接化していく中で，教育委員の役割がどのようになっているのか，また教育研究（者）が政策決定にどのように参加，寄与していけるのかといった質問もなされた。

細田氏からは，街づくりに教育をいかしていきたいということから首長の教育に対する影響力が大きくなっており，教育長との関係が密接化してきていると同時に，月1回の教育会議を待たずに教育長が専決する事項が増えているとの現状をお話いただいた。その中で，教育委員は教育政策のブレーンとして大いなるチェック機能を果たしているとのことであった。また，教育

研究（者）の関与については，研究者と実務者とが融合できるシステムが必要との見解が示された。例えば，現職教員の大学院修学を増やすことや，研究者が意思決定にかかわるポジション（例えば教育長など）に就くことなど，「越境」がキーワードとして挙げられた。植木氏からも国の施策の影響が大きいことや，研究成果に触れる機会が少ないことが指摘された。

　最後にその他，非認知的スキルの育成にとって重要であると明らかになってきた幼児期の教育について，その質の向上へのサポートや取り組みがあるかという質問も挙がった。大阪府では，平成29年より幼児教育アドバイザー育成プログラムを実施しており，その中で，非認知スキルの重要性に関する研修を設けているという。さいたま市では，教育委員会と子ども未来局との連携で，幼稚園教諭研修における小学校実習，小学校教諭の5年次研修時の幼稚園実習を行っていること，40年前から行われている自然体験教育が協力する力の育成に寄与しているとの調査結果が出ていることの紹介もあった。

　今回の特別企画で，特に再認識されたのが「施策の基盤としての指導主事」であった。大阪府においては，附属高校の実践の質を高め，センターと学校とをつなぐ役割を果たしていた。さいたま市においても指導主事の学校や教員への手厚い指導・助言が授業改善の要であった。しかし，激務であるとの指摘があったように，こうしたマンパワーに依存している現状も浮かび上がってきた。その中で，大阪府の学校の特色に応じた施策の実施や学校改善ガイドライン，さいたま市の校長のマネジメント支援といった取り組みは注目されるべきと考える。教育行政が，地域全体として目指す教育の質に向かって各学校を牽引するだけでなく，個々の学校がそれぞれの課題や目指す教育の質に即して，資源を活用したり，政策を求めたりできるような支援，すなわち内発的な学校改善への支援に再度目を向けていくことが重要と考えられるからである。そのためには同時に，学校教育全体において業務の見直しや働き方改革がやはり不可欠となってくるであろう。

〈参考文献〉

篠原清昭（2012）「第1章　学校改善の課題」篠原清昭編『学校改善マネジメント　―課題解決への実践的アプローチ』ミネルヴァ書房，pp. 3-18

教育行政学における量的研究の意義と課題

神林　寿幸（明星大学）【１担当】

橋野　晶寛（東京大学）【２担当】

１．教員の業務負担研究を振り返って

　筆者は「教員の業務負担研究に取り組んできた10年を振り返って」という題目で報告を行った。内容は以下のとおりである。

　はじめに，拙著『公立小・中学校教員の業務負担』（大学教育出版，2017年）の刊行までを振り返った。保護者の「クレーム」問題をきっかけに研究をスタートさせてから博士課程修了までを時系列で報告した。また，筆者は教員の業務負担に関する量的研究を行ってきたが，これを行うために習得してきた計量分析と研究手法に関するプログラムもあわせて紹介した。

　次に，これまでの研究を踏まえて，教育行政学における量的研究の意義と課題について筆者の考えを述べた。量的研究の意義として３点言及した。第１に，研究対象の全体像や趨勢を整理することで，思わぬ発見や気づきが生まれる可能性がある。第２に，手作業や少数事例の分析からでは導出が難しい理論構築が可能となる。第３に，尺度や数字という共通言語を介して，隣接領域や海外研究と対話がしやすいことである。

　他方で量的研究の課題として，継続調査の難しさがあげられる。因果推論の水準向上には継続調査が必要だが，これには調査費用，回答者の負担軽減，調査協力者との信頼構築がハードルとなる。さらに教育行政学には教育改革の検証が期待されるが，改革後の観察が低調であることも課題としてあげら

れる。教員の労働時間でいえば給特法成立後40年近くデータが存在せず，同法成立のインパクトを検証することが困難である。改革のインパクトを検証するためにも，学会をあげた継続調査が必要であることを提案した。

2．言語としての量的方法の理解と運用における課題

神林会員の報告による教育行政学における量的研究の意義と課題の内容に概ね同意しつつ，今後の研究の発展を期して，筆者なりに補足的に論点を提示したい。

教育行財政研究内に限らず計量的実証研究は，モデルや分析手続きの洗練，社会科学内部に留まらない応用分野間の相互交流等を通じて発展を遂げてきたが，同時にこうした手法の高度化・専門化は，研究者共同体内外に課題を生み出し，長期的な視野に立つ対応が求められることとなった。

研究者共同体の内部における課題としては，手法の正確な運用および方法論教育で挙げられる。近年の統計的因果推論や機械学習に見られる手法の高度化は，応用研究者に対し方法の習得・理解自体に少なくない時間・労力を課し，また手法の誤解・誤用も誘発することとなった。一方で，近年の米国の実証研究で広く用いられているデザインベースの手法は現状の日本に適用できるデータ・問題が限られており，モデルベースの手法の開発・適用の補完が必要となっている。「領域の学」としての自我を持つ教育行財政・政策研究においても言語としての量的方法論の教育の充実・体系化は急務である。

また，研究者共同体と外部との関係において，データ採取に対する公衆の合意調達，解釈可能な形での研究成果の伝達，エビデンスの流通の事後検証等が求められる。これらは「エビデンスに基づいた政策（立案）」の存立の必要条件だが，こうした研究―社会間のコミュニケーションの回路は依然不十分である。教育行財政・政策に関わる実証的学知をどのようにinformed democracyに結実させるのかという点が，研究・実務双方の局面において今後の大きな課題となろう。

IV 書評

橋野晶寛著『現代の教育費をめぐる政治と政策』

高見　茂

渡辺恵子著『国立大学職員の人事システム
──管理職への昇進と能力開発』　　　　青木　栄一

藤村祐子著『米国公立学校教員評価制度に関する研究
──教員評価制度の変遷と運用実態を中心に』　成松　美枝

小入羽秀敬著『私立学校政策の展開と地方財政
──私学助成をめぐる政府間関係』　　　末冨　芳

當山清実著『「優秀教員」の職能開発
──効果的な現職研修の検討』　　　　安藤　知子

高橋寛人著『教育公務員特例法制定過程の研究
──占領下における教員身分保障制度改革構想』　髙橋　哲

ジャック・ジェニングス著／吉良直，大桃敏行，髙橋哲訳
『アメリカ教育改革のポリティクス
──公正を求めた50年の闘い』　　　本図愛実・仲田康一

●書評〈1〉

橋野晶寛著
『現代の教育費をめぐる政治と政策』
（大学教育出版，2016年，352頁）

高見　茂

はじめに

　近年，公共政策全般にEBPM（Evidence Based Policy Making：エビデンスに基づく政策形成）の強化が喧伝されている。世界標準では今や，やや旧式になりつつあるPDCAサイクルの構築，より広範な戦略理論であるOODAループの検討，KPI（Key Performance Indicator）の策定等は，政策形成過程へのEBPM導入の具体的試みであると指摘できよう。教育行政，教育政策分野も例外ではなく，「経済運営と改革の基本方針2019」において，エビデンスに基づく国および地方自治体のPDCAサイクルの確立が盛り込まれた。そしてそれを踏まえ，EBPMの強化に資する具体的な施策・取組の把握と，データ収集・活用・改善のための体制整備に力を入れ始めたところである。しかし教育財サービスは，学校内外の人的・物的環境に関連する多くの影響力因子が絡み合い，その産出構造は極めて複雑であるためその成果の計量的把握は難しいとされる。それゆえ，この分野についての先行研究の蓄積は，遅々として進捗しなかったと言える。現状においては，EBPMの教育政策形成過程に対する影響力はまだまだ限定的であると言わざるを得まい。行政過程の専門性と政治過程における討論・議論を経た意思決定（価値判断）で，その空白域を補填せざるを得ない構造が浮き彫りになる。したがって，「可視化可能な証拠」と「可視化不可能な証拠」をどう調整し，バランシングポイントをどこにどの様に見出すのか，行政過程，政治過程の力量が問われることとなろう。

　今回，年報編集委員会からの書評依頼で本書を読み込むことになった。一気に読み終えたが，従来の限界を超え飛躍的なEBPM導入を誘う読み応えのある力作だとの読後感があった。以下本書の概要を紹介した上で内容の検討を進めよう。

1．本書の概要

　本書は，教育財政に関する政策研究の成果であり，「民主性」および「効率性」に焦点を当てて，現代日本の教育財政をめぐる政策過程分析，政策分析を通じて，今後の教育財政の在り方を考察している。著者の究極的関心は，資源の希少性ゆえに教育財政の「民主的決定と効率的運営」という手続き的価値の実現を如何に図るかということにあると思われる。

　政策過程分析としては，戦後制度確立期以降の教育財政支出をめぐる政策過程を，アクターに注目しⅰ）有権者から政治家に対する委任を伴う間接的民主主義政治による決定過程と，ⅱ）非専門家から専門家に対する委任を伴う教育行政・経営による運営過程に類別して検討している。そして緻密な事例分析を通じて，日本の教育財政の政策過程の全体像を把握・解釈し，手続き的価値が実現されてきたのか，また実現されていないならその条件は何かを考察している。

　政策分析については，効率性の観点から，第一に効率性概念とその分析手法について厳密な検討を行っている。第二に教育生産関数の研究成果を踏まえ，著者が独自に創意工夫した分析も交えて，学級規模，学校規模，自治体規模の影響を分析し，教育財政における生産性・効率性を明らかにする。そして教育財政システムの生産性・効率性について，教員人件費の配分パターンと効率性の関係，アカウンタビリティシステムと効率性の関係が分析され興味ある知見が提示されている。以上の分析から，ⅰ）日本の教育財政に関して効率性の改善の余地が小さくないこと，ⅱ）教育の産出成果は単一でなく，資源配分の効率性の評価とその条件の追求は，技術的問題ではなく，価値選択との整合性が問われるものであることを指摘する。

　終章において，教育財政における「民主的決定と効率的運営」という手続き的価値の実現は，現実には相補的関係にあることを論じ，これらについての実証的知見が統合的に議論されて初めて実際的な意味を持つことの重要性を指摘する。

　このように本書は，上記の課題，すなわち「可視化可能な証拠」と「可視化不可能な証拠」の調整とバランシングポイントの抽出に一定程度成功したと評価できる。

2．本書の評価点

　本書の評価される点を指摘するならば以下のように整理できよう。

　第一に，「民主性」と「効率性」という従来多義的に，恣意的に用いられてきた概念について，厳密に定義し，実証的にその内実を解明した点は高く評価される。とりわけ，効率性に関して，厳密な定義を行い，多くのデータ，多様な分析手法を

駆使して計量的な実証分析を行い，その実態を明らかにした点は特筆される。

　第二に，計量的実証分析において，欧米の研究動向を綿密にレビューし，その限界を的確に踏まえ，TIMSSを用いた学級規模の効果検証，PISAを用いた効率性の推定など独自の複合的計量分析による検証を行っている点である。また多くの先駆的な計量分析手法—ベイズ推定や確率的フロンティアモデルを取り入れ，その分析手法についての補論も展開し，今後の計量的分析手法の普及・拡大への貢献は極めて大きいものがある。

　第三に，ⅰ）日本のデータに限定せず，諸外国のデータを用いながら，マクロ統計による国際比較分析を実施していること，ⅱ）国政レベルに留まらず地方政治もその分析対象とすることによって，より普遍性，汎用性のある知見を提供している点である。

　第四に，教育政策過程分析において教員給与水準改善，私立学校への経常費助成，教職員定数改善の３つの政治過程を丁寧に整理し，統合調整としての執政中枢の動向を確認し，その役割を再定義することで個々の課題において先行研究と異なる知見を提示している点である。

　第五に，教育財政の生産性・効率性の分析にあたり，学力水準のみを計測対象とするモデルと，複数の産出物を生み出す組織として学校を捉えたモデルによる比較分析を行った上で効率性が検証されており，従来単一の計測モデルで蓄積されてきた既存研究に対して新しい知見を提供する点である。

　第六に，実証的な政策過程および政策分析を行うことにより，今後の教育財政に関わる政策論議を展開する上で必要かつ重要なエビデンスを提供していることである。そして教育財政研究を「教育」「教育行政」の特殊性・独自性の閉鎖的な研究枠組みから，政治学・経済学の分析対象に引き上げた点についても高く評価できる。

３．本書の問題点

　第一に，財政，教育財政に関する先行研究の検討の弱さを指摘できる。参照している教育財政の先行研究が狭いのではないかという印象は拭えない。政治学，行政学の文献は参照しているものの，財政学の文献はほとんど参照されておらず，また参照されている教育財政の文献についても偏りがある。アメリカの文献についても学校財政，教育財政の基本文献が全く参照されていない。今日の財政学，教育財政の研究動向を検討し，それに言及することは最低限の学術的条件である。

　第二に，分析対象として選択されている個々の政策課題には必ずしも統一性がない点である。分析対象の内容的な相互関係について，時代変容や制度変容の中で，

「民主性」と「効率性」をどのように変化させてきたのかという観点に照らした場合，一貫した研究主題がどのような意義をもつのかについては懸念事項である。

　第三に，日本の教育財政については「効率性」の改善の余地が小さくなく，その改善には価値選択を伴うことに言及するが，価値選択そのものをどのように考えるか，という実証分析の先にある論点についての言及に乏しい。

　第四に，本書の内容は，指標の定義，分析手法の精緻化に問題関心が傾倒しすぎており，計量分析の非専門家にとっては理解が困難な点である。補論等で工夫はなされているが，計量モデルの分析枠組としての妥当性，有効性についての言及がなく，なぜその分析モデルが適用されるのかが分かりにくい。もう少し丁寧な説明など工夫があっても良かったのではないか。

終わりに

　20世紀は，各学問分野は研究内容とその成果の間に明確な整合性が見られ，専門領域は明確に分化していた。ところが近年専門領域の境界が曖昧になっているとの指摘が見られる。それは各専門分野の研究者も他分野の研究手法・先行研究等を参照したり，また自身も直接他分野の研究に携わりその成果を発表する事例も増えているからである。このことは，「細分化の時代」であった20世紀から，「統合の時代」である21世紀へのパラダイムシフトの内実として捉えることができよう。

　本書で著者が研究に援用した手法は，計量政治学・経済学等の隣接諸科学の方法論であり，こうした流れを体現する研究成果として位置づけることができる。今日わが国の高等教育組織の中では，教育組織と教員組織の分離，学内組織の統廃合という組織改編の嵐が吹き荒れている。学問の「統合の時代」が，組織の「統合の時代」を合理化する論理となり，結果的にディシプリン喪失の引き金にならないとも限らない。また本書は，上記のような決して小さくない問題点を抱えていると指摘できる。しかし，「民主性」と「効率性」を鍵概念とした政策過程分析および政策分析の実証研究の成果については，教育行政，教育財政，教育政策分野の研究水準を高め，今日の教育財政，教育費をめぐる政策に関する議論に対して極めて貴重な知見を提供するという点で，その学術的貢献は極めて大きいと評価できる。

　本書が世に出されたことにより，学会において教育財政，教育費に関する議論が活性化し，研究推進につながることを期待したい。さらにまだ若く気鋭の研究者である著者の成長と今後の研究の発展を祈念したい。　　（京都大学・国際高等研究所）

渡辺恵子著

『国立大学職員の人事システム
──管理職への昇進と能力開発』

（東信堂，2018年，349頁）

青木　栄一

　評者（青木）自身，教育行政学と行政学の交差領域を研究の主戦場としているため，本書の刊行を大いに待望していた。さらに，教育行政学が領域学問である以上，文部（科学）省（以下，文科省）の研究も必要であるから，その完全性の向上に寄与する本書の刊行を大いに歓迎したい。

　本書は，国立大学事務職員の昇進構造とその能力開発の相互関係を分析枠組みとして設定し，国立大学法人化後の変容を含め検証する。リサーチクエスチョンは昇進構造と能力開発それぞれの実態（Howの問い）と相互関係の解明（Whyの問い）である。研究方法は，いずれも量的分析と質的分析の混合研究法である。人事については『国立学校幹部名鑑』『文部省幹部職員名鑑』（現『文部科学省国立大学法人等幹部職員名鑑』），国立公文書館収蔵「人事異動上申書」，文科省・東京学芸大学保管「文部省通知」を情報源とした。インタビュー対象は歴代大臣官房人事課任用班主査（課長補佐級）13人（1人は調査前に死去）のうち10人，国立大学事務局長経験者8人（国立大学に採用され，文部省へ転任したノンキャリア）である。

　昇進構造の分析を通じてノンキャリア国家公務員にファスト・トラックが存在することが明らかとなった（2章）。国立大学は国家行政組織法上の施設等機関であり，文科省の内部組織だった。2004年に法人化されるまでの長きにわたりこの仕組みが継続してきた。すでに文科省関係者等のアネクドートで指摘されてきたことだが，文科省は職員の大部分を占めるノンキャリアを本省で採用してこなかった。その人材プールが国立大学だった。国立大学のいわばエース級職員が選りすぐられて本省勤務に転じてきた。両者をつないだのが本省転任試験であり，また文科省と国立大学を行き来する人事慣行だった。本書が明らかとしたのは，転任試験が始まった1959年から2015年までの期間の転任実態である。なかでも1973年から1994年までの22年間は本省採用のノンキャリアが皆無だった。これに対して転任者数は同じ

時期に数十人規模（34～99人）で推移し，文科省ノンキャリアの人材プールとして機能してきた（68-69頁）。このことを示す表2-2は圧巻である。この他，名鑑情報から作成された7,583ポスト（事務局長職，部長職，課長職。4章で分析する2,927ポストを含む）のデータセットから三つのキャリア・パターンが析出された（80-81頁）。本書のテーマに最も合致するのがファスト・トラックのパターンであり，20代頃に文科省に転任し，40歳前後に大学の課長に転出し，その後本省勤務等を経て大学事務局長にまで栄進するものである。なお，データセットについていえば，歴代事務局長各人のキャリアデータを構築してもよかったと思う。

　能力開発について明らかにされたのが，キャリア・パターン別の職務遂行能力である（3章）。本省転任者本人が認識した職務遂行能力が「全国的な情報の収集」「文部省や他機関との調整や折衝」「仕事のスピード感」「企画提案力」「実行力」としてまとめられた。これに対して本省転任者以外では「専門分野の知識」「専門分野に関する出身大学や他大学での経験に基づく情報」「学内事情への精通」「学内の人脈を生かした対応」とまとめられた。本省転任者が文科省本省職員に占める割合を検証するために行われたのが名鑑から作成された文科省本省（局長以上，部長相当職，課長相当職，課長補佐相当職，係長相当職）2,827ポストのデータセット分析である。それによれば，2003年度時点で課長相当職の11.6％，課長補佐相当職の51.4％，係長相当職の64.5％が初職が国立大学であった職員，すなわち転任者である。時系列でみると，本省係長，課長補佐相当職での割合は増えているが，課長相当職の割合はあまり増えていない。部長相当職に至っては「ガラスの天井」の存在がうかがえる。これが転任者の本省勤務実態である。

　こうした国立大学職員のキャリア・パターンや能力開発が法人化後に変化したかが検証される（4章）。能力開発には変化が観察できない一方で，昇進構造を含む人事面では次のような変化も観察された。⑴国立大学職員の採用が国立大学法人等職員採用試験や各大学独自の採用試験になった⑵課長登用に文科省が関与しなくなった⑶理事採用に国立大学協会が関与するようになった（適格性審査会）⑷学内登用者が部長職，課長職で大幅増加した一方，転任ルートは残存した。ただし，ファスト・トラックとしての機能の検証にはさらに時間が必要だった。

　本書は経営学由来の人的資源管理論を理論的基盤とした出先機関に勤務するノンキャリア公務員の研究である。公務員のモチベーションと組織全体のパフォーマンスを上昇させるメカニズムを解明しようとする管理学としての行政学の系譜に位置づく。ただ，多様な読み方もできる。行政学の関心からは，本省と出先機関の組織間関係研究，キャリア官僚を含めた公務員人事研究，あるいはノンキャリア研究と

してもみることもできる。高等教育論の関心からは大学職員研究として公立・私立大学職員研究と接合することもできる。教育社会学の関心からは学校と労働市場の関係や学歴の研究として参照されるべきといえる。なぜなら伝統的に文科省ノンキャリアの採用が高卒の優秀な人材を公務部門に誘引する仕組みであり，本書で示されたのはノンキャリアに本省や出先機関幹部として活躍の機会を与える「制度」だからである。さらに入職後のノンキャリアによる大卒・院卒学歴取得の意味へと展開可能な論点でもある。高卒の有為な人材は大卒者よりも文脈的能力を身につけやすいかもしれない。そうだとすれば，院卒が増加しつつある現在と異なり，あの時代に最適化された人事システムだったといえる。評者は本書の通奏低音にノンキャリアの学歴と能力に関する問題意識を感じ取ったが読み込みすぎだろうか。

さて，領域学問たる教育行政学は，文科省の政策を研究対象とすることはあったが，その組織や人事に対する関心は希薄だった。国立大学が法人化される直前には13.3万人の国家公務員たる教職員がおり，本書で示したようにそこから文科省本省へ人材が供給されてきた。本書の登場によって教育行政学のミッシングリンクは行政学の研究で補完されたといえる。さらに本書の分析視角には教育行政学と似通っているところもある。本書は国立大学幹部職員の能力開発に注目するが，それは専門性への関心といえる。教育行政学もまた伝統的に専門性志向であり，教育長，指導主事，校長，教員いずれも専門性の観点から研究が蓄積されてきた。教員の人事異動と能力開発の相互関係に関する優れた研究もある（川上泰彦2013『公立学校の教員人事システム』）。この傾向は対象を「善きもの」とみなすリスクをはらむ。

本書の研究課題はどの程度解明されただろうか。まず人事慣行については高い水準で論証に成功した。確度の高い人事情報のデータセット構築を基盤としつつ，歴代人事担当者へのインタビューを組み合わせた分析により，文科省本省と国立大学を行き来するノンキャリアのファスト・トラックを発見したことは大変学術的価値のある業績であり，「制度」の形成過程研究としても読み応えがある。他方，能力開発についてみると，事務局長経験者へのインタビューを通じて本省と国立大学それぞれでの勤務によって培われる職務遂行能力を抽出し類型化した点は学術的な価値がある。ただし，確証バイアスを回避するための周到な研究戦略が必ずしも十分に採用されていないように思える。これは専門性を重視する教育行政学とも共通するが，当事者に対するインタビューをいかに批判的に論証の材料とするかは本書だけの課題ではない。また，この点に関連するが，本省勤務を含む人事慣行を独立変数とし，能力開発を従属変数とした研究であるとすると，その因果関係の解明には材料不足の印象を受けた。ただ，各変数について相当に高度な水準で論証されてい

ることは改めて強調したい。

　本書の登場を受けて，教育行政学として深めていくべき論点を制度研究の観点から述べる。法人化後10年以上が経過しても国立大学幹部職員に求められる職務遂行能力に明確な違いが観察できないのはなぜだろうか。依然として国立大学法人から文科省本省への転任ルートが残存しているからかもしれない。しかし，法人化というメタ制度の変化が生じても，サブ制度である人事システムの所産である職務遂行能力に大きな変化が生じていないのは，それが正のフィードバックを繰り返しており，ひいては従来型の国立大学システムを維持していると考えるのが自然である。国立大学幹部職員の職務遂行能力は文科省と国立大学がつくる小宇宙に最適化されたものであり文脈依存的とみるべきである。本書は内部労働市場が外部労働市場の影響を受けにくい日本のしかも正社員・職員を念頭に置く。汎用的にみえる職務遂行能力を析出したのはたしかだが，国立大学法人が置かれた厳しい状況を切り拓く能力とは異なる。このことが法人化の目的が達成できない一因となっている可能性は十分考えられる。長い年月をかけて形成されてきた国立大学の人事システム，すなわち「制度」が容易に変わるわけではない。端的にいえば，法人化後の国立大学を牽引できる人材が揃わない段階で一気に法人化が進められたわけである。運営費交付金の効率化係数の導入を引き合いに出して，法人化を行ったのは失敗だったと有馬朗人が述懐するが（「日経BP」2020年5月21日），彼とその周辺が制度化や制度変化に関する知見を持ち合わせていれば，法人化の制度設計は違ったものとなっただろう。固有の文脈に最適化された職員の能力は環境変化に対応できないことを考慮すべきだった。本書は「制度」の存在を高い水準で論証したことで，法人化によっても職務遂行能力には変化が生じないことを図らずも示唆している。まして人事システムが個々の国立大学で自律し始めているのだから，より文脈依存的能力が重視され，ますます改革に対応できない組織となっていくだろう。

　もう一点は民主性の観点からの検討である。本書も，そして多くの教育行政学の人材研究も専門性を重視してきた。他方，行政学では政官関係や代表的官僚制の観点から官僚の民主的統制が議論されてきた。国立大学法人は学長の権限が強く，それを掣肘できる仕組みが十分整備されていない。公務職員として国立大学職員を分析する以上，民主的統制の観点もまた重要であろう（山本清2018「大学と文部科学省との関係─文科省幹部職員の再就職問題に関連して」『大学論集』（広島大学）50）。

　著者のような優れた行政学の研究者が，文科省に関連する研究を通じて教育行政学に強いインパクトを与えたことを慶びたい。本書は教育行政学が目指すべき星として永く輝き続けるであろう。
　　　　　　　　　　　　　　　　　　　　　　　　　　　　　　　（東北大学）

●書評〈3〉

藤村祐子著
『米国公立学校教員評価制度に関する研究
──教員評価制度の変遷と運用実態を中心に』
（風間書房，2019年，304頁）

成松　美枝

1．はじめに

　本書は，2016年度に博士学位論文を提出した著者が当論文に加筆・修正を加え，平成30年度科学研究助成事業（出版）助成を得て2019年3月に刊行したものである。

　周知のように米国においては，オバマ政権の「頂点への競争（Race to the Top 以下，RTTTと略す）」の政策下で生徒の学力テスト結果を基に教員評価を行う施策が進められ，わが国でも各州・学区での実施の動向が報告されてきた（杉浦慶子「オバマ政権下のワシントン州における教員・校長評価制度の構築」，教育制度学研究第21号，2014年，214-227頁。成松美枝「現代米国の教員評価における生徒の学習成果の利用に関する考察」，日本教育政策学会年報第25号，2018年，168-181頁）。これに対して著者は，米国の教員評価制度の特質や展開を明らかにするためには，連邦や州の政策，学区の運用実態を個々に分析するだけでなく，関連づけながら捉える必要があると述べる（2頁）。本著は，そうした問題関心から，連邦政府と州（ミネソタ州，コロラド州）による教員評価政策と学区での運用実態を関連づけながら，同制度の今日的態様分析を通して，現在の米国公立学校教員評価制度の意義，特質，および課題を明らかにすることを目的とするものである。

2．本書の構成

　本著は，「序章」「研究の課題」と「結章」「あとがき」の間を6章で構成し，巻末に「主要資料及び主要参考文献」が付されている。以下，各章の概要を紹介する。

　「第1章　教員評価制度の史的変遷」では，米国において教員評価制度はどのように展開されてきたのか，それらはいかなる評価理論に基づき実施されてきたのかその変遷の過程が描かれる。まず，植民地時代の素人委員会による「教員査定」から，19世紀末から20世紀にかけてテイラーの「科学的管理法」の下で成立した「教員評定（rating）」への変化が紹介される。特に，人物比較法，生徒の学力成長等

による能力測定と客観的資料に基づく評定が開発された。また，1950年代以降は多様な側面から総合的に教員の勤務成績を捉えようとする概念が広がり，教員評定から評価（evaluation）という用語への変化が見られたと指摘している（p.37）。

　「第2章　教育評価制度の基盤整備」では，1958年の国防教育法を発端に，連邦政府が国の安全保障の核となる理数科・外国語教育の強化のために教員政策を推進したこと，1980年代になって専門職団体が「教員の専門職基準」とそれに基づく「教員評価モデル」を開発した事実が報告された。

　「第3章　教員評価制度の展開・発展」では，NCLB法（2000年〜）の下で連邦政府から生徒の学力テストの成績に基づく教員評価と報酬制度の導入が促される中，ミネソタ・フロリダの両州では職能団体が作成したモデルに基づき，教員評価が実施され報酬が提供されたこと。特にミネソタ州の評価報酬制度では，同僚教員によるチームの支援を得る教員の職能開発システムが確立されたこと（104-111頁）。また，教員間で「リード教員」等の指導的立場の職位を設け，彼らに報酬を提供することで，効率的な職階性による職能開発システムが構築されたと報告された。

　「第4章　教員評価制度の今日的様相」では，オバマ政権のRTTT（2009年〜）とNCLB法責務遂行免除（2011年〜）の下で，連邦政府が生徒の学力テスト成績に基づく教員評価と，結果に基づく教員の人事管理を義務づけたこと。そうした中，専門職団体や研究者（ラヴィッチ，ダーリングハモンド，ダニエルソン等）から「自律的専門職性を促す教員評価モデル」が提案され，各州はこれらのモデルをもとに教員評価制度を構築したことが紹介された。特に，コロラド州デンバー学区の教員評価（LEAP）事例では，「①生徒の学力テスト成績」で評価指標の50％を構成し，残りの50％は授業観察を含めた「②教員の指導実践」で構成したこと。①生徒の学力テストは，州統一テスト10％，（教員が設定する）生徒の到達目標（SLO）30％，学校の到達度10％の割合で評価されるが，州統一テストは「各教員の成果の指標」として活用されなかったこと。さらに，各教員は「職能開発プラン」を作成し3年間の遂行過程で同僚教員による評価とフィードバックを受け，「職能開発のための教員評価」としてプログラムが位置づけられたことが報告された。

　「第5章　教員評価制度をめぐる司法判断」では，第1節で1970年代から90年代に展開された「教員評価時の教員能力テストと生徒の学力テスト結果の活用に関する訴訟」が，第2節では2010年代以降の「オバマ政権下の学力テスト活用の教員評価制度に関する訴訟」が，Cook v. Stewart, Vergara v. California 等を事例に検討されている。著者はこれらの判決について，「学力向上を至上命題とするオバマ政権下の教員政策を支持する立場を示す司法判断」であったと捉え，「教職の専門

職性を阻害するものであった」（209頁）という見解が示された。

「第6章　ミネソタ州における教員評価制度の改革と運用実態」では，連邦政府によるRTTTの施策とNCLB法の免責条件に対応してミネソタ州が導入した「新教員評価制度」に関して，教員組合との団体交渉の過程を含めた政策形成のプロセスと，ミネアポリス，セントポール，ブルミントンの各学区での評価制度の運用実態が検討された。特に，州の評価モデルは「生徒の学力テスト35％，教員の指導実践45％，生徒の関与20％」を指標としたが，各学区は「生徒の学力テスト」の比重を下げて他の指標を重みづけしていた点，すなわち学区は弾力的に州の評価モデルを運用したこと。また，学区内では同僚教員による3年サイクルの授業観察評価とフィードバックによる形成的評価が実施され，「職能開発型」の教員評価として捉えられた（274頁）。

「結章　米国公立学校教員評価制度の特質と意義」では，現在までの教員評価制度の発展経緯を整理した上で，現在の米国の教員評価制度の特質と課題を指摘しながら，制度改革の意義とわが国の評価制度改革への示唆を提示している。特に，①教職の本質的な改善を促すことで教職の質向上を目指す仕組み，②教員の協働体制を導入し，教員の意識改革を促す仕組みが取られており，③評価の形成的機能を効果的に利用して，本質的な教職の資質改善を促し，学校や教員の受容を促しながら改革が進められている点，④教職の専門性の向上を促進し，教員組織に専門職としての時間を生み出し，高度化につながる利点の意義が指摘された（285-287頁）。

3．本書の意義と課題

本書が今回刊行された意義は，以下の点にあると考える。まず，先述した著者の研究目的に基づき，連邦の政策が州および学区においてそれぞれどのように受け入れられ実施されていったのかが，州議会での議員・知事・専門職団体の間での葛藤と応酬の過程や，学区行政と教員組合の団体交渉と協力体制の様子を含めて克明に描かれている（第3・4・6章）点であろう。特に，州は連邦政府の政策を州内で展開する前に，専門職団体等の作成した「教員評価モデル」を選択して自発的に導入してきていること（280頁），学区は州の教員評価制度をかなり弾力的に運用しており，州の制度と学区内の実施の間には乖離が見られること（281頁）は，連邦政府の教育政策が影響を強める中で注目される事実である。

また，米国内で教員評価のための「専門職スタンダード」がどのように変化してきたのか，植民地時代の素人委員会による教員の「能力測定」の基準から，近年のダーリングハモンド，ダニエルソン等の研究者や職能団体の作成したものまでその史的変遷が大きなスケールで描かれており（第2・3・4章），まさに「社会が教

員に何を求めてきたのか」が概観できるのも興味深い点である。そして，2000年代以降は，専門職としての教員スタンダードを①生徒のテスト学力向上と②授業実践・学級・学校経営の２柱としながら，多様な観点で設定して教員評価を行っていることに気づかされる。しかしながら，評者が調査したウィスコンシン州での教員評価制度（成松・前掲，pp.173-175）の実施では，開始時使用するはずであった「VAM利用による州テスト（15％）と学区主催のテスト（15％）」に基づく「生徒の学力テスト」の評価指標はいずれも利用が停止された。代わりに「教員が設定する学習目標SLO（45％）と卒業率（５％）」による教員評価が為されており，「生徒の学力テスト」データが使用されていないのはミネソタ州と対照的である。

　一方で，疑問に感じた点を以下に述べたい。まず，本著が事例としたミネソタ，コロラド州の新教員評価制度の実施の「結果」について，以下の点をさらに知りたいと感じた。第１に，州全体としてどの程度の割合の教員が「模範的・良好」あるいは「不合格」の評価を得たのか，ミネアポリス学区では団体交渉により「評価結果を人事評価に利用しない」としていたが実際にそうであったのか，他の学区も利用していないのかという点である。また，「評価報酬制度」による報酬の提供は，全教員が「優評価」に到達した場合も全員に報酬支払いは可能なのか，その財政基盤の安定性についてである。第２に，RTTT後の新教員評価制度の実施を両州の教員たち自身はどのように受け止めているのかという点である。評価する側の教育行政側の意見は「インタビューを行った校長は好意的な意見を有していた（262頁）」と紹介されたが，評価された教員たち自身は「評価結果が人事決定に利用されることへの不安」や「予告なしの授業観察の評価」による緊張に晒されることも推測される。実施後の「教員を対象とする意識調査」の結果等も，今後紹介して戴ければ幸いである。さらに，2010年代後半以降全米でも日本と同じく教員不足問題が深刻化する中で力量ある教員層が不足して，協働性と専門職コミュニティーを構築すること自体が困難になっている。そうした中，両州はどのように協働性を維持し職能開発のツールとしての教員評価制度を継続しているのか，今後の報告を期待したい。

　本研究は，これまでのアメリカの教員評価政策の実施を，連邦，州，学区間の関係に焦点をあてて明らかにした力作であり，一人でこれだけの研究成果を出されたことに心から敬意を表したい。本書は，今後のわが国の教員評価を考える上で，研究者を始め，教員評価に関わる教育行政関係者や学校管理職，教員の皆様に是非お読みいただきたい書である。　　　　　　　　　　　　　　　（佐賀大学）

●書評〈4〉

小入羽秀敬著
『私立学校政策の展開と地方財政
——私学助成をめぐる政府間関係』
（吉田書店，2019年，230頁）

末冨　芳

1．都道府県私学助成政策分析の好著

　「私学助成の所管団体である県が私学助成政策を実施するにあたって，国による財源措置がどのような影響を与えうるか」（p.23）という課題意識は，教育財政の研究者たちの知的好奇心を大いに刺激するだけでなく，私学助成の実務にたずさわる関係者や，私学助成関連審議会等に参画する教育行政学会の会員を含む"有識者"たちの関心を集めるだろう。

　高等学校を中心とする私学助成政策について，これほどまとまった分析はなく，また2000年代以降の私学助成制度の変化も踏まえた丹念な分析が行われている。

　国レベル，県レベルの私学助成制度の検討が第1部で丁寧にされた後，第2部では歴史的な私学助成制度の変化を，生徒急増期，私学振興助成法の前と後，財政難・生徒減少期に分けて分析が行われている。

2．本書の概要

　ここで本書の概要を紹介しておこう。前述したように，本書は序章・終章のほかに2部構成の研究書となっている。

　序章で示される分析枠組みは明快である。すなわち国の国庫補助金と地方交付税制度が，それぞれ県の私学助成制度に与えた影響を明らかにしようとしている。

　先行研究として政府間関係研究，教育諸学における私立学校研究を中心としたレビューから，「教育財政研究の中ではあまり扱われてこなかった，地方交付税の影響」「国庫補助金が持つ，県への政策誘導機能」（p.11）を明らかにすること，教育学分野では公立学校を中心として行われてきた「県の自律性」（p.25）を私学行政において実証することの意義が述べられている。

　「第1部　私学助成をめぐる制度的検討」において国と県の私学助成制度の概要が手際よく整理された後，「第2部　国による制度変更と県の対応」においては歴史的な国の補助金や交付税措置の変化や生徒数等の政策環境変化が，どのように県の私学助成政策に影響を与えてきたのかのダイナミズムを描出するための分析が行われている。

　「第1部　私学助成をめぐる制度的検討」は2章から成っている。

　「第1章　国レベルの私学助成制度」，「第2章　県レベルの私学助成制度」ともに，国庫補助金と地方交付税交付金に焦点を置いた分析が行われている。歴史的な制度や助成金額の変化のほか，第1章における私立学校への国庫補助金と貸付金との関係についての分析はユニークである。「1970年代に貸付金中心の私学助成政策から補助金中心のそれにシフトした」（p.50）こと，1966年臨時私立学校振興方策調査会答申の影響があったことが明らかにされている。第2章では，1993年・1999年・2006年の都道府県の私学担当部局の変化が分析されており，知事部局内移管，知事部局から教育委員会への移管，教育委員会から知事部局への移管の3つの部局再編のパターンが確認されているが，「所管の違いによって私学助成の額に大きな差は出てこなかった」（p.79）ことから，時系列的な要因を検討する必要があることが指摘されている。

　「第2部　国による制度変更と県の対応」は4章から成り，時系列要因が私学助成制度や各都道府県の私学助成の金額に与えた影響を明確にしている。時期区分ごとに章が建てられている。

　「第3章　生徒急増期が私学助成制度に与えたインパクト」では，生徒急増期が私学助成制度に与えたインパクトが明らかにされている。都道府県ごとに対応の異なった私立高等学校への助成政策について北海道，山形県，東京都の事例分析が行われている。1960年代において国の財政措置の偏りから公立工業高校が増設され，また生徒急増の受け皿となった私立高校に対する私学助成が増額されたことが，その後の私学助成制度に影響を与えていくことが指摘されている。

　「第4章　人件費補助の制度化が県私学助成に与えた影響」は，地方交付税制度に私立学校への人件費補助が含まれたことが，実際の支出をしなければならない県の私学助成政策にいかなる影響を与えたのかの分析が行われている。インフレに伴う人件費増加圧力と生徒数急増減という厳しい私学経営環境に対し，各自治体がそれぞれの独自路線で地方交付税制度の変更に対応しながら私立学校への補助金や貸付金で対応を行っていく様相はスリリングですらある。とくに財政力の低い北海道では貸付金の増額で対応するなど，地方交付税の「ゆるやかな標準化」とその限界

を明らかにしたといえよう。資料収集を含め，著者の丹念な作業と分析に敬意を表したい。

　可能ならば，ある自治体（本書でのケーススタディとして複数の章で取り上げられている東京都や北海道等）の通時的分析や，私立学校経営のケーススタディ等も，本書に続く分析として世に問うていただくことで，私学助成の歴史がよりビビッドにそして立体的に把握されるものであろうとの期待を評者としては表明させていただきたい。

　「第5章　私立学校振興助成法の成立による国庫補助金の導入」では，1975年私学振興助成法が都道府県の所管する高校以下の私立学校に対して「県の私学助成額の底上げを目的とした国庫補助金制度」（p.130）であったと性格付け，国庫補助金によってはじめて貸付金に依存していた北海道の私学への補助金が大幅に改善される（それでもなお貸付金制度は残ったが）などの効果とともに，都道府県の補助金や授業料などの格差は残存することとなったプロセスが解明されている。現代にいたる私学授業料の格差や補助政策格差の経路はこのように形成され維持されたのだ，ということを再認識させる重要な分析である。この時期の私学助成政策の変容については，私学振興助成法にもとづく国庫補助金制度が，助成単価の均一化という意味でのスタンダードとしての機能を発揮してしまったという「意図せざる機能」であったのか，それとも各県の財政健全化圧力や私立学校児童生徒数比率や政治的要因等の他の要因によるものであったのかについては，いっそうの考察の深まりが期待される。

　「第6章　財政難，生徒減少期の私学助成」では1993〜2006年度を対象とし，国庫補助金や地方交付税の削減傾向の下での，私学助成項目や金額の分析が「財政力／私学比率」にもとづく都道府県分類から選別された代表的都道府県を対象に実施されている。国庫補助金の補助項目削減や，各都道府県の財政力が私学助成の補助項目数や金額を規定しているものの，国庫補助金削減と地方交付税措置への転換による私学助成額の減少はどの県でも生じていないことが判明した。高い財政力や私立学校側からの影響力の可能性も指摘されているが，これもなぜ私学助成の量的水準が維持されたのかについて，いっそうの解明を期待したい分析である。

　また終章では，本書の知見の総括とともに「第2節　結論と含意」において「第2項　地方交付税が標準化機能を持つことの意味」が指摘されていることが，教育財政学研究の理論実証上の課題として特に注目に値する。すなわち「私学助成においては地方交付税が標準化機能を持ち，県の私学助成予算に影響を与えていた」（p.193）のだが，これは就学援助制度において地方交付税が標準化機能を持ってい

ないこととは対照的である。

　就学援助制度も私学助成制度も，大きな自治体間格差を持つ仕組みではあるものの，就学援助制度においていかなる条件があれば地方交付税の標準化機能が発揮されるのか，著者の知的探求のさらなる飛躍を期待したいところである。

３．著者の今後の研究活動への期待

　著者自身は，県の事例分析の精緻化，私学助成が学校法人に与えた影響，政治ルートを含む政策決定過程の分析，公立学校財政や就学援助等の他の地方交付税財源にもとづく政策領域との比較分析，を今後の課題として自覚している。

　評者も研究の発展を大いに楽しみにしているが，あえて要望するならば授業料無償化政策のもとでの私学助成政策の変容の有無，またとくに人口減少地域における高校の維持ともかかわって，公私両部門の高校の公共性をいかにとらえ助成していくのかという高校助成政策の新たな原理原則を見出していくことも，期待したい。

　教育行政学研究も教育財政学研究も，子ども・若者の学びを支える公教育制度の改善に貢献をするという大きな目的の中にあることを意識したときに，著者の私学助成政策研究の重要性が認識され，いっそうの研究の進展が必要とされる時代なのである。　　　　　　　　　　　　　　　　　　　　　　　　　　　　　　（日本大学）

●書評〈5〉

當山清実著

『「優秀教員」の職能開発
——効果的な現職研修の検討』
(ジアース教育新社，2019年，258頁)

安藤　知子

職能開発を促進する研修制度の構築へ

　本書は，文部科学省の優秀教員表彰制度の被表彰者を対象とする量的，質的調査により，多角的に現職研修の効果認識を探り，今後の研修体系再構築に寄与する知見を得ようとするものである。2006年度，2007年度の2年間に文部科学省（以下，文科省と表記する）により表彰された優秀教員のうち，公立学校勤務の教員で，35歳から45歳の年齢層の教員を対象として質問紙調査を実施し，さらにその中から12名の教員に半構造化インタビューを実施している。インタビュー調査では，各教員の職能開発過程について主として研修経験を中心としながら聞き取っている。

　調査規模としては，対象者448名，有効回答数246名であり，それほど大きなサンプルでの統計的調査ではない。しかし，現職研修を校内研修，行政研修，自主研修の3タイプに類型化し，さらに受賞実績分野別，校種別の傾向にも目を向けつつ分析と考察を重ねるという丁寧な作業を行っている。論文構成は本書19-20頁を要約して示すと次の通りであり，重層的な構成の大著である。

第1部　序論：研究の目的
　　第1章　研究の対象，方法
第2部　本論：優秀教員の職能開発における現職研修の効果
　　第2章，第3章　優秀教員表彰制度と優秀教員（受賞者）の概要
　Ⅰ．質問紙調査に基づく統計的考察
　　第4章～第6章　現職研修の効果に関する統計的考察
　Ⅱ．インタビュー調査に基づく事例的考察
　　第7章～第9章　現職研修の効果に関する事例的考察

本書の有益性

　その筆致は，著者の人柄が現れているものと思われるが，一つ一つの調査結果を丁寧に淡々と記述し，その傾向や数値の持つ意味を考察していくスタイルである。優秀教員とは誰か，職能開発とは何か，現職研修として何を対象とするのかなど，読者が当然に抱くであろう疑問についても，始めからきちんと必要な解説が加えられ，また最後に本研究の課題についてもほぼ全て言及されているようにみえる。おおよそ欠点のない現職研修の効果に関する研究である。

　まずもって，経験的には以前から指摘されてきた職能開発や現職研修に関する様々な言説について，総合的にデータを収集しその傾向を実証的に明らかにしている点で，今後の研修制度に関する議論の際に有益なエビデンスを提供している。また，12名の教員への聞き取り調査では，文科省表彰へ至るような教員が，教職に就いてからどのような研修経験を辿り，そこから何を学んできているのかについて，具体的な様相を描き，教員が職能を開発していく道筋をリアルに示している。本文中では被表彰者の活用について触れられているが，優秀教員の職能開発モデルを初任期の教員向け研修等で詳細に語ることの有効性が期待されている。

　さらに，教員のための研修をどのように用意し，また支援すべきかという観点から，職能開発システムの在り方に対して提言を行っている。その内容は，教員育成指標作成とそれに基づく各種研修の体系化や，教育委員会と大学等との連携強化といった教師教育政策をめぐる今日の改革動向と軌を一にするまさに時宜にかなったものとなっている。加えて，連携強化や研修の体系化にとどまらず，実施されている現職研修をより有効なものとする観点から，研修のための時間の確保や経費の補助，研修機会との出会わせ方などまで踏み込んだ提言を行っている。学びたいけれども学校の実情に照らしてそれができないと思っている多くの教員や，若手教員にもっと学ばせたいのだけれどもなかなかその背中を押せるだけの環境がないと思っている多くの学校管理職にとって，心強い研究成果であるといえよう。

　しかしながら，これらの研究意図やそれに基づく調査結果の考察，政策提言へと結びつく結論の提示という研究の全体像を理解したうえでなお，議論の余地がある部分も散見されるように思う。

当事者の主観的認識から研修システムへの示唆を得る方法論の限界

　その第一は，研究手法に関する点である。本研究では質問紙調査とインタビュー調査の双方を駆使して多角的にデータを収集している。全体的な意識傾向を掴むことができる反面で詳細な実態までは踏み込めない量的研究のデメリットと，リアルな様相を掴むことはできるが，きわめて個別性が高く知見の一般化が困難であるという質的研究のデメリットを相殺させるような調査設計によって現職研修の効果を探ろうとしている。しかし，いずれの調査方法によっても，当事者である被表彰者本人が主観的に認識している効果しか探ることはできない。文科省に表彰されるような実績を上げている教員が，どのように主観的に研修効果を評価しているかを探る研究となっている。

　つまり，文科省に表彰されるような教員の在り方を基本的には良いものとして共有しているであろう人々の，主観的な職能開発に関する世界観の中での研究となっているのである。そうであるならば，調査設計の段階ですでに規範的な価値観の連鎖が入り込んではいないだろうか。規範的価値観を相対化する工夫としては，優秀教員の認識と一般教員の認識をともに吟味し，その異同を丁寧に分析すること（例えば，どちらにも共有される規範，優秀教員のみが特に有している規範を明らかにしたうえでの研修効果に関する考察など）も必要になると思われるが，著者自身が述べるようにその部分は扱われていない。

教育行政が担う職能開発に対する信頼

　第二に，本研究では，教員個々人の研修履歴を聞き取りながらも，主体的・内発的な職能開発の契機よりも，他者による職能開発促進作用へ関心が向けられている。もちろん，政策提言を最終的な目的としているためにこのような研究となることは理解できるし，それによって自主研修でも多くの場合が他者からの誘いや声かけを契機としていることを明らかにした点は評価されるべきではある。しかし，研究全体の底流に，任命権者による研修システムが重要な他者となることに対して全幅の信頼があるように見える点が，評者の立ち位置との相違を感じた点でもある。

　優秀教員インタビューからは，さすがに「凄い人は凄い」ことがわかる。しかし，教員にとって高度に職能を開発した姿とは結局どのような姿なのか。キャリアの幅を広げることなのか，得意分野の専門性を深めることなのか，他の教員に対して指導的立場に立つようになることなのか。それらのいっさいに興味を持たずに，目の前の児童生徒と向き合い続ける教員は職能開発をできていないのか。

　個々人の経験の多様性を前提とした結果，被調査者に共通しているのは「表彰された」という１点ただそれのみともいえることになっている。職能開発とは何かが議論されないままで，「学び続ける教員」像がその先に置かれているように見える。そのため，政策提言にも曖昧さがついてまわるように思われる。例えば，優秀教員を職能開発のモデルとする提案である。初任教員に被表彰者が自らの経験を語れば，著者が意図しているような「教員として学び続ける姿」のモデルとして理解されるだろうか。積極的に研修を受けキャリアを積んで，最終的に表彰されるような教職人生を歩むことが，すなわち職能開発の成功例であるというメッセージを発信することにならないだろうか。そのような華々しいキャリアは自分には無縁だと感じている多くの教員にとって，地道に目の前の子どものために考え続けることや，自分が納得するために学び続けることの価値を見失わせてしまったりはしないだろうか。

　同じように，「成果の還元」も気になる。研修後に大会等で結果を出したり，研究授業を公開したり，学会で研究成果を発表したりすることを「成果の還元」というのだろうか。常に積極的に行動することは自身の意思でできる研修成果の展開であろうが，それは本当に教育現場で子どもや保護者に還元されているのか。表面的な還元である懸念はないのか。本当に子どもの育ちに反映される成果の還元は，実はかなり難しいことなのではないかと考える。

　本研究では，このような「余計な心配」を一切していない点で，任命権者が作る研修システムに高い信頼を寄せているように見える。それは本研究の明確な立ち位置であると同時に，本研究の危うさでもあるのではなかろうか。著者は，「既得の資質能力の量的増大・質的進化に加え，職務遂行に要する新たな分野を切り開いて獲得していくことを含意するとともに，外部からの働きかけによって育成可能なニュアンスを持つ適語として『職能開発』を選択・使用する」という。職能開発への外部からの働きかけが持つ可能性は，それを受け取る教員個人の主体的・内発的な意識によって危険性と表裏一体であるようにも思う。最終的に示されているのは，研修を企画立案する側から見て有効な研修システムの提案であるが，他方で，個々の教員の側に目を向けたときに，そのような研修システムの体系化によって失うかもしれないものに着眼する研究もまた不可欠と考えさせられた。　　（上越教育大学）

●書評〈6〉

高橋寛人著

『教育公務員特例法制定過程の研究
——占領下における教員身分保障制度改革構想』

(春風社，2019年，242頁)

髙橋　哲

1．本書の概要

　本書は，著者である高橋寛人会員が展開してきた指導主事制度の研究，教育職員免許法の研究等に連なる「教職の特殊性」「教育の専門性」とは何かという主題を，教育公務員特例法（以下，教特法）を素材として追究するものである。「教員は，教員であるがゆえに身分保障されるべき」である（227頁）。これが，本書によってもたらされた知見であり，本書全体を貫く主張である。この見解の重要性，正当性を歴史研究，なかでも戦後教育改革期における教特法の成立過程分析により実証しようとする重厚かつ硬派な研究書であるといえる。

　本書第1章「教育公務員特例法の制定経緯の概要」は，教員身分法案の構想から教特法までの以下の五つの段階を総じて検討する。第一段階とされる「教員身分法案」の策定時期においては，私立学校教員を含めて考案された法案の具体的制度構想が示されている。1946年12月の「教員身分法要綱案」においては，教員の手厚い身分保障の仕組みとして教員審査委員会，定期審査制度を盛り込むとともに，研究の自由の観点から研究費の支給等を構想していた。第二段階は，2章に詳述される教員身分法案が公務員法の特例法案に変わる時期であり，私学教員を含めることにCIEが反対し，さらに公務員法に特例を設けることにもGS公務員課が反対した。第三段階は，文部省が教員の特則の必要性をCIEに説得し，CIEがGS公務員課に法案を認めさせる時期である。文部省がCIEの説得にあたり作成した*The Reason Why Education Public Service Law should be enacted*（1948年2月6日）は，本書のエッセンスともいえる史料である。そこでは，特例法の必要性の根拠として，学問の自由と大学自治，さらに旧教育基本法10条の「不当な支配の禁止」をもとに「教職の独立」が主張される。第四段階は，大学教員の特則を立案する時期であり，第3章

に詳述されるように，文部省の教員審査委員会による定期審査制度の構想に対して，大学基準協会，全国大学教授連合は反対し，教員人事の教授会による決定を主張する。第五段階は，これら特例法の内容が削られたことにより，CIEの説得によってGSが法案策定を承認する段階である。第4章で詳述されるように，マッカーサー書簡に合わせて国家公務員法（以下，国公法）が改正される際に，GSが示した修正条項に対してLS立法・司法課から疑義が出されるというGHQ内部でのコンフリクトを描いている。これらの段階を経て教特法は成立するが，当初の教員身分法案の構想からみて，教員の特例は限定的となったことが示されている。

　第2章「公務員と異なる教員の特則の立案」は，文部省が教員身分法案をあきらめ，公務員法の特例法案を立案する過程の詳細を分析している。文部省がなぜこのような特例にこだわったのかについて，本書では1947年7月1日付「国，公立学校教員を国家公務員法（案）より除外すべき理由」，および，1947年9月6日付「学校教員について国家公務員法の特例を設ける理由とその要領」が分析され，いずれも「不当な支配の禁止」，「教育の独立性」の観点から，教員が一般官吏のように上下関係のもとで職務を行うものではないことが強調されている。この理念を具体化した1947年9月8日付「国立・公立学校教員法要綱案」では，不利益処分にあたり教員審査委員会の審査を経ること，教員の研修は服務とされること，勤務評定には「功過」という仕組みが採用されること，さらには，採用後7年ごとの定期審査制度を実施するなど，教員に特殊な身分保障の構想が示されている。

　第3章「大学教員に関する特則の立案」では，大学教員の特則をめぐる大学基準協会，全国大学教授連合，教育刷新委員会，そしてCIEのやりとりを分析している。文部省が大学教員にも教員審査委員会による定期審査制の適用を構想していたのに対し，大学基準協会，全国大学教授連合，そして教育刷新委員会は，いずれも，これを否定するとともに，大学教員の人事は教授会を主体とすることを主張する。文部省はCIE高等教育係との折衝を行うが，1948年5月14日に示された「CIE意見」では，大学教員の人事の多くが「直接管理機関」に委ねられることが示されていた。これを受けて文部省が作成した「大学の学長，教員及び部局長に関する規程」（5月22日付）では，「直接管理機関」が「学内行政機関」へと修正される。これにより，後に成立する教特法では，国公立大学教員の採用，昇任に関する選考を教授会が行い，免職，降任，転任，懲戒の審査は評議会が行うという大学教員に固有の身分保障の仕組みが採用されたことを明らかにしている。

　第4章「教育公務員特例法案をめぐるCIEとGSおよびLSの対応」では，「教育公務員の任免等に関する法律案」が上程された後に引き起こされたGHQ内部でのコ

ンフリクトを描いている。現行教特法附則第1条2項は，教特法が国公法等と抵触する場合，「国家公務員法又は地方公務員法の規定が優先する」と定めるが，この一般法に特別法が従属するという教特法の不可解な位置づけが如何に形成されたのかを明らかにしている。マッカーサー書簡（1948年7月22日）により国公法の大改正が行われ，国会に上程されていた「教育公務員の任免等に関する法律案」も修正が必要とされた。GS公務員課は，新23条2項を新設し，教特法が「人事院規則で指定する日まで……効力を有する」とし，教特法の暫定立法化を要求する。このGS修正案に対して，LS立法・司法課は，人事院の規則制定権によって法律の特定条項を無効にすることは憲法違反であると主張したのである。この結果，国公法が教特法に「優先する」という現行法の条文が策定されたことを明らかにしている。

第5章「占領下の教員法案における教員審査制度構想」では，教員身分法案に盛り込まれていた「教員審査委員会」の構想に着目し，教員の身分保障の意義について検討している。この教員審査委員会の機能は，CIEにより私立学校教員を対象とすることが否定され，GSによる特例法への反対により大学以外の教員への適用が却下される。大学教員の定期審査制もまた，上記のように大学関係団体により否定されることとなる。本書においては，教員審査制度が「教育の自主性」を担保する制度であったこと，さらには，不利益処分にあたり独立機関に事前・事後審査を保障する点で，教員の身分を手厚く保障するものであったことが示されている。

本書「おわりに」においては，教員の身分保障という観点からみて，「当初の教員身分法案が，最も教職の特殊性を重んじるものであり，その内容も一番豊富であった」（221頁）との所見が示される。教特法は，最終的に「行政の政治からの独立」という一般の公務員と同様の身分保障原理を示すに留まるものであり，それゆえ「教育の独立」の論理から，「教員は教員であるがゆえに身分保障されるべきなのであり，国立，公立，私立に関係ないはずである」（227頁）という結論が見出される。

2．本書の意義

上にみてきたように本書は緻密な歴史研究によって構成されているが，その知見は極めて現代的な意義を有している。本書は，教員の身分保障は「教育の独立」ないし「教育の自主性」という観点から，一般の公務員以上に手厚く保障されるべきであるとの知見を示すものである。一方，近年の教育政策状況をみると，2007年の教育職員免許法改正により教員免許更新制が導入され，教員には他の公務員に類例をみない事実上の「任期制」が導入された。また，同年，教特法改正により，指導

力改善研修が導入され，「指導が不適切」という極めて抽象的かつ主観的な事由により教員の分限免職処分が可能となった。このように，教員の身分保障を一般の公務員よりも弱体化する政策が進められるなか，本書の「教員であるがゆえに身分保障が必要」であるという知見は，極めて重要な社会的意義を有している。

　また，あらゆる戦後改革立法のなかで，教特法を対象素材としたことの学術的意義は極めて大きい。GHQの主導によって策定された国公法，教育委員会法，あるいは，文部省とCIEの共同によって策定された教育職員免許法などと異なり，教特法は，文部省が独自に考案し，GHQ内部の諸機関の反対のもとで改変，制定されたという特色を有している。文部省とGHQ側とのコンフリクト，GHQ内部でのCIEとGSのコンフリクト，さらには，CIEとGSの一致をみた後に示されたLSとのコンフリクトなど，教特法の立案をめぐる「ポリティクス」を明らかにしている点で，他の戦後教育改革研究からみて異彩を放っている。これらは，教特法固有の成立過程の解明にとどまらず，戦後公務員法制をめぐるポリティクスを克明に描いている点で，「占領期の政治」の解明に重要な知見を提供している。

　ところで，占領文書の収集や，占領期の文部行政担当官へのインタビューなど，あらゆる手法を駆使して完成された本書は，多次元，多領域にまたがる教育行政研究の「強み」を体現する著作であるといえる。教育行政学においても量的研究が興隆し，質的研究の調査手法に関する著作も多数出版されるように，他分野，あるいは，「親学問」で確立された手法を教育事象にあてはめる研究方法の「スタンダード化」ともいえる傾向がみられる。これに対し本書に示された知見は，研究方法から，資料収集の仕方に至るまで，長年にわたり著者が「開拓」ないし「模索」してきた成果である。研究方法の「スタンダード化」は，多くのメリットがある一方で，本書が示すような研究手法・領域の「開拓」「模索」を沈滞（discourage）させるという側面もあるだろう。その意味で，本書によってもたらされた研究知見は，教育行政研究の方法が多様であることの「強み」と必要性をも示していると思われる。

　最後に，本書全体の読後感を率直に述べるならば，冒頭から注の一つも見逃せない知的興奮をおぼえる内容であった。本書「はじめに」の注では，戦後教育改革期の資料収集の方法，なかでも，GHQ/SCAP文書の検索手法や，有用な資料目録などが，惜しげもなく披露されている。これら戦後教育改革期における米国側資料の活用こそが，著者の最大の「武器」であるといえるだろう。にもかかわらず（それゆえにか），それらのスキルと情報を後身研究者に惜しげもなく示す姿に著者の研究者としての使命感と責任感が感じられた。本書の研究成果とともに，著者の研究者としての姿勢に心から敬意を表して，この書評をとじたいと思う。　（埼玉大学）

●書評〈7〉

ジャック・ジェニングズ著／吉良直，大桃敏行，髙橋哲訳
『アメリカ教育改革のポリティクス
——公正を求めた50年の闘い』
（東京大学出版会，2018年，288頁）

本図　愛実／仲田　康一

　本書は，初等中等教育法の展開を中心として，半世紀以上に及ぶ連邦政府による教育改革とそれらの成立と改廃をめぐるポリティクスを論じたものである。訳出の意義の高さから，国際交流委員会（〜2019年度）主催の書評会が2019年3月17日に東洋大学において開催され，筆者らが評者となった。以下，1．意義，2．論点は本図，3．書評会当日の議論に関わる報告は仲田が担当する。

1．意義

　ポリティクスには二つの側面があると考える。一つは権力を付与された政党等の集団によって展開される営み，他方には，組織内での地位上昇や安定を目指した行為がある。両者の場は大きく異なっているが，共通する部分もある。それらの行為には他者からの支持が必要である。その他者とは広く国民かもしれないし，組織内の権力者ただ一人かもしれない。いずれにせよ，支持を得るには大義や理想，ときに公共の利益が介在する。この半世紀にわたり，アメリカの教育改革において，何が公共の利益と目され，どのように実現されようとしたのか。それらの実現をめぐり，連邦議会の議員，大統領，といったアクターたちは，地位上昇や安定を含みつつ，どのような意思決定を行ったのか。30年近く，連邦政府の教育政策過程に近接する立場にあった著者であるからこそ，著わすことのできた著作である。著者の存在と活躍を注視してきた，訳者各位の観察眼にも敬意を表したい。

　以上を総体的な意義とした上で，個別の意義として二点あげておきたい。第一は，1967年の成立以来，更新を重ねてきた初等中等教育法における，公共の利益の変容が詳らかにされていることである。成立時には，特定の集団が同法による受益者であり，その結果は国民全体の利益になると思われた。すなわち，人種差別や貧困により不利な状況にあり，正常な学習環境を「剥奪された」子どもたちに働きかける

ことが，公正であり，アメリカ社会全体を利すると考えられたのである。その際には，機関補助なのか，個人補助なのかも政策実現の観点となった。

1983年に始まる「国家をあげての教育改革」が収束し，90年代になってからは，同法をめぐる公共の利益は変容していくこととなった。国民全体への説明責任，すなわちアカンタビリティが政策理念として台頭してきたのである。説明責任は，カリキュラムのスタンダードとテストと一体的であった。何を学ぶのか，何を学んだのかという学習の内容と結果も観点となり，政策論争となってきた。良くも悪くも教育政策は教育現場と離れたところで作られていく。アメリカの教育行政においては，学区という特別地方政府，州政府，連邦政府という三つの政府があり，それぞれ民により選ばれた代表者たちが意思決定を行っている。そうした構造の中で国家規模の教育改革が展開されていくとき，初等中等教育法の理念と問いが，特定の集団への保障（機関か個人か）から国民全体へ（学習内容と結果が明示されているか）へと変容していったことは，極めて示唆に富む。公教育が広く国民の支持を得ていくためにこのような形をとった，ということになる。

第二は，著者の考える教育の基本要素として四点があげられ，それらが今後も教育改革の対象となっていくとする視点が示されていることである。第一の点と同じく日本の教育改革のための政策立案においても参照度が高い。四点のうち第一点は「学ぶ準備ができた生徒」である。prepared には物的な備えだけでなく心構えという意味もある。学ぶ意欲とそのための環境を重視すべきと解することができる。第二点は「効果的な教員」であり，教員養成，教員評価，不利な状況にある子どもたちの利益といったことが改革の対象であり論点であるとされている。第三点は「高い水準のカリキュラム」，第四点は「十分な財政支援」である。学ぶ者の意欲，教員の資質能力，カリキュラム，財政，この四点を基本要素として，改善のためのよりよい政策を追求していく。このことは日本の教育政策においても同様であり，指示された四点は超国家的な基本要素であるとも言える。

2．論点

本書の主張は明快である。更新を続けてきた初等中等教育法の展開と変容を記した後に，上述の基本要素四点を中心に，これからの連邦政府による政策の在り方が提案されている。すなわち，財政支援を通じて，指導と学習の改善に関与すべく大胆に舵を切るべきであるとする。指導と学習の改善を直接的に担うのは教員である。したがって教員の資質向上について包括的な策が必要であるともされている。その策として六点が提案されており，それらは，大学での成績が高い者を教員として採

用すること，認証プログラムに対する準備，実地体験と指導，州が発行する教員免許，公正な教員評価，専門職としての給与，労働環境，である。これらはどれも重要であるが，財政支出の増加と規制を伴う。たとえ現状と変わらない額であったとしても新しい法制度の成立は必須である。それらに対し国民の支持が得られるだろうか。チャータースクール支持者の一翼であり，規制と教育既成勢力に批判的である産業界や政治家たちはどうだろうか。率直に言って心許ない。

　この点は，著者が教育政策の専門家として提案する「生徒のために団結する法」の内容全体にも関わる。提案は極めて妥当であり，日本型に近いものが目指されているとも言え，親和的に映る。しかし，他の領域と比較するとどうなのか。産業界とそこに利をみいだす政治家，ならびに国民の支持を得るためには，経済効果への貢献が鍵ともなろう。そうでなければ教育だけが特別扱いされて財政支援が担保されることはない。

　評者は，アメリカという国の政治思想の底流には，「起業家精神」（極端な例ではあるものの，アイン・ランドによる起業＝創出＝非・寄生といった見方の浸透）と「反主知主義」（リチャード・ホフスタッター／田村哲夫訳（2003）『アメリカの反知性主義』みすず書房などによる指摘）があると考える。大統領候補としてビル・クリントンを支持する人々とヒラリー・クリントンを支持しない人々はほぼ同一である。こうした文化を構成する認識に向き合わない限り，アメリカの教育が大胆に方向を変え，充実していくことは難しいのでないだろうか。一方で，先の政治思想の水脈と一体化し，拡大してきたのが，ティーチ・フォア・アメリカ（エリート大学卒業新卒者が2年間のみ貧困地域で教壇にたち，キャリアパスの一つにすることを支援するNPO）であった。1989年の誕生以来30年近く，企業などからの巨額の献金を元手に活動を展開し，2016年の予算は3億ドル，修了者は4万人と報じられている（EDUCATION WEEK（2016）January20,p12）。

　幸いなことに，我が国の公教育は，「起業家精神」や「反主知主義」の対局にあるとみなされ批判のまなざしが向けられているわけではない。臨時教育審議会以来の「開かれた学校づくり」が奏功してきたとも言えるだろう。しかし，経済効果貢献の可視化とまではいかなくとも，「公的資金投入に対する説明責任」という意識を明確にもって対応していかなければ，アメリカ公教育苦難の道は，瞬く間に我が国も通じてくる。納税者に理解可能であるように学校の成果を提示することができているか。学校を介した種々の徴収金について，使途の内容ではなく，その効果について保護者が理解できるように説明しているか。本書からはそうした戒めを学びとることも可能である。
（宮城教育大学）

3. 当日の議論

　以下では，第二評者より書評会の議論について報告する。

　当日の議論においては，本書の意義の共有から始まった。本書は，アメリカ合衆国における連邦政府の教育政策がいかなるビジョンとポリティクスの中で形成・展開されてきたか，そしてそれらをどのように評価できるかについて，特に人種問題を中心とした社会的公正の観点から論じるとともに，あるべき連邦関与の展望を論じるものであるが，コンパクトな記述の中にも，大統領や連邦議会（議員）等の演じた役割についてインサイダーだからこそ示しうる叙述が本書の醍醐味である。

　その上でいくつかの議論があったが，そのうちの一つは，貧困問題に学力格差問題としてアプローチしていく道筋の隘路ともいうべきものであった。まず議論されたのは，スタンダード・アセスメント型改革を導く上で，アフリカ系アメリカ人の民主党議員A・ホーキンズ議員の役割が大きかったという点である。1980年代の後半期に下院教育労働委員会の委員長を務めた同議員は，ロサンゼルスの最貧困地域の出身であるが，選出地域の学校で改善が観られないことへの苛立ちがあった。彼は，タイトルⅠ補助金を生徒の成績を改善するための補助金と位置づけ直し，継続的な改善がなければ改革がなされなければならないとする法改正に力を発揮する。そしてその新制度は「1990年代に全米規模で採用されたスタンダードにもとづく改革を実施するテンプレートとして役立った」（p.50）。全ての子どもが高いスタンダードに達することを保障するというリベラルの主張が，連邦プログラムの政府支出を抑制しようとする共和党の論調，また，その後はスタンダードにもとづく市場競争を重視する姿勢と合流点を形成しながら，スタンダード・アカウンタビリティ型改革への橋頭堡となっていったわけである。

　だが，そもそもテストスコアで示される学力や，その前提となる教育内容，そして学校教育の編成の在り様が特定の階級や人種に親和的である。とすれば，学力とは何かといった問題を価値的，社会的に問うことを抜きにして貧困問題を学力格差問題にした瞬間，一部の人々を特権化しがちな学力体制に，すべての人を常に巻き込み直すことになる。著者も指摘している通り，結果責任を問うテスト重視の姿勢は，予想問題の準備，テストに出ない教科の軽視などの問題を，低所得層家庭の子どもが集中する学校においてより顕在化させた（p.84）。学力格差問題に「乗る」ことが，どこまでマイノリティの地位向上につながるのか，つながるとすればどのような「乗り方」でなければならないか。このあたりは，日本の子どもの貧困問題に対して行われる学習支援などにも通じる論点であろう。

なお，著者は「NCLB法は耐用年数を過ぎており撤廃されるべきである」（p.95）と明快に述べ，その論拠として，スタンダードの向上を十分に果たしているとは必ずしも言えないという諸アセスメントの結果分析を示している。これは，数値化，標準化というNCLBの範囲内での批判となっているが，前段落で示したことも含む教育実態の包括的な問題を含む射程の中で批判が展開される必要もあろう。法の目的内在的に数値で反論を行うというスタンスは，いかにも弁護士といった様子との議論もあったが，評者としては「あらゆる人間の活動域と活動とを，人間そのものとともに，経済的なるものの特有のイメージに合わせて変形させる〔中略〕新自由主義的統治理性」（Wendy Brown,（2015）*Undoing the Demos: Neoliberalism's Stealth Revolution*, Zone Books, p.9）の強力さ，言い換えれば，数値化しない形での議論が困難になっている状況を，その論理展開に見るようであったことも付言したい。

　別の論点としては，「憲法上，法律上の戦略」（p.205）について語り，特に「教育は，合衆国憲法によって保護された利益ではないとした1973年のロドリゲス判決を覆すための裁判が提起されなければならない」（p.208）と論じていることへの新鮮な驚きも共有されたように思う。大統領や連邦議会は，連邦最高裁判決の影響を受けながら連邦教育政策を進めてきたわけで，そこでの「ポリティクス」は，政治家，官僚，地方政府等の間での政治力学を第一義的には意味しよう。だが，上記の「戦略」からは，連邦最高裁を含めたポリティクスを著者が想定していることが読み取れる。それは，例えば司法府の任命に関する大統領の意向や議会の助言・同意などをめぐってのポリティクス分析にとどまらない。裁判例を前提化せず，それ自体の問い直しを意識的に進め，それも含めた立法論を論じる広義の「ポリティクス」概念を著者が抱いていることを想像させるのである。判例変更を求める社会的実践としてポリティクスを位置づけ，数十年前の裁判例自体を今日的状況の中で再定位し直す司法的アプローチは，日本の教育行政研究にも示唆的であるという議論があった。

　紙幅の関係で当日の報告は以上とするが，実のところ書評会の議論はこれにとどまらず，大変な盛会となったことを付け加える。思考を喚起する様々な要素を豊かに宿すこの本を見出し，適時に訳出した訳者各位に敬意を表すとともに，会員各位が広く手に取ることを期待するものである。　　　　　　　　　　　（大東文化大学）

日本教育行政学会会則

施行　　1965（昭和40）年8月23日
最終改正　2019（令和元）年10月19日

第1章　総　　則

第1条（名称）
　　本会は日本教育行政学会（The Japan Educational Administration Society）という。

第2条（目的）
　　本会は教育行政学の研究に強い関心を有する者をもって組織し，学問の自由と研究体制の民主化を尊重し，国内的，国際的な連絡と協力をはかり，教育行政学の発達と普及に寄与することを目的とする。

第3条（事業）
　　本会は前条の目的を達成するために次の事業を行う。
　　1．研究発表会の開催
　　2．研究年報・会報等の発行
　　3．会員の研究・共同研究および研究体制上の連絡促進
　　4．内外研究団体との連絡
　　5．その他の本会の目的達成に必要な事項

第2章　会　　員

第4条（会員の要件・種類と入退会）
　　①　本会の目的に賛同し，教育行政学の研究に強い関心を有する者をもって会員とする。本会の会員は個人会員と機関会員の2種とする。
　　②　本会に入会するには会員2名以上の推薦による。入会金は1,000円とする。
　　③　本会を退会する者は，毎年3月31日までに文書により申し出るものとする。

第5条（会費の納入）
　　①　会員は会費を負担するものとし，会費は年額8,000円とする。ただし，

学生の会員（有職のまま大学に在学する者は含まない）は年額6,000円とする。

② 会員のうち2カ年度会費納入を怠った者は，本会から除籍される。

③ 当該年度の会費未納者にたいしては，研究年報が送付されない。

第6条（名誉会員等）

① 理事会は，満70歳以上の会員で，本会理事（事務局長を含む）を3期以上歴任した者を名誉会員として推薦し，総会の承認を得るものとする。

② 名誉会員は会費を負担しない。

③ 名誉会員および機関会員は役員の選挙権と被選挙権および総会における議決権をもたない。

第7条（会員の異議申立て権等）

① 会員は理事会および諸会議を傍聴し，発言を求めることができる。

② 会員は，本会の運営について，役員に説明を求めることができる。

③ 会員は，本会の運営について，常任理事会に異議を申し立てることができる。

第3章　役　　員

第8条（役員の種類）

本会の事業を運用するために次の役員をおく。

会長　1名，理事　若干名，常任理事　若干名，事務局長　1名，幹事若干名，監査　2名

第9条（理事・理事会・事務局長・幹事・監査）

① 理事は会員のうちから選出する。理事は理事会を構成し，本会の重要な事項を審議する。

② 事務局長および幹事は会長が委嘱し，会務を処理する。

③ 監査は理事会が総会の承認を得て委嘱し，本会の会計を監査する。

第10条（会長・会長代行）

① 会長は全理事の投票により理事のうちから選出し，総会の承認を得るものとする。会長は学会を代表し，会務を統括する。会長は事務局を定め，理事会その他の諸会議を招集する。

② 会長はあらかじめ常任理事のなかから会長代行を指名する。会長に事故あるときは，会長代行がこれに代わる。

第11条（常任理事）

　　常任理事は，会長が理事のうちから指名し，理事会の承認をうける。

第12条（役員の任期）

　　役員の任期は３年とする。ただし再任を妨げない。

第４章　総　　会

第13条（総会）

　　総会は本会最高の議決機関であって年１回これを開き，本会の重要事項を審議決定する。

第５章　委員会

第14条（委員会の種類・委員長と委員の選任等）

　　①　本会に年報編集委員会，研究推進委員会および国際交流委員会を置く。

　　②　委員長は，会長が理事のうちから指名し，理事会の承認をうける。委員は理事が推薦し，被推薦者のうちから，会長と委員長が協議し委嘱する。とくに必要な場合は，被推薦者以外の会員に委員を委嘱することができる。

　　③　委員会の組織，委員の選任その他委員会に関する事項は，理事会が定める委員会規程による。

　　④　本会には臨時に特別委員会を設けることができる。特別委員会は研究課題について調査研究し，総会に報告する。

第６章　学会褒賞

第15条（学会褒賞）

　　①　本会に学会褒賞を設ける。

　　②　褒賞の種類，選考手続その他学会褒賞に関する事項は，理事会が定める規程による。

第７章　会　　計

第16条（経費）

　　本会の経費は会員の会費その他の収入をもってあてる。

第17条（予算）

　　理事会は予算案をつくり，総会の議に附するものとする。

第18条（会計年度）

　　本会の会計年度は毎年4月1日に始まり，翌年の3月31日に終る。

第8章　雑　　則

第19条（会則の変更）

　　本会則の変更は総会の決議による。

第20条（細則・規程）

　　本会を運営するに必要な細則および規程は理事会が定め，総会に報告する。

日本教育行政学会年報編集委員会規程

施行　　2007（平成19）年8月10日

第1章　総　　則

第1条　日本教育行政学会年報は日本教育行政学会の機関誌で，会則第3条により，原則として1年に1回発行する。

第2条　日本教育行政学会年報の編集のために，会則第14条1項により，年報編集委員会を設ける。

第2章　編集委員の選出および編集委員会の組織と運営

第3条　①編集委員は，理事による被推薦者のなかから，編集委員長と会長が協議のうえ，会長が委嘱する。

②理事による編集委員の推薦に当たっては，会員の所属ブロックや被推薦者数を制限しないものの，その選出に当たっては，理事選出の各ブロックから少なくとも1名を選出するものとする。

③前項による編集委員の選出に当たり，理事による被推薦者のいないブロックが存する場合は，編集委員長と会長が協議のうえ，当該ブロック所属会員のなかから会長が委嘱する。

④編集委員の定員は14名を上限とする。

⑤編集委員の任期は3年とし，連続2期を超えてこれを務めることはできない。

⑥編集委員長の再任は認められない。

第4条　①年報編集委員会は，編集委員長が主宰する。

②年報編集委員会に，編集副委員長および常任編集委員を置く。

③編集副委員長は，編集委員のなかから，編集委員長と会長が協議のうえ，会長が委嘱する。編集副委員長は，編集委員長を補佐し，編集委員長に事故あるときはその職務を代行する。

④常任編集委員には，編集副委員長のほか，編集委員の互選による編集委員若干名を当て，会長がこれを委嘱する。常任編集委員会は，編集委員長が主宰し，編集委員長の示した議案を審議する。

⑤委員会の事務を担当するために，編集幹事を置く。編集幹事は，編集委員長が会員のなかから委嘱する。

第3章　年報の編集

第5条　本年報には教育行政学に関係ある未公刊の論文，資料，書評などのほか，学会報告その他会員の研究に関する活動についての記事を編集掲載する。

第6条　①本年報に論文の掲載を希望する会員は，各年度の編集方針と論文執筆要綱にしたがい，原稿を編集委員会事務局に送付するものとする。

②編集委員は「研究報告」に投稿することができない。本学会に入会後いまだ研究大会を経ていない会員も同様とする。

第7条　①年報編集委員会は論文執筆要綱を定めるものとする。

②本年報の各年度の編集方針は，編集委員会が合議によりこれを決定する。

第8条　投稿された論文の採否は，編集委員会が合議によりこれを決定する。

第9条　①採用された論文について，編集委員会は形式的ないし技術的な変更をくわえることができる。ただしその内容に関して重要な変更をくわえる場合には，執筆者と協議しなくてはならない。

②校正は原則として執筆者が行う。

③論文の印刷に関して，図版等でとくに費用を要する場合は執筆者の負担とすることがある。

第10条　本規程の改正は，理事会の議決による。

日本教育行政学会著作権規程

施行　　2012（平成24）年7月1日
最終改正　2019（令和元）年10月19日

1．この規程は，独立行政法人科学技術振興機構（JST）が運営する科学技術情報発信・流通総合システム（J-STAGE）事業への参加にあたって，著作権の帰属と著作物の利用基準を定め，日本教育行政学会年報（以下，年報とよぶ）の電子化（インターネット上での公開）事業とその運用を適正に行うことを目的とする。

2．年報の電子化の対象は，原則として，年報フォーラム，研究論文，シンポジウム，課題研究報告，書評など，学会年報に掲載されたすべての著作物とする。

3．著作権（著作権法第21条から第28条に規定されているすべての権利を含む。）は学会に帰属するものとする。

4．学会は，著作者自身による学術目的等での利用（著作者自身による編集著作物への転載，掲載，WWWによる公衆送信等を含む。）を許諾する。著作者は，学会に許諾申請する必要がない。ただし，刊行後1年間は，編集著作物への転載，掲載については学会事務局の許諾を必要とし，WWWによる公衆送信については，原則として許諾しない。また，学術目的等での利用に際しては，出典（論文・学会誌名，号・頁数，出版年）を記載するものとする。

5．著作者が所属する機関の機関リポジトリでの公開については，刊行1年後に限って無条件で許諾する。著作者自身および著作者が所属する機関による許諾申請をする必要がない。ただし，出典は記載するものとする。

6．第三者から論文等の複製，翻訳，公衆送信等の許諾申請があった場合には，著作者の意向を尊重しつつ，常任理事会において許諾の決定を行うものとする。

附記　本規程は，2019年10月19日より施行する。

日本教育行政学会年報論文執筆要綱

（1984年２月22日編集委員会決定・1985年９月１日改正・1986年４月１日
改正・1988年10月14日改正・1990年10月６日改正・1991年９月１日改
正・1993年９月１日改正・1996年９月27日改正・2002年８月18日改正・
2004年１月30日改正・2006年２月11日改正・2012年７月１日改正・2014
年８月２日改正）

1．論文原稿は日本語，未発表のものに限る。ただし，口頭発表及びその配布資料
はこの限りでない。

2．原稿はワープロ等による横書きとし，A4判，天地余白各65mm，左右余白各
50mm（10〜10.5ポイントフォント使用），34字×29行×17枚以内とする。ただし
論文タイトル及び日本語キーワード（５語以内）に９行とり，本文は10行目から
始め，小見出しには３行とる。注・引用文献については１枚あたり36字×33行の
書式とする。図表は本文に組み込むことを原則とする。図表を別紙とする場合，
本文にそれを組み込む位置を指示し，それに必要な空欄を設ける。なお，注・引
用文献については，規定の文字数と行数で記述できるよう左右余白を調整するこ
とができる。

3．原稿には氏名，所属等を記入しない。また，論文中（注釈を含む）に投稿者名
が判明するような記述を行わない。

4．原稿は６部（コピー可）を送付するものとする。但し原稿は返却しない。第一
次査読によって再審査あるいは掲載可と判断された場合，再提出する原稿の部数
及び電子データの添付については，編集委員会からの指示によるものとする。

5．別紙１枚に，論文タイトル，氏名，所属，職名等，連絡先，メールアドレス，
投稿時に他の紀要等に投稿している論文のタイトル（投稿先の学会名や紀要名は
記さない。他に投稿している論文のない場合は，その旨を記す。）を記入し，論
文本体には綴じないで添付する。

6．英語のキーワード（５語以内）を含め，論文本文と同様の書式で２枚以内の英
文アブストラクト及びその日本語訳を，その電子データとともに提出する。英文
アブストラクト及びその日本語訳には，氏名，所属等を記載しない。その提出期
限は，編集委員長が，第一次査読結果に基づいて提出が必要と判定された投稿者
個々に通知する。

7．論文等の投稿については，毎年，１月31日までに年報編集委員会指定の投稿申
込書の郵送により投稿の意思表示をし，３月末日までに原稿を提出するものとす

る（いずれも必着）。

8．校正は原則として1回とする。執筆者は校正時に加筆・修正をしないことを原則とする。

9．抜刷を希望する執筆者は，原稿送付のときに申出ることができる。抜刷の印刷費は執筆者の負担とする。

10．本誌に掲載された論文等の著作権については，本学会に帰属する。また，著作者自身が，自己の著作物を利用する場合には，本学会の許諾を必要としない。掲載された論文等は国立情報学研究所電子図書館（NII-ELS）に公開される。

＜注および引用文献の表記法について＞
次のいずれかの方法で表記すること。

【表記法1】
①論文の場合，著者，論文名，雑誌名，巻，号，発行年，頁の順で書く。
　例
　　1）持田栄一「教育行政理論における『公教育』分析の視角」『日本教育行政学会年報』第1号，昭和50年，68頁。
　　2）Briges, Edwin M., and Maureen Hallian, Elected versus Appointed Boards : Arguments and Evidence, *Educational Administration Quarterly*, VIII, 3, Autumn 1972, pp. 5-17.
②単行本の場合，著者，書名，発行所，出版年，頁の順で書く。
　例
　　1）皇至道『シュタイン』牧書店，昭和32年，142-143頁。
　　2）Morphet, Edger L., et al., *Educational Organization and Administration: Concepts, Practices, and Issues* (4th ed.), Englewood Cliffs, N. J. : Prentice-Hall Inc., 1982, p.160.

【表記法2】
①引用文献と注を区別する。注は文中の該当箇所に（1），（2）……と表記し，論文原稿末尾にまとめて記載する。
②引用文献は本文中では，著者名（出版年），あるいは（著者名出版年：頁）として表示する。同一の著者の同一年の文献については，a, b, c……を付ける。
　例

しかし，市川（1990）も強調しているように……，……という調査結果もある
（桑原1990a, 1990b）。

OECDの調査によれば，「……である」（OECD1981 : pp. 45-46）。

③引用文献は，邦文，欧文を含め，注のあとにまとめてアルファベット順に記載す
る。著者，（出版年），論文名，雑誌名，巻，号，頁の順に書く。

例

Holmberg, B.（1989）*Theory and Practice of Distance Education*, Routledge, pp.
182-189.

木田宏（1989）『生涯学習時代と日本の教育』第一法規。

Muranane, R. J. and Cohn, D.K.（1986）Merit pay and the evaluation prob-
lem : why most merit pay plans fail a few survive. *Harvard Educational Review*,
vol. 56（1）, pp. 1-7

Bulletin of the Japan Educational
Administration Society
No.46 October 2020
ABSTRACT

I. BULLETIN FORUM—EDUCATION AND "JUSTICE" IN LOCAL
ADMINISTRATION

CONSIDERATION ON "JUSTICE" FOR LOCAL
EDUCATIONAL ADMINISTRATION

Kenji MAEHARA, *Tokyo Gakugei University*

*(Bull. of the Japan Educational Administration Society
No.46, 2020, pp.4-20)*

The purpose of this paper is to discuss what "justice" is for education, especially for local education administration. In the first half of the paper, the basic ideas of justice of education are discussed, and in the second half, the current state of the theory of "justice of education" in Germany is considered, and in particular, the policies of the Hanseatic city Hamburg, Germany, are examined as concrete examples.

Justice is subject to various discussions. In political science, some argue that it is impossible to prove the correctness of a concept of justice, so they focus on only the "decision process" of what seems to be "justice". On the other hand, there are people who continue to argue for tentatively agreed justice, even if the final correctness is uncertain. From the standpoint of the latter, this paper discusses justice for local educational administration from some limited perspectives.

The theory of educational justice is generally discussed as distributive justice of education. The popular positions in discussions are egalitarianism, priority theory, sufficiency theory, and meritocratic conception. Aside from these individual-based approaches, it is also important for educational administration to take into consideration individual school or school districts as a subject, on which the compensative measurements are offered. When ensuring equal educational conditions for each school district or school, it is necessary to carefully consider how to handle the differences that actually exist. Guarantees of formally equal conditions often lead to unequal results. Therefore, in order to guarantee substantial equality of education, it is necessary to "make the difference stand out" in advance.

In Japan, the substantial guarantee of educational conditions has been achieved fairly well since the Second World War. However, in recent years, there has been an increasing tendency to directly compare the educational achievements of individual schools. Each school is, however, located in a diverse social environment. The backgrounds of students' parents are diverse and disparate, too. Including these points, there is an increasing need for educational administration to provide support on an individual school basis. In other words, there is a growing necessity to discuss the justice of education for individual schools or school districts.

In Germany, many people have been discussing "educational justice" since the PISA survey. In Germany, the word "Chancengleichheit" (equal opportunity) is rejected as a formal concept. Instead, the word "Bildungsgerechtigkeit" (educational justice) is preferred to express these concepts. Educational justice is defined as "the condition in which a decision to go to secondary school is determined independently of the student's social background." Regarding this definition, there are criticisms that the principle of sufficiency should be considered more strongly, and that the recognition of individual moral autonomy should be emphasized.

Hamburg, as a federal state, is advancing school reform with the aim of realizing "educational justice." There, school system reforms (two-pillar model) were introduced to reduce restrictions on educational career paths at the time of progressing to secondary education, and administrative support has been provided based on the "social index" of individual schools. In addition, the moral autonomy of individuals is approved by guaranteeing the parent's right of school choice. These measures are intended to improve the level of "educational justice".

It is concluded by this half theoretical and half case-based discussion that when discussing justice from the perspective of educational administration, it is better to analyze a concrete educational policy based on the particular notion of justice appropriate to it, rather than to theoretically and comprehensively discuss the concept of justice.

Key Words

Justice of Education, Distributive Principles, Meritocratic Conception, Education in Germany, School Reform in Hamburg

REGIONAL REVITALIZATION AND THE LOCAL EDUCATIONAL ADMINISTRATION IN JAPAN

Yusuke MURAKAMI, *The University of Tokyo*

(Bull. of the Japan Educational Administration Society No.46, 2020, pp.21-37)

This paper asks the following questions:

First: What impact has the policy package of "regional revitalization" had on local government educational administration? Second: What are the problems of regional revitalization for local educational administration? This paper examines this issue theoretically through an analysis of the ideological and institutional frameworks of regional revitalization.

The conclusions of this paper are as follows: First, educational policies in regional revitalization are conducted as extensions of the existing policy. In general, regional revitalization was mandated by the local government to include the enactment of a comprehensive strategy for local governments. Local governments are reluctant to implement changes: "We do not want to do it, but we are forced to do it by the national government." Compared to the formulation of a comprehensive strategy, there is some room for local governments to make choices about their educational policies. On the other hand, school closures, which are necessary for a declining population, are often "forced." This is a unique (but crucial) policy in education.

Second, the problem of regional revitalization for the local educational administration concerns the issue of what to aim for in local education. "Value" is assigned extrinsically by the national government (in this case, "the national government" means the Prime Minister's Office rather than the Ministry of Education). The main goal of regional revitalization is to prevent population decline; however, economic growth is prioritized in specific policies. Due to the fact that the value and purpose of local educational policy are determined by the national government, education is necessarily positioned as a means to achieve the national government's values and policy goals. If such values and policy goals are endorsed by both the local government and the local residents, there is no conflict. However, education solely as a means of economic growth, population growth, or population maintenance is problematic. Therefore, regional revitalization presents a problem because it neglects the actual values and norms of the local educational administration.

From the view of public administration, the main issue for regional revitalization is the relationship between national and local governments. In addition, from the view of the local educational administration, there are difficult issues concerning how to share values and norms to reach consensus. One of those issues is whether the values and norms of the general administration should be considered separately from those of the educational administration.

Key Words

Regional Revitalization, Local Educational Administration, School Closure, Decline in population

JUSTICE EMBODIED IN THE CHILDREN'S MEASURES OF AKASHI CITY THAT DON'T LEAVE ANYONE BEHIND

Kimiko OZAKI, *University of Hyogo*

(Bull. of the Japan Educational Administration Society No.46, 2020, pp.38-54)

This paper focuses on Akashi City's children's measures as a case where "justice" of the administration is embodied in the direction of realizing an inclusive society.

Mr. Fusaho Izumi took office as the mayor of Akashi in 2011 and formulated the Fifth Long-Term Comprehensive Plan (2011-2020). It has made children the pillars of the city's government in order to realize an inclusive society in which no one is left behind.

There is a wide range of measures for children being implemented. They can be classified into three categories: 1) reducing the economic burden of child-rearing, 2) enhancing social upbringing, and 3) improving the educational environment. How is the justice of "no one left behind" carried out in these measures to help children?

The purpose of this paper is to grasp how to carry out the justice of "no one left behind" in these measures to help children through analyzing 1) the principle, 2) the actual situation regarding the organization, budget, and human arrangement to implement children's measures, 3) Mayor Izumi's background, and 4) the opinion of the citizens.

The findings of this paper are as follows. The first revealed that Akashi City's children's measures are based on the principles of universal and seamlessness. The universal principle for all children is applied so that no one is left behind. No income cap is set for child-rearing support. Also, the way of establishing a safety net to ensure that no one is left behind is comprehensive and seamless. Akashi city has implemented comprehensive support measures for children to enhance their social upbringing such as the establishment of a child welfare center.

Second, the budget for implementing measures to help children doubled and the number of personnel tripled between 2011 and 2019, and the budget and the allocation of personnel showed how to do justice.

Third, Mayor Izumi's basic perspective, which puts inclusion as a policy principle, was obtained from on-site recognition backed by the experience when he was a child and a lawyer.

Finally, Izumi City government is supported by citizens who wish to create a city that is friendly to children and people with disabilities, and their support is obtained only because it is a city government that responded to their wish.

Akashi City's children's measures for all children have had ripple effects such as overcoming population decline and improving the local economy, and have achieved inclusive growth. This case is very suggestive in considering the "justice" of the administration, while pursuing justice that no one is left behind based on universal and seamless principles.

Key Words

Children's Measures, Akashi City, Inclusive Society, Principles of Universal and Seamless Mayor Izumi Fusaho

THE ROLE OF BOARDS OF EDUCATION AGAINST SEGREGATION DUE TO DISABILITY: BETWEEN TWO CONFLICTING PRINCIPLES OF JUSTICE ABOUT INCLUSIVE EDUCATION

Tetsuro TAKEI, *Ritsumeikan University*
(Bull. of the Japan Educational Administration Society No.46, 2020, pp.55-71)

In Japan, there are two interpretations of how to promote inclusive education. One is that children with and without disabilities should study together in regular classrooms, and the other is that there should be a variety of learning settings to respond to individual educational needs. Until now, many boards of education have prioritized the latter. However, we need to consider the risk that preparing a variety of learning settings can lead to the segregation of children with and without disabilities. The purpose of this article is to obtain a suggestion about the role of boards of education in order to expand the practice that children with and without disabilities study together in regular classrooms.

The first task is to clarify the reality of inclusive education in Japan. Boards of education take measures for the children with disabilities to study at the regular schools near their residence. One measure is to make it easier to use the resource room in which children with disabilities receive individual instruction for 1 to 8 class hours a week. For example, in Tokyo, specialized teachers go around resource rooms at each school instead of establishing resource rooms only in some schools. As a result, the proportion of children who use the resource room increased to the second highest level among 47 prefectures. Another measure is to set up special support classes in most schools. In Osaka, 98.2% of public elementary schools have special support classes. Therefore, 6.02% of children are enrolled in special support classes, which is the highest in 47 prefectures, and some of them study in regular classrooms by using interactive and collaborative learning systems. Boards of education are trying to increase the number of teachers who respond to the individual educational needs of children with disabilities by setting up resource rooms and special support classes.

The second task is to identify the barriers present when children with and without disabilities study together. The fieldwork at an elementary school, in which the teachers actively engage in interactive and collaborative learning systems, reveals that it is not so easy to integrate individual support and group guidance. If the teachers in charge of individual support and the teachers in charge of group guidance do not communicate effectively, the relationship between children with disabilities and children without disabilities will worsen. Although increasing the number of highly specialized teachers to respond to individual educational needs is certainly an important role for the Board of Education to play, regular classroom teachers may become less responsible for the learning of children with disabilities. Therefore, it is important to think about how reasonable accommodation should be provided in regular classrooms. The Boards of Education must take the initiative in improving the basic environment of regular classrooms so that reasonable accommodation can be provided.

Key Words

Special Support Class, Resource Room Instruction, Individual Educational Needs, Interactive and Collaborative Learning System, Individual Support and Group Instruction

"JUSTICE" OF THE LOCAL GOVERNMENT DESCRIBED THROUGH THE EDUCATION OF FOREIGN CHILDREN

Tomomi Usui, *Osaka Kyoiku University*

(Bull. of the Japan Educational Administration Society No.46, 2020, pp.72-88)

In this paper, I examined what "justice" is in educational administration that can be seen through the education of foreign children. I also considered why each local government implement the education of foreign children "in that form and contents", and explored the intention of local governments behind the implementation and selection of the education as an expression of "justice".

Education of foreign children is not provided by national wide law in Japan. So, if see local governments policies we are able to find "justice" of local governments in education of foreign children. Therefore, in the case of "doing", in order to clarify the basis of this, I searched for the information posted on the website of all the prefectures from the following three perspectives - explanation of the basic plan of education promotion and of the general education outline, policies under the jurisdiction of the board of education and under the jurisdiction other than the board of education - to find out if there is a direct reference to the education of foreign children.

With regard to perspective 1, I found concrete measures were described in 29 prefectures. As for the context of the policy, a total of nine contexts were confirmed, such as promotion of international understanding education, development of a safety net for learning, and multicultural coexistence.

With regard to perspective 2, I surveyed the development of guidelines and policies for the education of foreign children. As a result, I was able to confirmed the establishment of three types of guidelines: policies of education for foreigners, basic policies of human rights education, and basic policies of bullying prevention. Among them, the local governments that have established guidelines and policies of education for foreigners position the education of foreign children as a response to the problems that emerged in foreigners, that turns out that there is a strong intention to solve social problems, that is, to change the way of society with foreigners, rather than giving back to individuals to meet "special educational needs".

With regard to perspective 3, it was confirmed that the four groups of policies, which have different backgrounds, referred to the education of foreign children. These are multicultural coexistence measures (securing labor forces), multicultural coexistence measures (promotion of regional internationalization), human rights measures (multicultural coexistence), and global human resource development measures.

Education of foreign children is more affected by the financial situation of local governments, so regarding where to allocate humans, goods, and money from the limited financial resources, it is necessary to have valid justification. However, I think it is also indispensable to verify how "justice" is fulfilled by reconsidering to realize that education cannot be guaranteed unless some reason as a basis for justification is given itself. By looking at the policies for education of foreign children, it can be seen that the substance of "justice" is involved in not only the distribution of resources but also the creation of social value. The process of implementation needs to be analyzed not only from the perspective of what kind of existing value is used to justify measures for maintaining social order, but also from the perspective of creating new values to justify those measures.

Key Words

Education of Foreign Children, Multicultural Coexistence Measures, Human Rights Measures, Substance of "Justice", The Creation of Social Value

THE PROCESS OF ENACTING THE "EDUCATIONAL WORKERS LABOR UNION ACT" IN SOUTH KOREA —FOCUSING ON INTERNAL DISCUSSIONS OF KOREAN TEACHERS AND EDUCATIONAL WORKERS' UNION—

Sooyeon JUNG, *Kyushu Women's Junior College*

(Bull. of the Japan Educational Administration Society No.46, 2020, pp.90-106)

In South Korea, the Act on the Establishment and Operation of Teachers' Union (Educational Workers Labor Union Act) was enacted to partially recognize teachers' rights to work and to legalize the Korean Teachers and Educational Workers' Union (KTU).

This paper aims to reveal the reason why the Educational Workers Labor Union Act was enacted as a "special law" of the Labor Union Act, not of the Civil Servants' Law or education-related law. I analyzed the process of enacting the Act, focusing on the internal discussions of KTU and the changes in the view of the teaching profession by the Ministry of Education and the Korean Federation of Teachers' Association (KFTA). The main results of this paper are as follows.

First, the KTU and the KFTA have influenced each other. When the KTU was being formed as an outsider union, the KFTA tried to break away from its image as a "government service association" by reorganizing its internal organization, pushing for collective bargaining with educational administration. The KTU was influenced by KFTA's legislation on the advancement of teachers, and had tried to create a politically favorable situation for legalization.

Secondly, there were not only changes in discussions within the KTU, but also changes in the view of the teaching profession held by the Ministry of Education and the KFTA. The Ministry of Education expressed opposition to the establishment of teachers' unions, emphasizing teachers' law-abiding spirit, but began to recognize a part of teachers' right to work in the late 1990s to meet international standards. The KFTA insisted on obtaining the rights to collective bargaining, while claiming that it is a professional teachers' association.

Third, as mentioned above, the KTU and the KFTA had a similar view of teachers' rights to work, while there was a difference in their perception of rights to collective bargaining. The KTU interpreted the right to bargain collectively as guaranteeing teachers' independent union rights without legal restrictions. They recognized that as long as the education law restricts them, it is not a negotiation held in the equal relationship with the educational administration. This is the reason why the KTU rejected the special law that applies only to teachers and based its establishment on the Labor Union Act.

The KTU regarded teachers in collective bargaining as equivalent to educational administration staff. That differs from the perspective of the KFTA, which emphasizes the duty of political neutrality of teachers as just "government employees". The "dualization" of collective bargaining, which has been criticized in previous studies, is due to the difference in views of both institutions regarding the teaching profession.

Key Words

Educational Workers Labor Union Act, KTU (Korean Teachers and Educational Workers' Union), KFTA (Korean Federation of Teachers' Association), The View of Teaching Profession, Korean Politics

A STUDY ON THE ESTABLISHMENT OF CRITERIA FOR DESIGNATING SCHOOLS IN REMOTE AREAS IN THE 1950s: THE SCOPE OF THE ACT FOR THE PROMOTION OF EDUCATION IN REMOTE AREAS

Chihiro Togashi, *Wako University*

Sakurako Miyota, *Matsumoto University*

Naoki Yonezu, *Nanzan University*

(Bull. of the Japan Educational Administration Society No.46, 2020, pp.107-123)

This study aims to elucidate the legal process to establish an objective measure of children's actual circumstances and the difficulties faced by communities in remote areas that would capture the characteristics of remote areas, and to elucidate its limitation as a standard for the provision of educational conditions in the 1950s. Therefore, this study examined and summarized the process through which the Enforcement Regulations of the Act for the Promotion of Education in Remote Areas, which are the criteria for designating schools in remote areas, were established. In addition, we set out to clarify the meaning of remoteness in the Act for the Promotion of Education in Remote Areas, which was established in the 1950s.

The following points were established through this study.

The promotion of education in remote areas in the 1950s aimed to provide educational conditions, including the provision of teaching tools, materials, and facilities to remote areas that are characterized by transportation difficulties due to natural conditions, poverty, and cultural delay. Based on this idea, the Ministry of Education, Culture, Sports, Science and Technology carried out a detailed survey in which the actual circumstances of children and cultural characteristics of remote areas were also considered. The survey revealed that the criteria for designating schools in remote areas did not sufficiently reflect these aspects. In other words, although the criteria for designating schools in remote areas have been used for the provision of a remote area allowance and have contributed, to some extent, to securing teachers in remote areas, they were not constructed as an objective measure based on the actual circumstances of children and the cultural context in remote areas; and there is currently a demand for such objective measures. The provision of educational conditions from the perspective of social inclusion is a common modern issue, and needs to be re-examined.

Key Words

Provision of Educational Conditions, Education in Remote Areas, Post-war Education Reform

A STUDY ON THE CREATION OF AN ANALYTICAL
FRAMEWORK ABOUT EDUCATIONAL FINANCE
AT FIPSE IN THE U.S. FEDERAL GOVERNMENT
AND ITS SUITABILITY IN ELEMENTARY AND
SECONDARY EDUCATION: A CASE OF FIRST AS
FEDERAL GRANT

Takehiro YOSHIDA, *Kansai University of International
Studies*
*(Bull. of the Japan Educational Administration Society
No.46, 2020, pp.124-140)*

The Fund for the Improvement of Postsecondary Education (FIPSE)
in the U.S. federal government has subsidized projects aimed at
educational improvement and development of higher education since its
inception in 1972. On the other hand, there is no previous research on the
framework for analyzing FIPSE from the viewpoint of educational finance.

However, there is some research which considers part of the
analytical framework. This research has a problem focusing only on the
distribution side of educational finance. FIPSE also has the role of
disseminating model projects to other higher education institutions in
addition to distributing the federal grant.

Furthermore, much of the federal grant at the elementary and
secondary level is subsidized for projects aimed at educational
improvement and development. In addition, applicants who want to get a
federal grant should check the list of federal grants, create documents,
and submit their application documents to the federal government. Based
on these points, the elements extracted by the analytical framework set in
this study could be seen in elementary and secondary education in
addition to higher education. Nevertheless, previous research on

elementary and secondary education and previous examination of higher education have been made under the different concern.

Therefore, this study aims to examine the following three themes. First, the author considers the characteristics of distribution elements and monitoring elements at FIPSE based on previous research and related regulations and then creates a framework for analyzing FIPSE from the viewpoint of educational finance. Second, the author analyzes the previous research on educational finance at the elementary and secondary level from the viewpoint of the analytical framework set in this study. Third, the author considers whether the elements extracted by the analytical framework set in this study could be seen in the federal grants at the elementary and secondary level, with the case of the Fund for Improvement and Reform of Schools and Teaching (FIRST). The obtained results are as follows;

1. The framework for analyzing FIPSE from the viewpoint of educational finance was not seen in previous research on educational finance at the elementary and secondary level, and consisted of continued elements, such as grant distribution, grant management, accountability, and dissemination of model projects.

2. The elements extracted by the analytical framework set in this study could be seen in the federal grants at the elementary and secondary level.

Based on these findings, it could be possible to consider the new role of federal government to assure achievement of educational outcome for all children from the perspective of both continuity of educational finance and entirety of school education.

Key Words

U.S. Federal Government, The Analytical Framework for FIPSE, Grant Distribution, Monitoring, FIRST

編集後記

　年報第46号を上梓いたします。ご協力いただきました会員の皆様に，御礼申し上げます。

　昨年10月に第19期年報編集委員会が発足いたしまして，坂田仰前委員長をはじめ第18期の年報編集委員会の事務局の皆様からたいへん丁寧な引き継ぎをしていただき，また多くの会員の皆様のご協力により，なんとか年報第46号を刊行することができました。不手際が多々ございましたことをお詫び申し上げます。

　さて，年報フォーラムでは5人の会員に投稿いただきました。常任編集委員会での検討を踏まえて，その要望，意見に対応して論文を完成していただきました。

　研究報告は，投稿申し込みが32件あり，実際に投稿されましたのは20件でした。この20件について，編集委員会で厳正な審査を行った結果，3件が掲載可となりました。残念ながら掲載には至らなかったものの，興味深いテーマ，対象を取り上げた論文も少なくなかったです。次号での投稿を期待したいと思います。

　大会報告につきましては，例年通り，公開シンポジウム，課題研究Ⅰ・Ⅱ，特別企画，若手ネットワーク企画の各報告を掲載しております。取りまとめていただきました会員の皆様，ご執筆いただきました皆様に御礼申し上げます。

　書評は，7冊を取り上げています。なおジェニングス著，吉良直・大桃敏行・髙橋哲訳『アメリカ教育改革のポリティクス　公正を求めた50年の闘い』を特別に取り上げています。同書は，昨年，国際交流委員会が2019年3月17日に東洋大学において開催した書評会で検討されたもので，その書評会で報告された本図会員，仲田会員に共同でご執筆いただきました。書評をご執筆いただきました会員の皆様に御礼申し上げます。

　英文校閲は，引き続き千葉大学のBeverley Horne先生にお願いいたしました。ていねいな校閲をしていただきました。どうもありがとうございました。引き続きお世話になります。よろしくお願い申し上げます。

　最後になりましたが，教育開発研究所の福山社長，編集部の尾方様には，多大なご支援，ご協力を賜りました。今年は，新型コロナウイルスのため，在宅勤務など大変厳しい状況の中で，しかも大会の開催が例年より早く，またオンライン開催という異例の形態となったため，刊行時期を早めなければならないという本学会の事情に対してたいへん深くご理解をいただき，編集作業に多大なご尽力を賜りました。心より感謝申し上げます。

　　　　　　　　（2020年8月24日　第19期年報編集委員長　竺沙　知章）

日本教育行政学会年報46
地方行政における教育と「正義」

　　　2020（令和2）年9月25日　発行

　　　編　集
　　　発行人　　日本教育行政学会

　　　発売元　　㈱教育開発研究所

　　　〒113-0033　東京都文京区本郷2-15-13

　　　電　話　　03-3815-7041㈹

　　　振　替　　00180-3-101434

ISBN978-4-86560-528-0 C3037